지속 가능한 미래를 위한 교육

지속가능발전교육(ESD)의 이해와 실제

정기섭 지음

강현출판사

이 저서는 인하대학교 연구비 지원에 의한 것임

머리글

오늘날 다양한 분야에서 '지속가능한 ○○'(교육, 사회, 문화, 경제, 경영, 환경 등) 또는 '지속가능성'이란 용어가 빈번하게 사용되고 있다. 이 용어의 사용 빈도가 높다는 것은 그만큼 미래에 대한 염려가 크다는 반증일 것이다. 이 용어의 사용 배경에는 지금보다 더 나빠지지 않기 위해 무엇인가 조치를 취하고 실천하지 않으면 지속가능하지 않을 정도로 현재의 발전방식이 문제가 있고, 개선이 필요하다는 우려와 절박함이 자리하고 있는 것이다. 지금까지의 발전방식이 인류의 미래를 위협하는 결과를 가져왔다는 것은 무엇보다도 환경적인 측면에서 기후변화, 물 부족, 오염, 자연고갈, 생물다양성의 상실을 통해 나타나고 있다. '지속가능한 발전'은 발전이란 용어 앞에 '지속가능한'을 붙임으로서 지금까지의 발전이 동반한 부정적인 문제들을 해결하고 긍정적인 미래를 형성해 가는 과정에 지구인 모두가 동참할 것을 요청하는 개념이다. 이 개념의 중심에는 오늘날 인류의 생존조건이 크게 훼손된 것은 다름 아닌 인간 중심적인 발전방식에서 기인한 것이므로 미래를 위해 오늘을 살아가는 인간이 책임져야 한다는 책임 윤리가 자리하고 있다. 이 지점에서 교육은 지속가능한 발전(지속가능발전)을 위한 핵심적인 요소일 수밖에 없다. 지속가능한 발전은 지속가능한 발전을 저해하는 문제들을 인식하고 이상적인 미래 비전을 공유하면서 그것을 실현해 가는 과정에 의식적으로 동참할 수 있는 성숙한 인간이 전제되지 않으면 불가능하기 때문이다. 이러한 인식에서 UN은 1992년 리우 환경발전회의(UNCED) 이후로 지속가능한 발전을 위한 교육(지속가능발전교육)을 전 세계적으로 확산시키고 각 국가의 교육시스템에 정착시키기 위한 노력을 지속해왔다. 인류공동의 미래를 위한 투자로서 인식되고 있는 지속가능발전교육은 통신기술의 발달과 교통수단의 발달이 가져온 의식의 경계 허물기에 의한 지구촌 건설이라는 의미의 세계화, 국제화 시대에 더욱 탄력을 받을 것으로 전망된다. 왜냐하면 지구적 환경문제에 대한 위기의식과 인간다운 삶을 누릴 수 있는 사회건설이라는 책임의식의 공유로부터 인간과 자연과의 평화 공존 모색은 계속해서 인류의 생존을 위한 주요한 논제이기 때문이다.

우리나라에서도 리우 환경발전회의 이후 지속가능발전교육에 관심을 갖고 지속가능발전교육을 확산시키려는 노력을 해왔다. 특히, 2000년 이후 교육부의 지원으로 수업모델연구 용역,

교원연수, 수업우수사례공모, 연구시범학교 운영 등을 통하여 지속가능발전교육을 학교교육현장에 정착시키려는 노력을 해왔다. 그 결과 지속가능발전교육이 학교현장에서 양적인 면에서는 확산되었으나 지속가능발전교육 개념의 모호성에 대한 비판의 목소리도 존재한다. 학교교육현장에서는 "지속가능발전교육이 다른 이름의 교육과 무엇이 다른가?"라는 의문이 종종 제기된다. 예를 들면 "세계시민교육과 유사하지 않은가?" "○○교과교육이 추구하는 교육목표와 무엇이 다른가?" "환경교육과 무엇이 다른가?"와 같은 의문이다. 이러한 의문은 아마도 지속가능발전교육이 이상적인 미래사회의 가치 그리고 그것을 추구해나가는 구성원이 수용하고 갖추어야할 능력을 중요하게 다루다보니 교육의 가치 지향적 본질과 크게 다르지 않게 보이기 때문일 것이다. 또한 지속가능발전이란 개념 속에 환경보호가 내재되어 있기 때문일 것이다. 지속가능발전 내지는 지속가능발전교육에 대한 이해가 명료하지 않다면, 교육현장에서 실행되는 지속가능발전교육프로그램 역시 다른 교육프로그램과 큰 차별성을 갖지 못할 것이다. 이 책은 이러한 관점에서 지속가능발전교육의 고유한 특성은 무엇인가? 라는 근원적인 물음으로부터 출발하였다. 이 물음에 대한 답을 찾기 위해 우선 지속가능성, 지속가능발전 용어 사용의 홍수 속에서 지속가능성, 지속가능발전 개념에 대한 명확한 이해를 시도하였다. 그것이 전제되어야 그 맥락에서 교육의 방향에 대한 논의가 가능하다고 판단했기 때문이다.

이 책은 모두 5장으로 구성되어 있다. 제1장에서는 오늘날 사용되고 있는 지속가능발전교육 개념 이해, 지속가능발전개념의 등장과 전개과정, 지속가능발전 모형, 지속가능발전지표를 살펴보았다. 여기에서는 지속가능발전과 지속가능성 개념을 명확하게 이해하고자 지속가능발전 개념이 내포하고 있는 기본적인 특성이 무엇인지, 지속가능발전에 관한 논의에서 다루어지는 모형에는 어떤 것들이 있는지, 지속가능발전을 측정하는 지표는 어떻게 만들어야하고 어떤 사례들이 있는지를 제시하였다. 제2장에서는 지속가능발전교육의 등장과 전개, 지속가능발전교육의 개념, 지속가능발전교육의 내용, 지속가능발전교육의 기본원리, 지속가능발전교육의 내용선정 원리와 교수학적 원리를 살펴보았다. 여기에서는 특히 지속가능발전교육이 다른 교육과 구별될 수 있는 고유성이 무엇인지를 드러내는 데 주안점을 두었다. 제3장에서는 해외 사례로 독일에서의 지속가능발전교육을 살펴보았다. 지속가능발전을 국가 정책의 기본원리로 삼고 그 토대 위에서 일관성 있게 교육현실을 개선해 나가고 있는 독일의 사례를 통하여 지속가능발전교육에 대한 이해의 지평을 넓히고 시사점도 고려해 볼 수 있을 것으로 판단해서이다. 제4장에서는 학교교육에서의 다양한 지속가능발전교육 실천사례들을 소개하였다. 지속가능발전교육을 장기간의 프로젝트 수행을 통해 학교제도에 정착시키기 위해 노력해온 독일과 스위스 학교에서 지속가능발전교육이 실천되고 있는 사례를 소개함으로써 교육현장에서 지속가능발전교육 활동을 계획할 때 도움이 될 수 있을 것으로 판단하였다. 제5장에서는 맺음말 대신 연구현황을 통해 우리나라 학교에서의 지속가능발전교육을 진단하고 과제를 제시하고자 하였다. 이 책에서는 '지속가능한 발전'과 '지속가능발전'을 동일한 의미로 사용하였다.

필자가 지속가능발전교육에 관심을 갖게 된 것은 2008년 3월부터 UN지속가능발전교육인천센터(RCE, 2007년 1월 UN대학의 승인)운영위원으로 참여하게 되면서부터이다. 그것이 인연이 되어 2009년 11월 인도 뉴델리(New Delhi), 2011년 1월 인도네시아 족자카르타(Yogyakarta)에서 개최된 아시아 태평양 RCE회의(Asia Pacific RCE Conference)에 참가하여 지속가능발전교육 사례들과 현지 프로젝트들을 경험할 수 있는 기회를 가졌다. 인천 RCE의 연구과제를 수행하기 위해 독일 RCE를 방문하기도 하였고(이 책 제3장), 인천광역시 지속가능발전지표 개발 및 지속가능성보고서 가이드라인 개발 연구프로젝트를 수행하기도 하였다. 기회가 될 때마다 지속가능발전교육을 주제로 강의를 하기도 하였다. 이 책의 출판에는 이러한 경험에서 비롯된 작은 의무감이 작용하였다.

이 책은 필자가 지금까지 발표한 논문과 보고서를 토대로 내용을 보완하고 수정한 작업의 결과이다. 이 책의 토대가 된 필자의 논문과 보고서는 참고문헌에 제시하였다. 발표된 지 비교적 오래된 논문에서 사용했던 자료들은 출처를 다시 확인하면서 내용을 최근의 것으로 보완하였다. 그럼에도 불구하고 마음 한구석에는 편치 못함이 남아있다. 이 책을 준비하는 사이에 인터넷 자료의 주소들이 변경되었을 경우와 변화된 내용을 모두 담지 못했을 가능성 때문이다. 부족한 점은 독자들의 비판을 겸허히 받아들이면서 계속해서 보완해 나가는 작업을 게을리하지 않도록 하겠다.

이 책이 나오기까지는 여러분의 도움이 컸다. 부족한 제자의 학문적 성숙을 위해 학문하는 사람의 자세를 일깨워 주시고 격려해 주시는 정영수 교수님, 출판계의 어려운 사정에도 이 책의 출판을 흔쾌히 수락해 주신 강현출판사 오동석 사장님과 편집을 위하여 수고해 주신 편집부 여러분께 감사를 드린다.

2019년 2월

정기섭

차 례

제3장

지속가능발전교육 해외 사례: 독일 • 127

제4장

학교에서의 지속가능발전교육 실천 사례 • 179

제5장

지속가능발전교육 진단과 과제 • 229

제 1 장

지속가능발전

(Sustainable Development, SD)

1. 지속가능발전 개념 이해
2. 지속가능발전 개념의 등장과 전개
3. 지속가능발전 모형
4. 지속가능발전지표(SDI)

제1장

지속가능발전
(Sustainable Development, SD)

1 지속가능발전 개념 이해

가. 일상용어

'지속가능성'의 사전적 의미는 '지속'과 '지속성'의 개념을 통하여 확인할 수 있는데, '지속'은 "상태가 오래 계속됨", '지속성'은 "어떤 상태를 오래 계속하는 성질"로 정의된다. 그러므로 지속가능성은 어떤 상태가 훼손되지 않고 오랫동안 지속적으로 유지되는 것을 의미한다. '지속가능한' 혹은 '지속가능성'이라는 표현을 사용하지 않았을지라도 선조들의 삶 속에는 이미 이러한 사고가 존재하고 있었다. 이러한 사고는 미래를 염두에 두고 현재의 불편함을 감수하는 생존을 위한 생활방식에서 찾을 수 있다. 다음 해의 농사를 위해 식량의 일부를 씨앗으로 보관하는 것, 언제 닥칠지 모르는 생존의 위협에 대비해 지금 필요한 것의 일부를 비축해 놓는 것과 같은 절제와 통제의 생활모습에서 그러한 사고를 발견할 수 있다. 괴테의 교양소설인 『빌헬름 마이스터의 수업시대 Wilhelm Meisters Lehrjahre』(1795/96)에서도 이와 같은 사고를 발견할 수 있다.

> 반밖에 모르는 사람은 항상 헤매고 있으면서도 말이 많다. 그것을 완전히 소유하고 있는 사람은 다만 행동을 좋아할 따름이고 말이 드물거나 말을 하더라도 나중에 한다. 전자에게는 비밀과 생명력이 없으며 그의 가르침은 구워놓은 빵과 같아서 입에

달지만 단 하루만 배부르게 해준다. 그러나 밀가루로 씨를 뿌릴 수 없고 씨앗에 쓸 밀은 빻아서는 안된다(Goethe/안삼환 역, 2003: 241).

나. 산림보호를 위한 용어

지속가능성의 사고가 생활 속에 녹아있던 자연적인 상태에서 벗어나 의무적으로 지켜야 하는 사회적인 규정으로 공포되는 것은 15세기에 이르러서이다. 가정에서의 땔감과 자연에 의존하는 생산수단으로 인해 나무의 수요가 증가하면서 숲 관리의 필요성을 느낀 영주들이 산림에 관한 규정(Forstordnung)을 발표하게 된다. 그러나 지속가능성의 개념이 처음으로 사용된 것은 18세기 산림학에서였다. 작센(Sachsen) 주의 상급광산감독국장(Oberberghauptmann)이었던 폰 카를로비츠(Hans Carl von Carlowitz, 1645-1714)가 자신의 저서 「산림경영 Sylvicultura Oeconomica, oder Haußwithliche Nachricht und Naturmäßige Anweisung zur wilden Baum-Zucht」(1713)에서 인구의 증가로 나무에 대한 수요가 늘어나 나무의 부족현상이 심각해지자 나무의 "영속적이고 지속가능한 사용(beständige und nachhaltende Nutzung)"이란 표현을 사용하면서 새로 성장하는 것보다 많은 나무를 자르지 않는 숲경영을 제안하였다(Rieß, 2010: 25; https://www.forstwirtschaft-in-deutschland.de/nachhaltigkeit/kampagne-300-jahre-nachhaltigkeit/).

이때의 지속가능성 개념은 나무의 무분별한 채취로 숲이 황폐화되자 나무부족이 가져올 수 있는 에너지위기와 경제위기를 염려하여 나무를 지속적으로 제공하기 위한 경제적 관점이 반영되었다. 자연자원을 오랫동안 사용하기 위한 계획적인 숲 관리에 한정되어 있었던 지속가능성 개념은 20세기에 이르러 인간 삶의 모든 영역으로 확대되어 인류가 생존을 위해 지향해야할 방향이 되었다. 20세기에 등장한 지속가능성 개념은 환경오염문제에 직면해서 논의되기 시작하였으며, 1992년 리우 UN환경발전회의 이후부터 국제적인 맥락에서 널리 사용되기 시작하였다. 이 개념은 생태적인 문제뿐만 아니라 경제적인 문제와 사회적인 문제까지 포괄하면서 이상적인 미래사회를 전 지구적 차원에서 적극적으로 만들어가는 과정을 중시한다.

다. UN이 정의한 새로운 개념

오늘날 일상적인 용어와 구분하여 학술적인 용어로 널리 사용되고 있는 지속가능발전(sustainable development)이란 개념은 지속가능성(Sustainability)이란 용어로 표현되기도 하며,

환경과 발전의 양립 가능성에 대한 논의에서 탄생한 개념이다. 이 개념은 유엔 세계환경발전위원회(The World Commission on Environment and Development, WCED)의 보고서인 『우리 공동의 미래 Our common future』(1987)에 뿌리를 두고 있다. 브룬트란트(Brundtland) 보고서라고도 불리는 이 보고서에 따르면 지금까지의 발전이 경제적 성장에 제한되어 이해되었다면, 지속가능한 발전은 경제적 성장, 사회적 안정, 환경보호를 포괄적으로 고려하는 발전 개념으로 이해된다. 즉, 환경문제는 경제적, 사회적 문제와 밀접하게 결합되어 있기 때문에 환경, 경제, 사회의 연관성을 고려하지 않고서는 지속가능한 발전이 어렵다고 본 것이다. 이러한 발전 이해는 인간의 생존본능에 토대를 두고 있다. 모든 인간은 욕구를 가지고 있으며, 발전은 자연환경과 미래세대를 포함하는 타인과의 조화로운 관계에서 이러한 욕구를 충족시켜가는 과정을 의미한다. 이 보고서에 따르면 "지속가능발전은 미래세대의 고유한 욕구를 충족시킬 수 있는 가능성을 위태롭게 하지 않으면서, 현세대의 욕구를 충족시키는 발전이다."(WCED/조형준, 홍성태 역, 2005: 87 수정) 이 개념으로부터 지속가능발전은 무엇보다도 세대 간의 공정성에 대한 윤리적 책임으로부터 가능하다는 것을 알 수 있다.

지속가능발전은 현세대와 미래세대의 공정한 욕구충족(세대 간의 공정성)뿐만 아니라, 현재를 살고 있는 인간들의 욕구충족(세대 내의 공정성)이 이루어질 때 가능하다. 지속가능발전이라는 용어의 등상에는 현세대가 자신의 삶을 개선하기 위해 계속적인 발전을 진행한다면, 다음세대의 삶의 터전이 될 환경이 훼손될 수밖에 없다는 고민이 반영되어 있다. 미래세대의 입장에서 보면 자연자원의 보존이 문제이고, 현세대의 입장에서 보면 현재 삶의 질을 개선하기 위한 발전이 문제인 것이다. 세대 간의 공정성은 미래세대에 대한 책임을 의미하는 것으로 현세대가 자신의 욕구를 충족시킬 수 있는 만큼 미래세대도 자신의 욕구를 충족할 수 있는 동등한 기회를 가져야 한다는 것이다. 미래세대의 욕구 범위가 어디까지 인지 분명하지 않지만, 의, 식, 주, 건강과 같은 최소한의 기본 욕구들이라고 한다면 동의할 수 있을 것이다. 세대 내의 공정성이란 현재를 살고 있는 인간이 갖는 "인간다운 욕구를 충족할 수 있는 기회의 공정한 분배"를 의미한다(Grundwald & Kopfmüller, 2006: 29). 세대 내의 공정성은 교육기회의 균등, 빈부의 격차 문제와 같은 국가적 차원뿐 만아니라, 선진국과 개발도상국간의 천연자원 확보 문제와 같은 국제적 차원에도 적용된다. 개인 간에 혹은 국가 간에 갈등이 생겨나는 원인은 개인의 욕구를 충족할 수 있는 기회가 공정하지 않은 데 있다. 따라서 지속가능한 미래의 지구를 위해서는 공정성이 담보되어야 한다. 이와 관련하여 『우리 공동의 미래』 제2장 제4항에서 지속가능발전의 주요 목표가 인간적인 욕구들과 열망들을 만족 시키고, 모든 사람들에게 그들의 더 나은 삶에 대한 열망을 충족시킬 수 있는 기회를 확대하는 데 있다고 밝히고 있다. 이러한 지속가능발전 개념은 1992년 리우 데 자네이루(Rio de Janeiro)에서 개최된 환경발전회의를 통하여 인류가 지구의 미래를 위해서 실천해야할 방향으로 확고한 위치를 점하게 되었다. 공정성과 관련하여 리우선언의 제3원칙은 "발전의 권리는 오늘의 세대와 미래세대의 발전요구들과 환경요구들에 공정한 방식으로 상응되도록 충족되어야만 한다"고 명시하고 있다. 이때 채택된 '의제21'(Agenda 21)은 지속가능한 발전을 위해서 인류가 함께 추구해야할 환경적, 경제적, 사회적 차원의 관점들을 다루고 있는데, 이것은 인간다운 욕구를 충족할 수 있는 기회가 최소한 세 개의 차원에서 공정하게 주어져야 한다는 것에 대한 세계적인 합의라고 할 수 있다. 이렇게 볼 때, 지속가능발전은 모든 인간의 기본적인 욕구가 충족된 상태의 미래세계를 비전으로 상정하고 그를 실현해 나가는 과정으로 이해할 수 있다. 지속가능발전은 최소한 세 차원에서 발생되는 환경파괴, 실업, 빈곤, 기아, 기회균등과 같은 핵심적 당면 문제들을 극복해 가는 과정으로 문제가 지역적, 국가적, 국제적으로 다르고, 계속해서 새롭게 생겨날 수 있는 것이므로 완결된 것이 아니라 열려 있는 것이다.

리우 환경발전회의 이후 지속가능발전 개념의 빈번한 사용에도 불구하고 개념의 모호성으로 인해 정치가, 학자, 기업가, NGO, 실천가 등은 이 개념을 자신들이 처한 문제 상황과 관심에 맞게 이해하였다. 지속가능발전 개념이 모호하다는 것은 이 개념이 실증적인 연구결과를 토대로 구체적인 행위를 제시하기 보다는 미래에 대한 걱정에서 인간들의 행위 규범을 제시하고 있기 때문이다. 지속가능한 발전 모형이 다양할 수 있음은 이미 『우리 공동의 미래』에서 다음과 같은 언급을 통하여 예상된 것이었다.

> "경제나 사회체제 그리고 환경적 조건이 나라마다 아주 다르기 때문에 지속가능성에 대한 단 하나의 청사진은 결코 발견되지 않을 것이다. 따라서 각국은 자체적으로 구체적인 정책이나 조치를 입안해야 한다. 하지만 이러한 차이와 상관없이 지속가능한 발전은 지구적 목표로 받아들여야만 한다."(WCED/조형준, 홍성태 역, 2005: 84)

이러한 이해로부터 지속가능발전 개념에는 적어도 다음과 같은 특성이 내포되어 있다고 할 수 있다. 첫째, 지속가능발전 개념은 인간의 기본적인 욕구 충족이라는 인간중심적인 관점에 토대를 두고 있다. 둘째, 지속가능발전 개념은 욕구가 충족된 개인들이 조화를 이루고 살아가는 상태를 이상(理想)으로 이미 설정하고 있고, 그것을 실현해가는 과정을 의미하므로 미래의 비전을 포함하고 있다. 셋째, 지속가능발전 개념은 기본적인 욕구를 충족시킬 수 있는 기회의 균등이라는 공정성에 대한 인간의 인간에 대한 윤리적 책임을 전제로 하고 있다. 넷째, 지속가능발전 개념은 과정이라는 의미에서 시간적으로 현재-미래-현재의 순환적 구조를 포함하고 있다. 다섯째, 지속가능발전 개념은 인류의 문제를 공동으로 대처한다는 의미에서 공간적으로 지역-국가-지구적인 관점을 포괄하고 있다. 여섯째, 지속가능발전 개념은 환경, 경제, 사회적 차원이 상호의존적임을 전제로 하고 있다. 일곱째, 지속가능발전 개념은 보편적인 지속가능발전 모형을 전제하고 있는 것이 아니라, 앞에서 언급한 특성을 반영하여 지역과 국가가 처한 상황에 맞는 발전모형을 만들어 갈 것을 제안하는 열린 개념이다.

2 지속가능발전 개념의 등장과 전개

가. 등장

1) 스톡홀름 선언(1972)

지속가능발전 개념의 등장은 범지구적 환경문제에 대한 국제적인 대응방안을 마련하기 위한 UN의 노력과 관련이 있다. 지속가능한 발전의 필요성에 대한 논의와 가능성에 대한 탐구는 1972년 스웨덴의 스톡홀름에서 개최된 UN 인간환경회의(United Nations Conference on the Human Environment, UNCHE)에서 시작되었고, 1987년 발간된 브룬트란트 보고서를 통하여 더욱 명료화되고 널리 알려지게 된다. 1950년대와 1960년대에 발생한 대기오염으로 인한 런던의 스모그 사건, 공장에서 배출한 폐수에 의한 일본의 대규모 수은중독 사건과 석유화학 공장 주변의 대기오염 피해, 여러 건의 대형 유조선 침몰로 인한 해양오염 등의 환경재난은 범지구적 환경문제에 대한 관심을 고조시켰다. 또한 카슨(Rachel Carson, 1907-1964)이 세계적인 환경운동의 시발점으로 평가되는 자신의 저서 『침묵의 봄 Silent Spring』(1962)[1]에서 살충제의 무분별한

1) 책의 제목인 『침묵의 봄』은 무분별한 화학제품 사용으로 인한 생태계 파괴를 상징적으로 암시하고 있다. “봄을 알리는 철새들의 소리를 더 이상 들을 수 없는 지역이 점점 늘어나고 있다. 한때 새들의 아름다운 노랫소리로 가득

사용이 어떻게 야생 동식물계를 황폐화 시키고, 그 것이 인간에게 미칠 수 있는 심각한 영향에 대해 경종을 울린 이후, 1970년대 초반 자연환경과 경제발전에 관한 논의가 세계적인 차원에서 전개되었다. 대표적인 것이 1972년의 로마클럽보고서인 『성장의 한계 The Limits to Growth』와 같은 해에 개최된 스톡홀름 UN인간환경회의이다. 『성장의 한계』는 그 당시와 같은 인구의 증가, 천연자원의 착취, 환경오염의 진행은 생태적 소진을 가져와 재앙적인 수준의 경제적 몰락으로 이어질 것이라고 경고하였다.

> "환경오염을 일으키는 중요한 요인은 살충제의 대규모 살포만은 아니다. 사실 우리 대부분에게 더욱 중요한 것은 소규모이지만 매일 또는 매년 지속적으로 화학물질에 노출되는 일이다. 계속해서 떨어지는 물방울이 마침내 단단한 바위에 구멍을 뚫는 것처럼, 태어나서 죽을 때까지 위험한 화학물질과 접촉하다 보면 결국 우리에게 심각한 문제가 일어나게 마련이다. 아무리 그 양이 미미해도 거듭되다 보면 몸속에 화학물질이 축적되어 마침내 중독을 일으킨다. 세상에서 완전히 고립된 사람을 제외하고 이런 오염원으로부터 자유로울 수 있는 사람은 없다. 평범한 시민이라면 우아한 판매기술과 얼굴 없는 설득자에게 속아 넘어가 우리 주변을 둘러싸고 있는 죽음의 물질을 인식할 수 없게 된다. 아마 자신이 이런 물질을 사용하고 있다는 사실조차 잘 인식하지 못할 것이다." (Carson/김은령 역, 2003: 210)

지구 환경에 대한 위기의식이 고조되자 UN은 국가들 간의 협력을 통하여 전 지구적 환경문제에 효과적으로 대처하기 위하여 1972년 6월 5일 스웨덴의 수도인 스톡홀름에서 '하나뿐인 지구(Only one Earth)'를 슬로건으로 '인간환경회의'를 개최하였다. 113개국에서 1,200명 이상 참여한 이 회의는 환경을 주제로 한 UN 최초의 회의이며, 지구 환경정책의 시작으로 평가되고 있다. 범지구적 환경문제에 대처하기 위한 첫 국제회의를 기념하기 위해 6월 5일은 국제적인 환경의 날로 제정되었다. 이 회의의 결과 채택된 스톡홀름 선언이라 불리는 <인간환경선언>(Declaration of the United Nations Conference on the Human Environment) (http://un-documents.net/unchedec.htm)은 환경보존과 발전의 양립 가능성을 제시하고 있다. 양립가능성에 대한 언급은 선진공업국과 개발도상국 간의 이해관계가 반영된 결과

찼던 아침을 맞는 것은 어색한 고요함뿐이다. 노래하던 새들은 갑작스럽게 사라졌고, 그들이 우리에게 가져다주던 화려한 생기와 아름다움과 감흥도 우리가 모르는 사이에 너무도 빨리 사라져버렸다."(Carson/김은령 역, 2003: 134)

라고 할 수 있다. 선진공업국의 주요관심은 위협적인 환경재난을 예방하기 위하여 산업발전에서 야기되는 환경오염을 제한하기 위한 대책과 생태계를 보호하기 위한 대책을 마련하고 합의를 이끌어 내는 것이었다면, 개발도상국의 주요관심은 빈곤퇴치, 교육 및 직업교육시스템 구축, 의료서비스 보장, 위생적인 식수 공급 및 관리 등 경제적인 발전이 뒷받침되어야 하는 것들이었다. 개발도상국들은 선진공업국들이 환경문제에 관심을 갖는 것과 달리 산업화를 통하여 빠른 시간 내에 후진성을 극복하고자 하였다. 이러한 두 진영의 이해관심사를 반영하여 도출된 것이 환경이 보존되는 범위에서의 발전이다.

스톡홀름 선언은 환경보존과 개선을 현세대와 미래세대를 위하여 인류가 수행해야만 하는 긴급한 과제로 명시하면서, 동시에 사회적인 발전과 경제적인 발전이 삶의 질을 향상시키기 위하여 필수불가결하다는 것을 내세우고 있다. 즉, 경제발전, 사회발전과 조화를 이루는 환경보존과 개선을 언급하고 있다. 개발도상국에서 발생하는 환경문제의 대부분은 저개발에서 기인하기 때문에 인간으로서 품위 있는 삶을 위하여 최소한으로 요구되는 식량과 의복, 주거와 교육, 건강과 위생시설을 제공하기 위한 발전이 뒷받침되어야 한다는 것이다. 이때 중요한 것은 발전이 환경보존과 개선을 고려하면서 이루어지는 것이다. 환경문제가 저개발과 관련이 있기 때문에 발전이 동반될 수밖에 없다는 것은 환경보존과 발전이 모순적이지 않고 분리될 수 없다는 것을 의미한다. 1970년에 대두된 열대림 벌목, 해양오염, 숲의 황폐화, 오존파괴와 온실효과와 같은 환경문제가 사회적이고 경제적인 당면문제를 해결하지 않고는 환경문제가 해결되기 어렵다는 인식을 가져온 것이다. 이 선언에서 무엇보다 강조되고 있는 것은 환경보존과 개선을 위한 국제적인 협력이다. 그러므로 선진공업국들도 자신들의 산업화와 기술발전에서 발생하는 환경문제를 줄이고 개발도상국가의 삶의 질 향상을 위하여 함께 노력할 것을 촉구하고 있다. 스톡홀름 회의 결과 지구적인 환경문제를 다루기 위한 국제적 전담기구인 유엔환경계획(UNEP)이 설립되었다.

> "현재와 미래세대를 위한 환경의 보호와 개선은 인류가 반드시 수행해야하는 목표가 되었다. 이 목표는 평화, 경제적 발전과 사회적 발전의 목표들과 조화를 이루면서 함께 추구해야 하는 것이다."-스톡홀름 선언 중에서-

스톡홀름 선언은 26개 원칙을 담고 있는데, 제2원칙에서는 "공기, 물, 토지, 동식물 그리고 특히 자연생태계의 대표적인 샘플들을 포함하는 지구의 자연자원은 현세대와 미래세대의 이익을 위하여 주의 깊은 계획과 관리를 통해서 보호되어야만 한다."고 밝히고 있다. 또한 제19원칙에서는 "환경문제에서 교육은 계몽된 판단과 합리적 태도를 확산시키기 위하여 청소년과 성인들에게 필수적이다"라고 강조하고 있다. 스톡홀름 회의의 후속회의(UN환경발전계획회의)는 10년 후인 1982년 5월 10일에서 18일까지 케냐의 나이로비에서 개최되었다. 이 회의에서는 스톡홀름 회의가 환경에 대한 의식과 관심을 고취시켰다고 평가하고, 환경보존과 발전을 위한 장기적인 전략의 필요성이 제기되었다. 스칸디나비아 국가들은 이 문제를 해결하기 위하여 유엔환경계획과는 별개의 독립적인 위원회를 설치할 것을 제안하였다. 이 회의에서 결의한 환경과 발전에 관한 독립적인 위원회 설치는 선진공업국들과 개발도상국가들 간의 이견을 조율하기 위한 시도라고 볼 수 있다.

2) 브룬트란트 보고서(1987)

위의 독립위원회 설치 제안을 수용하여 UN은 1983년 특별위원회인 세계환경발전위원회(WCED)를 설립하고, 노르웨이의 수상이던 브룬트란트(Gro Harlem Brundtland, 1939-)에게 의장을 맡아 줄 것을 요청하였다. 이 요청에 따라 그녀는 1984년 22개 국가의 정치가와 학자 등 23명으로(후에 21개국 22명) 세계환경발전위원회를 구성하였다. 이 위원회는 UN의 산하에 있는 조직이긴 했지만, 위원들은 각국을 대표하는 것이 아니라 개인 자격으로 위원회 활동에 참여하였기 때문에 직접적으로 UN과 각국 정부의 통제를 받지 않는 독립 조직이었다. 그로 인해 이 위원회는 첨예하게 대립될 수 있는 각국의 이해관계를 반영하는 주제를 다루지 않고, 전 지구적 차원에서 합의 가능한 행위전략을 마련하기 위해 노력할 수 있었다. 이 위원회는 1987년 위원들의 만장일치 합의로 의장의 이름 따서 브룬트란트 보고서라 불리는 『우리 공동의 미래』를 제출하였다(WCED/조형준, 홍성태 역, 2005; Brand & Jochum, 2000). 이 위원회는 1987년 12월 31일 해체되었다. 오늘날 일상적인 용어와 구분하여 학술적인 용어로 널리 사용되고 있는 지속가능발전(sustainable development) 개념은 이 보고서에 근거하고 있다.

국제적인 논의에서 지속가능발전 개념이 처음으로 등장한 것은 이보다 앞선 1980년 『세계환경보존전략』(World Conservation Strategy)연구보고서에서이다(Grundwald & Kopfmüller, 2006: 18). 국제자원보호연맹(IUCN), 유엔환경계획(UNEP), 세계야생생물기금(WWF: 세계자연보호기금으로 개칭)이 공동으로 발표한 『세계환경보존전략』은 부제가 "지속가능발전을 위한 생명자원의 보존"[2])으로 그 목적을 "생명자원의 보호를 통하여 지속가능한 발전의 성취가 진척되는 것을 돕는데" 두고 있다(IUCN/UNEP/WWF, 1980: iv). 여기에서 지속가능발전은 다음과 같이 언급되고 있다.

> "발전이란 인간적인 욕구를 충족시키고 인간생활의 질을 개선하기 위하여 생물이 생존할 수 있는 범위를 변경하고 인간적·재정적·생명적·비생명적인 자원을 사용하는 것으로 정의된다. 발전이 지속가능하기 위해서는 경제적인 요소뿐만 아니라 사회적, 생태적 요소를 고려하여야만 한다(IUCN/UNEP/WWF, 1980: 서론)."

『세계환경보존전략』은 국제사회가 지속가능한 발전에 대하여 관심을 갖게 하는 역할을 하였다면, 브룬트란트 보고서는 오늘날 교본처럼 널리 수용되고 있는 의미에서의 지속가능발전 개념을 처음으로 정의하였다. 『우리 공동의 미래』는 제목이 암시하고 있는 것처럼, 현재 인류가 공동으로 직면하고 있는 전 지구적 문제를 분석하고, 이를 해결하기 위한 전 지구적 차원에서의 공동 책임을 요구하고 있다. 보고서에서 분석하고 있는 전 지구적 문제이면서 동시에 해결해야 할 과제는 인간의 생활터전인 자연환경의 훼손이 생존을 위협할 정도의 위험수준에 근접했다는 것과 빈곤과 불평등이 심화되고 있다는 것이다. 이 보고서가 취하고 있는 기본 전제는 이러한 문제들이 별개가 아니라, 상호영향을 미치는 연관관계에 있다는 것이다. 이러한 인식은 환경문제에 접근하는 관점의 변화를 보여주는 것이다. 즉, 환경문제가 새로운 것은 아니지만, "최근에야 그 복잡성을 이해하기 시작했다"는 것을 보여주는 것이다(WCED/조형준, 홍성태 역, 2005: 77). 복잡성을 이해하기 시작했다는 것은 브룬트란트가 머리말에서 밝히고 있는 것처럼 "빈곤, 불평등, 환경악화 간의 연관관계"(같은책, 24), "빈곤, 환경, 발전과의 긴밀한 연관관계"(같은책, 25)를 인식하기 시작했다는 것을 의미한다. 즉, 사회적, 경제적, 환경적 문제들이 서로 결합되어 있기 때문에 분리되어 다루어질 수 없다는 인식이다.

사회적, 경제적, 생태적 문제의 상호연관성에 대한 인식은 1972년 스톡홀름 회의의 결과를 브룬트란트 보고서가 계승한 것이다(정기섭, 2010a: 67). 이러한 관점의 연장선에서 브룬트란트 보고서는 포괄적 의미의 '발전'개념으로서 '지속가능한 발전'을 제시하고 있다. 발전은 인간의 기본적인 욕구와 더 나은 삶에 대한 열망을 충족시키기 위한 수단이다. 지금까지의 발전은 이러한 인간의 욕구와 열망을 충족시키기 위한 경제적 성장이라는 제한적 맥락에서 이해되었고, 경

2) 이 세 국제기구는 1991년에 지난 10년간의 성과를 토대로 『지구를 염려하여-지속가능한 삶을 위한 전략』(Caring for the Earth-A Strategy for Sustainable Living)을 발간하였다.

제적 성장에 필요한 자원과 에너지를 공급하기 위하여 자연환경의 토대를 침식하는 발전이었다. 그 과정에서 자원의 불평등한 사용이 선진공업국과 개발도상국 간의 빈부의 격차를 심화시켰고, 그러한 격차가 자연환경을 더욱 압박하는 원인이 되고 있다는 것이다. 그러므로 빈곤의 문제를 해결하지 않고서는 환경문제를 해결할 수 없다는 것이다. 이러한 관점에서 브룬트란트 보고서는 "빈곤은 지구환경문제의 주요한 원인이자 결과"라고 진단한다(WCED/조형준, 홍성태 역, 2005: 32). 환경문제는 산업쓰레기, 유해물질, 과다소비에 의해서 발생할 뿐만 아니라, 빈곤 그 자체도 원인이 된다는 것이다. 가난하고 굶주린 사람들은 생계를 유지하기 위하여 직접적인 환경자원에 의존할 수밖에 없기 때문에 환경파괴로 이어지고, 환경파괴는 더 큰 빈곤을 가져오는 악순환이 계속되고 있다는 것이다. 문제는 지금까지의 경제발전이 전 지구적으로 빈곤과 기아에 시달리는 사람의 수를 오히려 더 늘어나게 했다는 것이고(같은 책, 33, 37), 그만큼 자연환경에 가해지는 압박이 증가하였다는 것이다.

지속가능한 발전은 이러한 문제의식에서 논의되고 사용되는 개념이며, 환경자원의 토대가 회복불가능한 정도로 훼손된다면 자원 공급이 이루어지지 않아 경제발전이 어렵다는 기본인식에서 출발하고 있다. 계속적인 경제성장이 없이는 빈곤과 저개발의 문제를 해결할 수 없고, 빈곤과 저개발의 문제를 해결하지 않고서는 환경문제를 해결하기 어렵다고 보는 것이다. 지속가능한 발전은 이러한 상호의존적 관점에서 "환경문제의 원천에 초점"을 둔다(같은 책, 84). 지속가능한 발전 개념은 환경문제의 주요원인을 경제발전과정에서 발생한 부작용으로만 접근하지 않고 '빈곤'의 원인으로서 '불평등'과 같은 사회적 문제도 포함시키고 있다. 왜냐하면 환경자원의 관리는 생계유지와 같은 모든 인간의 기본적인 욕구가 충족되지 않는 이상 가능하지 않기 때문이다. 그러므로 지속가능한 발전을 위해서는 "모든 사람들의 기본욕구를 충족시키고, 더 나은 삶을 향한 열망을 만족시킬 수 있는 기회를 모든 사람들에게 확대해야"한다(같은 책, 88). 이를 위해서는 "생태학적 뿌리가 장기적인 성장을 지탱할 수 있도록 보호"되어야 하므로, "환경보호는 지속가능한 발전이라는 개념 안에 내재"하고 있다(같은 책, 84). 이러한 맥락에서 지속가능한 발전은 "자원을 관리하며 인류의 발전을 지속할 수 있는 새로운 접근법"으로 이해된다(같은 책, 67).

지속가능한 발전은 환경문제를 경제적 관점과 사회적 관점과의 밀접한 관련성에서 파악하는 개념이며, 생태계의 한계를 넘어서지 않는 범위에서 미래세대를 포함하는 모든 인간의 기본적인 욕구와 열망을 충족시키기 위한 "경제와 사회의 변화과정"(같은 책, 83)이다. 달리 말하면, 지속가능한 발전은 "우리의 운명을 개선하기 위해 우리 모두가 행하는"(경제적, 사회적, 환경적 차원의)모든 노력을 포괄하는 개념이다(같은 책, 23). 이러한 노력은 모든 인간의 기본적인 욕구와 열망이 충족된 사회를 실현하기 위한 노력이며 환경적 차원, 경제적 차원, 사회적 차원에서 당면하고 있는 문제들을 세 차원의 밀접한 연관성을 고려하면서 개선해 가는 노력이다. 지금까지와 같은 소수의 인간과 특정지역을 위한 발전, 자연환경을 훼손하는 발전은 인류의 미래를 위협하기 때문에 미래세대를 포함하는 모든 인간과 모든 지역을 위한 발전, 자연환경을 훼손하지 않는 새로운 방식의 발전 노력이 전 지구적 차원에서 요구된다는 것이다. 이러한 배경에서 지속가능한 발전은 다음과 같이 정의된다.

"지속가능한 발전은 미래세대의 고유한 욕구를 충족시킬 수 있는 가능성을 위태롭게 하지 않으면서 현세대의 욕구를 충족시키는 발전을 의미한다."(같은 책, 87 수정)

이 개념에서 확인할 수 있는 것처럼 지속가능발전 개념은 인간의 생존본능에 토대를 두고 있다. 지속가능한 발전 개념은 지금과 같은 발전방식이 계속된다면 인간의 생존을 더 위협하는 상황이 도래할 것이라는 인식에서 출발하고 있으며, 발전의 최우선 목적을 인간의 생존을 위한 기본적인 욕구 충족에 두고 있는 인간중심주의(anthropocentrism) 관점을 취하고 있다. 이 때 인간중심주의 관점은 인간 삶의 증진을 위해서 자연환경을 일방적으로 개발의 대상으로 도구화하는 전통적인(과학적 이성주의) 관점과는 다르게 이해된다. 지속가능한 발전개념에서 인간이 중심에 위치해 있기는 하지만 인류의 미래 존속 여부가 환경자원의 관리를 위하여 인간이 어떠한 노력을 기울이느냐에 달려있으므로 인간의 욕구 충족은 오히려 자연환경과의 조화로운 관계, 미래세대를 포함하는 타인과의 조화로운 관계를 고려하여 제한된다. 이러한 브룬트란트 보고서의 지속가능한 발전 개념은 1992년 리우선언을 통하여 재차 확인된다.

나. 전개

1) 리우선언(1992)

『우리 공동의 미래』가 지속가능한 발전을 위해서는 국제적으로 구속력이 있는 조약과 협정으로 옮겨져야 한다고 제안한 이후, 이를 실현하기 위하여 UN은 보고서가 출판된 지 5년 후인 1992년 6월 스톡홀름 유엔환경회의 20주년을 맞아 리우에서 환경과 발전을 주제로 국제회의

(UN Conference on Environment and Development, UNCED)를 개최하였다(1989년 제44차 UN 총회에서 결정). 스톡홀름 회의가 처음으로 환경을 주제로 한 첫 국제회의였다면, 리우 회의는 환경과 발전을 주제로 한 첫 공식적인 국제회의였다. 이 회의에 참가한 180여 개국의 대표들은 '지구의 지속적인 발전'을 위한 문건들(환경과 발전을 위한 리우선언, 기후 변화 협약, 생물다양성 협약, 사막화 방지협약, 산림에 대한 원칙, 의제21)을 채택하고 실천하기로 서명하였다. 이 회의 이래로 '지속가능발전'은 환경과 관련된 정치적 논의에서 중심적인 주제가 되었고 '지속가능발전교육' 역시 지속가능발전을 실현하기 위한 중요한 수단으로서 활발하게 언급되기 시작하였다.

리우선언을 실행에 옮기기 위하여 지구적 합의로 채택된 '의제21'(Agenda 21)은 생태적, 사회적, 경제적 문제들의 상호 연관성, 관련 주제들, 그리고 실행방안을 제시하고 있다. '의제21'은 총 4부 40장으로 구성되어 있다. 제1부는 빈곤, 국가채무, 소비습관, 인구, 건강, 거주와 같은 사회적 및 경제적 차원의 주제를 통해 환경과 발전의 상호연관성을 다루고 있다. 제2부는 대기권 보호, 무분별한 벌목 퇴치, 생물다양성 유지, 오존보호, 수질보호 등의 주제를 통해 발전을 위한 천연자원의 유지와 관리를 다루고 있다. 제3부는 아동, 청소년, 다양한 공동체, NGO, 기업가, 노동조합 등 사회집단들이 파트너로서 적극적으로 동참하는 역할을 강조하고 있다. 특히, 제28장은 지구적 지속가능발전의 맥락에서 지역의 문제(지역 의제)를 주민들이 함께 고민하고 해결하는 과정에 실천적으로 참여할 것을 강조하고 있다. 제4부는 실행을 위한 수단으로서 재정, 학문, 교육시스템을 주제로 다루고 있다(BMU, 1993).

리우 회의는 환경문제를 주제로 한 두 번째 전 지구적 차원의 국제회의로서 스톡홀름 국제회의의 연장선에 있지만, 더 강력하게 국가들의 규범적 참여와 의무를 요청하였다. 리우에서 채택된 문건 중 하나인 '환경과 발전에 관한 리우선언'은 지속가능한 발전을 지향하는 '새롭고 공정한 전 세계적인 파트너십'구축을 촉구하면서 27개의 지속가능발전 기본원칙을 제시하고 있다. 리우선언은 지속가능발전을 국제적으로 협력하여 나가야 할 발전 방향으로 인정한 것이고, 그 배경에는 브룬트란트 보고서가 제안하고 있는 경제적 효율성, 사회적 공정성, 자연적인 생활터전의 보존이 인간의 생존을 위해 서로 보완적으로 필요하다는 인식이 자리하고 있다. 위에서 언급한 브룬트란트 보고서의 지속가능발전 개념이 리우회의에서 관통되고 있음을 리우선언의 다음과 같은 원칙들을 통해서 확인할 수 있다(http://www.un.org/depts/german/conf/agenda21/rio.pdf).

제1원칙: "지속가능한 발전을 위한 노력의 중점에는 인간이 있다. 인간은 자연과 의 조화에서 건강하고 생산적인 삶을 살 권리를 갖고 있다."

제3원칙: "발전에 대한 권리는 현세대와 미래세대의 발전 및 환경에 대한 욕구에 공정하게 부합되도록 실현되어야만 한다."

제4원칙: "지속가능한 발전이 실현되기 위해서는 환경보호가 발전과정의 구성요 소로 간주되어야 한다."

제8원칙: "모든 인간을 위한 지속가능한 발전과 높은 삶의 질을 실현하기 위해서 는 모든 국가들이 지속가능하지 않은 생산방식과 소비습관을 철폐하고 적합한 인구정책을 촉진하여야 한다."

위의 원칙에서 확인할 수 있는 것처럼 인간은 자연과 조화롭게 건강하고 생산적인 삶을 살 권리가 있으며, 현재의 발전이 현세대 및 미래세대의 발전 및 환경에 대한 요구들을 파괴해서는 안된다는 것이 리우선언의 요점이다. 리우선언에서 지속가능한 발전을 위한 필수적인 전제로 확인할 수 있는 것은 '빈곤퇴치, 적절한 인구정책, 지속가능하지 않은 소비와 생산방식의 축소 및 해체, 정치적인 결정과정에 시민의 참여'이다. 리우 환경발전회의에서 채택된 '의제21'에서는 지속가능발전을 인류가 함께 추구해야할 환경적, 경제적, 사회적 차원의 관점들에서 다루고 있는데, 이것은 인간다운 욕구를 충족할 수 있는 기회가 최소한 세 개의 차원으로부터 공정하게 주어져야 한다는 것에 대한 세계적인 합의라고 할 수 있다. 이로부터 생태적 차원, 경제적 차원, 사회적 차원을 동등하게 고려하는 지속가능성의 고전적 삼각형 모형이 구안되고, 지속가능발전은 동등한 가치를 갖는 생태적, 경제적, 사회적 목표들을 실현해가는 과정으로 이해된다.

2) 요하네스버그 지속가능발전 세계정상회의(2002)

리우 회의 10년 후인 2002년 8월 26일부터 9월 4일까지 남아프리카 공화국 요하네스버그에서 지속가능발전 세계정상회의(The Johannesburg World Summit on Sustainable Development, WSSD)가 개최되었다. 이 회의는 리우에서 합의한 내용의 실행실적을 반성적으로 평가하고 새로운 대책들을 채택하고 추가적으로 노력해야할 필요한 영역들을 확인하기 위한 자리였다. 회의결과 요하네스버그 선언과 요하네스버그-실행계획이 채택되었다(이하 UN, 2002). 요하네스버그 선언의 요지는 "지속가능하지 않은 발전모델을 통해 발생한 빈곤, 환경파괴와 같은 가치

없고 손상된 생활조건들을 극복한 세계를 아이들에게 물려주자. 그를 위해 우리가 상호의존적인 지속가능발전의 기둥들-경제적 발전, 사회적 발전, 환경보존-을 지역, 국가, 국제적 차원에서 구축하고 확고하게 하는데 공동의 책임을 지자"는 것이다. 이 선언은 1972년 이래로 노력해 온 지속가능발전의 공동목표를 실현하기 위하여 협력관계를 더욱 견고하게 구축하고 실행에 옮길 것을 촉구하였다.

> "우리는 30년 전 스톡홀름에서 환경파괴 문제를 긴급하게 다루어야만 한다는 데 합의하였다. 우리는 10년 전 리우에서 있었던 환경과 발전에 관한 UN회의에서 환경보존, 사회발전, 경제발전은 리우의 원칙들에 토대를 둔 지속가능발전의 근본적인 전제조건이라는데 합의하였다. 이러한 것을 실현하기 위하여 우리는 새롭게 확약한 지구적 프로그램인 '의제21'과 환경과 발전에 관한 리우선언을 채택하였다. 리우회의는 지속가능발전을 위한 새로운 아젠다를 확정한 중요한 이정표였다."

> "우리는 상호의존적으로 서로 떠받히고 있는 지속가능발전의 기둥들 -경제적인 발전, 사회적인 발전, 환경보존-을 지역적, 국가적, 전 지구적인 차원에서 확대하고 강화하는 공동의 책임을 다해야한다."

선언을 실행에 옮기기 위한 요하네스버그-실행계획은 지금까지의 지속가능한 발전을 위한 UN회의의 합의내용, 특히 리우선언을 확인하고 이를 실행하기 위한 노력의 연장선에 있다는 것을 서문에서 다음과 같이 밝히고 있다.

> "1992년 리우 데 자네이루의 환경과 발전에 관한 UN회의로부터 지속가능한 발전을 이행하기 위한 근본적인 원칙들과 행동프로그램이 태어났다. 우리는 리우의 원칙들, 의제21의 완전한 실행과 의제21의 계속적인 실행을 위한 프로그램에 대해 책임을 다할 것을 힘주어 다짐한다. 뿐만 아니라 우리는 국제적으로 합의된 발전목표들, 즉 UN의 새천년-선언에서, 1992년부터 개최된 UN회의 결과 문헌들에서 그리고 그때부터 결정된 국제적인 합의들에 포함되어 있는 발전목표들에 책임을 다한다."

"이 실행계획은 환경과 발전에 관한 회의이래로 얻어진 성과에 기인할 것이며 남아있는 목표들의 실현을 가속화할 것이다. 이러한 목표를 위해서 우리는 모든 차원에서의 구체적인 대책들을 마련하고, 리우의 원칙들, 특히 공동의 책임을 포함한 리우선언의 7원칙을 고려하여 국제적인 협력을 확대할 것이다. 뿐만 아니라 이러한 노력들은 지속가능발전의 세 요소들 -경제적 발전, 사회적 발전, 환경보존-의 통합을 상호의존적인 기둥들로서 장려할 것이다. 빈곤퇴치, 지속가능하지 않은 생산방식과 소비습관의 변화, 사회적이고 경제적인 발전의 토대가 되는 천연자원의 보존과 관리는 지속가능발전의 상위의 목표들이자 근본적인 전제조건들이다."

위의 서문에서 확인할 수 있는 것처럼 요하네스버그-실행계획은 UN '새천년 선언'(Millenium Declaration)의 발전목표를 포함하여 이전의 UN회의들에서 합의된 지속가능한 발전 목표들을 확인하고 실행에 옮길 것을 촉구하고 있다. 유엔의 '새천년 선언'은 새로운 천년을 맞아 인류의 문제를 공동으로 해결하기 위해 2000년 9월 6일부터 9일까지 뉴욕 UN본부에서 개최된 새천년 정상회의에서 채택되었으며, 이를 실천하기 위한 계획으로 새천년 발전목표(Millenium Development Goals, MDGs)가 수립되었다. 새천년 발전목표는 8개로 지속가능한 발전을 위해 2015년 12월 31일까지 국제사회가 공동으로 달성하자고 합의한 것으로 지속가능발전의 세 요소들의 균형보다는 주로 개발도상국의 빈곤과 기아문제 해결에 초점을 두고 있다.

① 빈곤과 기아 근절하기
- 1990년 기준으로 2015년까지 하루 1.25달러 이하의 생활소득자 비율을 절반으로 줄인다.
- 1990년 기준으로 2014년까지 기아에 시달리는 사람의 비율을 절반으로 줄인다.
- 여성과 청소년을 포함한 모든 사람을 위한 제대로 된 일자리와 완전고용을 실현한다.

② 모든 사람을 위한 기초교육 실현하기
- 2015년까지 전 세계의 아동이 초등교육을 완전히 마치도록 한다.

③ 양성평등 촉진 및 여성의 역할 강화
- 2005년까지 초등 및 중등교육에서, 2015년까지 모든 교육수준에서 남녀불평등을 해소한다.

④ 아동사망률 줄이기

- 1991년 기준으로 2015년까지 5세 이하 아동의 사망률을 2/3(10.6%에서 3.5%로) 줄인다.

⑤ 산모의 건강개선

- 1990기준으로 2015년까지 산모의 사망률을 3/4정도 줄인다.

⑥ HIV/AIDS, 말라리아, 그 외의 질병 퇴치

- 2015년까지 HIV/AIDS가 더 이상 확산되는 것을 막고 줄어들기 시작하는 경향이 나타나도록 한다.
- 2010년까지 모든 의학적인 치료가 필요한 HIV/AIDS 감염자들이 전 세계에서 치료가 가능하도록 한다.
- 2015년까지 말라리아와 다른 심각한 질병들이 더 이상 확산되는 것을 막고 줄어들기 시작하는 경향이 나타나도록 한다.

⑦ 생태적 지속성 유지

- 지속가능발전의 원칙들이 모든 국가의 정책과 프로그램에 정착되고 환경자원이 사라지는 것을 방지한다.
- 2010년까지 생물다양성이 사라지는 것을 현저하게 줄인다.
- 2015년까지 위생적으로 결함이 없는 식수를 지속적으로 안정되게 접근할 수 없는 사람의 비율을 절반으로 줄인다(65%에서 32%로).
- 2020년까지 최빈곤층의 생활여건을 현저하게 개선한다.

⑧ 발전을 위한 지구적 파트너십 구축

- 개방적이고, 원칙적이고, 예상가능하고 차별 없는 무역과 금융시스템을 발전시킨다.
- 개발도상국들의 특별한 요구를 고려한다. 이것은 빈곤퇴치를 위해서 적극적으로 노력하고 있는 국가들에 대한 무역장벽 제거, 채무경감, 특별 재정지원을 포함한다.
- 개발도상국들의 채무문제 해결을 위해 포괄적으로 노력한다.
- 제약회사와 협력하여 개발도상국에서 필수적인 의약품에 지불 가능한 가격에 접근가능도록 한다.
- 개발도상국에서 특히 정보통신 분야 신기술의 혜택을 누릴 수 있도록 지원한다.

〔그림 1-1 〕 새천년 발전목표
(http://www.un.org/millenniumgoals/)

요하네스버그-실행계획에는 다음과 같은 실행목표들이 포함되어 있다.

- 2015년까지 전 세계의 하루 1달러 이하 소득생활자 비율을 절반으로 줄인다.
- 2015년까지 깨끗한 식수와 기본적인 위생시설 이용이 보장되지 않는 사람의 비율을 절반으로 줄인다.
- 적정 기술과 공정한 분배체계를 통하여 지급 가능한 가격에 더 많은 식량을 이용 가능하도록 한다.
- 천연자원의 손실을 막아야 하고 천연자원의 지속가능한 사용이 촉진되어야 한다.
- 에너지 사용에서 재생에너지 비율을 높이고 에너지 효율성을 증진시켜야 한다.
- 교토 기후보호 의정서를 아직 비준/승인하지 않은 국가들은 가능한 한 빨리 해야 한다.
- 환경을 훼손하는 원조는 하지 말아야 한다.
- 동물과 식물의 종이 사라지는 것은 2010년까지 늦춰져야 한다.
- 화학제품의 생산과 사용이 인간과 자연에 미치는 부정적인 영향은 2020년까지 최소화되어야 한다.

새천년 발전목표가 무엇보다도 빈곤과 기아 근절에 초점을 맞춤으로서 환경, 경제, 사회적 문제의 상호의존성을 내세우는 지속가능발전은 국제적인 대화에서 밀려나는 것처럼 보였다. 왜냐하면 발전에 대한 논의가 지속가능발전의 요소들을 통합적으로 다루기보다는 점점 더 분절화되었기 때문이다. 예를 들어 발전협력 자금조달을 위한 UN회의가 몬테레이(Monterrey, 2002)와 도하(Doha, 2008)에서 개최되었고, 지구적인 환경정책을 위한 회의는 기후변화협정에 서명한 국가들에서 매년 개최되었다. 2009년 12월 7일부터 18일까지 코펜하겐에서 온실가스 감축을 목표로 UN기후변화협정에 서명한 국가들의 15번째 회의가 개최되었고, 이것은 1997년 제3차 기후변화회의에서 채택된 온실가스배출감소에 대한 국가 간의 합의인 교토의정서의 틀에서는 다섯 번째 모임이었다. 이 회의 결과 국가 간 상충되는 이해관계로 인해 UN은 구속력이 있는 교토 의정서의 후속적인 조치들을 채택하는 데 실패하였고, 코펜하겐 회의를 준비하기 위한 UN회의들에서 언급되었던 2050년까지 이산화탄소배출량을 절반으로 줄이자는 목표도 달성하지 못했다. 다만, 지구 기온상승을 산업화 이전 대비 섭씨 2° 이내로 제한하고, 국가들은 2020년 온실가스 감축목표를 2010년 1월 말까지 자발적으로 제출한다는 최소한의 합의를 도출하는 데 그쳤다. 이러한 결과와는 달리 2007년 발리 기후변화회의에서 수립했던 계획은 2009년 코펜하겐 회의에서 기후보호를 위해 2012년 이후부터 효력을 발휘하는 구속력 있는 협정을 이끌어낸다는 것이었다.

2009년 UN기후변화회의가 실패한 이후 12월 24일 개최된 UN총회는 발전논의에서 경제발전문제, 사회발전문제, 환경보호문제의 분절화를 막고 '의제21'의 이행을 더욱 강력하게 촉구하기 위해 지속가능발전 회의를 2012년 리우에서 개최하기로 결정하였다(http://www.un-documents.net/uncsd-docs.pdf). 이 결정은 전 지구적 위기에 대응하기 위해 상호의존적인 경제발전, 사회발전, 환경보호의 균형을 고려하자는 1992년 리우에서의 지속가능발전 합의를 상기하고 재차 확인하면서 실행을 촉구하기 위한 것이었다.

3) 리우 지속가능발전회의(리우+20, 2012)

지속가능발전의 중요한 이정표가 된 1992년 리우 UN환경발전회의 20년 주년이 되는 2012년 리우 데 자네이루에서 UN지속가능발전회의(UN Conference on Sustainable Development, UNCSD)'(Rio+20)가 '우리가 원하는 미래'(The Future We Want)라는 주제로 환경보존과 빈곤퇴치에 중점을 두고 개최되었다. 이 회의의 의도는 지속가능발전을 위한 국제사회의 동참의지를 재확인하고, 리우 회의(1992)와 그 이 후 주요한 UN회의에서 결정한 지속가능발전에 관한 합의사항의 실행정도와 해결해야할 문제를 점검하면서 새롭게 등장한 해결과제들을 논의하는 데 있었다. 이 때 다루어진 주요 주제는 지속가능발전과 빈곤퇴치의 맥락에서 '녹색경제(Green economy)'를 세계적으로 확산시키는 것, 지속가능발전 관련 UN기구들을 개편하는 것, 그리고 2015년까지 달성하기로 한 새천년발전목표의 후속목표(Post 2015) 설정에 관한 것이었다. 핵심 주제였던 녹색경제는 용어가 암시하는 것처럼 생태와 경제를 결합한 것으로 천연자원을 절약하고 환경을 적게 위협하는 지속가능한 경제방식으로 복지를 증진시키고, 빈곤을 퇴치하고 사회적 공정성을 추구하자는 것이다.

이 회의의 결과는 283개 항목을 담고 있는 『우리가 원하는 미래』(UN, 2012)라는 문건으로 채택되었는데, 주로 오늘날 지속가능발전의 토대로 간주되고 있는 리우선언(1992)과 '의제21'을 빈번하게 언급하면서 '의제21'을 실행하기 위한 프로그램, 지속가능발전에 관한 요하네스버그 선언, 요하네스버그 실행계획, 새천년 선언, 새천년 발전목표 등 이전의 합의 내용을 재확인하고 국제적인 공동책임을 촉구하는 내용이다. 이 문건은 현재 직면하고 있는 지구적인 문제들 -먹거리와 영양, 물과 위생시설, 에너지, 건강, 인구, 일자리, 대양, 저개발국가, 기후변화, 숲, 생물다양성, 사막화, 가뭄, 화학물질, 소비와 생산, 쓰레기, 성평등, 교육 등-에 대한 대책을 열거하면서 가장 시급하게 해결해야할 문제로 빈곤퇴치를 들고 있다.

> "우리는 지속가능발전에 대한 책무와 우리의 지구를 위하여 그리고 현세대와 미래세대를 위하여 경제적, 사회적, 생태적으로 지속가능한 미래를 촉진할 것을 재확인한다."(제1항)
>
> "빈곤의 근절은 오늘날 지구가 당면하고 있는 가장 큰 과제인 동시에 지속가능한 발전을 위한 절대적인 전제조건이다. 이러한 관점에서 우리는 인류가 시급하게 빈곤과 기아로부터 벗어날 것을 약속하였다."(제2항).

이 문건에 따르면 녹색경제는 빈곤퇴치와 지속가능발전의 맥락에서 "리우의 기본원칙들, 의제21, 요하네스버그-실행계획과 조화를 이루면서 새천년 목표들을 포함하는 국제적으로 합의된 발전목표들을 성취해 나가는데 기여할 수 있고", "환경훼손을 줄이면서 천연자원을 지속가능하게 관리하는 우리의 능력을 향상시켜서 자원효율성을 증가시키고 낭비를 줄일"(제57항, 제60항) 수 있는 중요한 수단이다. 즉, 녹색경제를 천연자원의 과도한 사용을 방지하면서 삶의 질을 향상시키고 미래에도 삶을 이어갈 수 있는 지속가능한 경제방식으로 수용하는데 합의한 것이다. 달리 말하면, 녹색경제로 전환하는 것이 지구를 지속적으로 유지할 수 있다는 인식에 동의를 한 것이다. 또한 이 문건에서는 현재와 미래의 문제들을 일관적이고 효과적으로 대처하면서 지속가능발전을 강력하고 효율적으로 수행할 수 있는 UN기구의 중요성에 대해 재차 확인하고 있다. 즉, "지속가능발전의 **세 차원을 균형 있는 태도에서 통합**할 수 있고 강력하게 실행할 수 있는" 지속가능발전의 기구체제 개편에 합의하였다(제75항). 이에 따라 경제, 사회, 문화, 교육, 건강, 인권 문제를 포괄적으로 다루는 54개 국가 위원으로 구성된 UN총회 산하기구인 경제사회 자문위원회(Economic and Social Council, ECOSOC)가 "지속가능발전의 세 차원의 균형 있는 통합을 실현하는데 있어서"(제83항) 핵심역할을 하게 하자는데 합의하였다. 그리고 지속가능발전을 위한 정부 간의 협의를 강화하기 위하여 1992년 리우에서 지속가능발전 실행에 대한 평가를 목적으로 설치되었던 UN지속가능발전위원회(Commission for Sustainable Development, UNCSD)가 비효율적이라고 진단하면서 이를 대체할 수 있는 더 격상된 정부 간의 고위급 정치포럼(High level political forum)을 설치하자는 데 합의하였다. 또한 전 지구적 목표인 새천년목표가 지표로서 구체적으로 발전단계를 점검할 수 있고 실행을 구체화할 수 있는 유용한 수단이라고 강조하면서 2015년 이후의 발전의제(아젠다)와 조화를 이루는 발전목표 수립을 위한 과정에 대해 의결하였다.

4) 2030 지속가능발전 의제(2015)

2015년 9월 25일부터 27일까지 뉴욕에서 제70차 UN 정기총회에서가 개최되었다. 이 때 열린 '2015 UN지속가능발전정상회의(United Nations Sustainable Development Summit 2015)'에서 2001~2015년까지 추진된 새천년발전목표의 후속 목표로 지속가능발전목표(Sustainable Development Goals, SDGs)가 채택되었다. 의결된 공식문건의 제목은 『우리가 사는 세상의 전환: 지속가능발전 의제 2030 Transforming our world: the 2030 Agenda for Sustainable Development』이고(UN, 2015), 그 안에 지속가능발전목표가 담겨있다. 이 때문에 지속가능발전목표는 '의제 2030', '전 지구적 지속가능성 의제', '2030-의제', '2015-이후의 발전의제'로 표현되어 사용되고 있다. 지속가능발전목표는 2015년까지 추진되었던 새천년목표와 모든 이를 위한 교육(EFA)을 계승하여 향후 15년을 위한 교육을 포함하는 발전의 우선순위이다. 새롭게 의결된 지속가능발전목표는 17개 주요목표와 169개 세부목표로 되어 있으며 2016년부터 2030까지 추진

된다. 지속가능발전 의제 2030이 목표로 하는 것은 경제적, 생태적, 사회적으로 지속가능한 발전이다. 의제 2030의 서문에는 지속가능발전목표를 다음과 같이 밝히고 있다.

> "지속가능발전목표는 새천년발전목표를 토대로 하고 새천년발전목표가 달성하지 못한 목표들을 성취하고자 한다. 지속가능발전목표는 모든 사람의 인권을 실현하고 양성평등과 모든 여성과 소녀의 자기결정권을 성취하고자 한다. 지속가능발전목표들은 통합되어 있는 것으로 분리될 수 없고 지속가능발전의 세 차원(경제적, 사회적, 생태적 차원)을 균형적으로 고려하고 있다."

17개의 주요 지속가능발전목표는 다음과 같다.

목표 1: 세계 모든 곳에서 모든 형태의 빈곤을 종식시킨다.
목표 2: 기아를 종식시키고, 식량 안보를 성취하며, 영양 상태를 개선하며 지속가능한 농업을 촉진한다.
목표 3: 건강한 삶을 보장하고 모든 연령대 사람들의 복지를 증진한다.
목표 4: 포용적이고 공정한 교육을 보장하고 모든 사람에게 평생교육의 기회를 증진한다.
목표 5: 성평등을 달성하고 모든 여성과 소녀에게 자기결정 권한을 부여한다.
목표 6: 모든 사람들에게 물과 위생시설의 이용 및 지속가능한 관리를 보장한다.
목표 7: 모든 사람이 구입할 수 있고 신뢰할 수 있고 지속적으로 관리할 수 있고 현대적인 에너지에 접근하는 것을 보장한다.
목표 8: 견고하게 널리 영향을 미치고 지속가능한 경제성장과 완전하고 생산적인 고용, 인간적인 노동을 촉진한다.
목표 9: 탄력적인 사회기반시설을 건설하고, 포괄적이고 지속가능한 산업화를 장려하고 혁신을 촉진한다.
목표 10: 국가 내 및 국가 간의 불평등을 줄인다.
목표 11: 도시와 거주지를 포괄적이고 안전하고 회복가능하고 지속가능하게 만든다.
목표 12: 지속가능한 소비와 생산 패턴을 확보한다.
목표 13: 기후 변화와 그 영향에 대응하기 위한 긴급한 행동을 취한다.
목표 14: 지속가능한 발전을 위하여 해양 자원을 보존하고 지속가능한 방식으로 사용한다.

목표 15: 육지 생태계를 보호하고 복원하며 지속가능한 방식의 사용을 촉진한다. 산림을 관리하고, 사막화를 저지하고, 토질악화를 개선하고, 생물 다양성 감소를 저지한다.

목표 16: 지속가능한 발전을 위하여 평화롭고 포괄적인 사회를 촉진하고, 모두를 위한 정의를 구현하고 효과적이고 책임 있는 포괄적 제도를 구축한다.

목표 17: 지속가능한 발전을 위한 실행 수단을 강화하고 글로벌 파트너십을 활성화한다.

〔그림 1-2〕 지속가능발전목표

지속가능발전목표가 새천년발전목표와 다른 점은, 새천년발전목표가 빈국의 빈곤과 기아문제 해결에 주된 관심 두었다면, 지속가능발전목표는 모든 국가의 지속가능발전에 주된 관심을 두고 있다는 것이다. 즉, 새천년발전목표가 주로 경제적인 발전에 초점을 두고 있다면 지속가능발전목표는 지속가능발전의 세 차원을 균형 있게 포괄하면서 전 지구적인 공동의 노력을 더욱 강조하고 있다. 이렇게 본다면 지속가능발전목표는 리우선언과 새천년발전목표들을 <우리가 사는 세상의 전환>이라는 개념아래서 결합시킨 것이라고 볼 수 있다.

> "우리는 세상을 지속가능하고 회복탄력적인 행로로 바꾸기 위해 필요로 하는 대담하고 전환적인 발걸음을 내딛기로 의결하였다. 우리는 막 시작하는 이 공동의 여정에서 **단 한 사람도 낙오시키지 않을 것**을 약속한다."(의제 2030 서문)

4 지속가능발전 모형

'의제21'이 리우 환경발전회의에서 리우선언을 실행에 옮기기 위한 지구적 합의로 채택된 이후 지속가능성 혹은 지속가능발전은 국제적, 국가적, 지역적 차원의 중요한 정책적 주제가 되었다. 빈번한 용어사용에도 불구하고 지속가능한 발전 개념이 명료하지 않아 정치가, 학자, NGO, 기업가들은 그들이 처한 상황과 관심에 맞게 이 개념을 이해하였다. 지속가능발전 개념이 모호하게 인식되는 이유는 이 개념이 실증적인 연구결과를 바탕으로 한 구체적인 행위보다는, 미래에 대한 추상적 염려에서 인간들의 행위 규범을 제시하는 데서 기인한 것으로 보인다. 달리 말하면, 지속가능발전 개념에 내포된 규범적 차원이 실천적 차원에서 민주적인 합의과정을 통하여 구체화되어야 하는 것으로 기획된 개념이라고 할 수 있다. 『우리 공동의 미래』에서 확인한 것처럼 국가마다 경제나 사회체제 그리고 환경적 조건이 아주 다르기 때문에 지속가능발전을 위한 실천적 노력들은 다양할 수밖에 없다.

지속가능발전 개념을 실천적 차원과 관련하여 보다 명확하게 하려는 시도들이 리우 환경발전회의 이후 있어왔고, 그를 통하여 다양한 지속가능발전 모형이 제시되었다. 다양한 모형들은 다음과 같은 물음에 대하여 어떠한 답을 가지고 있느냐에 따라 구별될 수 있다. 첫째, 경제, 환경, 사회적 차원이 동일하게 중요한가? 둘째, 세 차원 말고 다른 차원도 중요하지 않은가? 다음에서는 독일어권에서 논의되어 온 대표적인 지속가능발전 모형을 소개하기로 한다. 이러한 모형은 다음 장(제2장)에서 다루는 지속가능발전교육의 의식적, 무의식적 배경으로 이해될 수 있다. 달리 말하면, 완전한 하나의 지속가능한 발전 모형이 존재하지 않는 상황에서 지속가능발전교육에 대하여 논의하는 것은 그 논의가 이미 어떠한 발전 모형에 기대어 있다고 할 수 있다. 독일어권에서 논의되고 있는 지속가능발전 모형은 크게 다차원 모형(Mehr-Dimensionen-Modell)과 한차원 모형(Ein-Dimensionen-Modell), 혹은 다기둥 모형(Mehr-Säulen-Konzepte)과 한기둥 모형(Ein-Säulen-Konzepte)으로 구분될 수 있다(Michelsen, o.J.: 62이하; Grundwald & Kopfmüller, 2006: 41이하). '차원'과 '기둥'이란 용어만 다를 뿐 지속가능한 발전을 위해서 다수의 차원/영역이 균등하게 고려되어야 하느냐 혹은 하나의 차원/영역이 특히 더 고려되어야 하느냐하는 관점을 구분의 기준으로 삼고 있다는 점에서는 동일하다고 할 수 있다. 다음에서는 다차원 균등 고려 모형, 한차원 중점 고려 모형으로 표현하기로 한다.

가. 다차원 균등 고려 모형

지속가능발전 모형은 브룬트란트 보고서와 '의제21'에서 강조하고 있는 환경, 사회, 경제적 차원의 상호의존성을 전제로 하고 있다. 모형 간의 차이는 각 차원에 대한 고려의 중요성(우선순위)에 있다고 할 수 있다. 다차원 균등 고려 모형은 지속가능한 발전은 다양한 차원이 그 중요도에 있어서 균등하게 고려되어야 실현 가능하다고 보는 모형이다. 이 때 차원은 세 차원으로만 한정되는 것이 아니라 학자에 따라 정치, 문화, 건강 등을 추가하여 4차원, 5차원 등으로 확대된다. 가장 빈번하게 언급되고 널리 알려진 모형은 환경, 사회, 경제적 관점을 균등하게 고려하는 세 차원 모형이다. 이 모형은 리우 환경발전회의 이후 지속가능한 발전은 생태적, 사회적, 경제적 요소들이 조화롭게 고려될 때 가능하다는 널리 수용된 합의를 반영하고 있다. 세 차원 모형은 독일에서 지속가능발전에 관한 논의 초기단계라고 할 수 있는 1994년부터 1998년까지 국회에 설치된 '인간과 환경보존' 조사 위원회라 불리는 지속가능발전 연구위원회(Enquete-Kommission "Schutz des Menschen und der Umwelt")의 보고서에서 확인된다. 이 보고서에서 세 관점은 '세 기둥(Säule)' 혹은 '세 차원(Dimension)'으로 표현되며, 현재 직면하고 있는 위협적인 상황을 해결하기 위해서는 "정치적, 경제적 행위가 모든 세 관점을 동일하게"(Enquete Kommission, 1994: 33), "동등한 권리와 가치를 갖는 것"(Enquete Kommission, 1998: 18)으로 다루어야 한다고 강조한다. 1994년 보고서에서는 세 차원의 복잡한 상호작용 관계를 뚜렷하게 묘사하기 위하여 "생태적 목표들, 경제적 목표들, 사회적 목표들이 서로 마주보고"있는 지속가능발전(지속가능성)의 "매직 삼각형"이 언급된다(Enquete Kommission, 1994: 33). 이 언급은 그 이후의 지속가능발전에 관한 문헌들에서 다음과 같이 시각화되었다〔그림 1-3〕(Hauff & Klein, 2005: 7), 〔그림 1-4〕(Seybold, o.J.: 13).

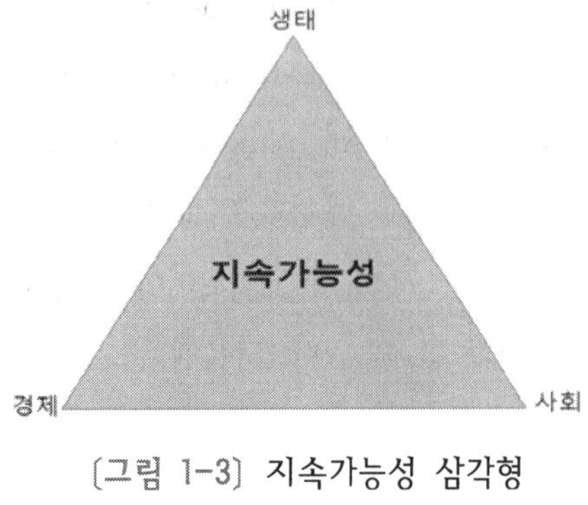

〔그림 1-3〕 지속가능성 삼각형

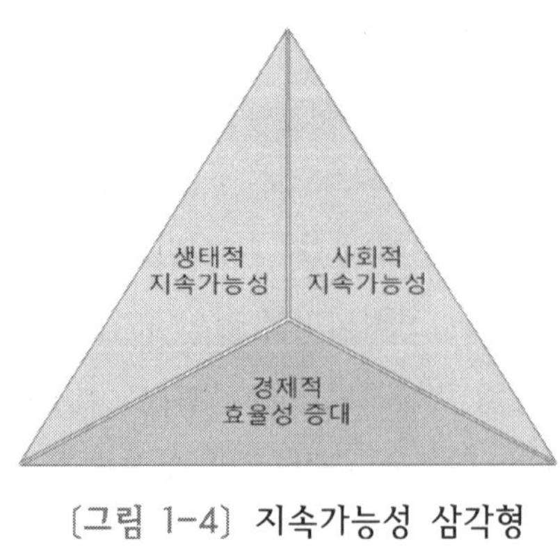

〔그림 1-4〕 지속가능성 삼각형

삼각형 그림들이 표현하고자 하는 것은 세 차원이 서로 결합되어 있고, 세변이 동일하기 때문에 세 차원의 동등한 고려 없이는 지속가능한 발전이 가능하지 않다는 것이다. 그러므로 세 차원 각각의 목표들 역시 그 가치와 중요성에서 동등하게 고려되어야 한다는 것이다. 세발 의자의 한 다리에 문제가 생긴다면 균형을 잃고 의자로서 기능을 상실하기 때문에 세 개의 다리 각각이 모두 중요하다고 인식하는 것과 마찬가지라고 할 수 있다.

세 차원의 균등한 중요성에 근거를 두고 1994년 보고서에서는 사회적, 경제적, 생태적 목표들을 "지속가능발전을 지탱하는 기둥"(33)으로, 1998년 보고서에서는 "병렬적으로 서 있는 세 기둥"(18)이라고 서술함으로서 각각의 차원이 독자적인 단일구조인 것처럼 암시되고 있다. 보고서에서는 복잡한 연관성 때문에 "세 차원이 통합적으로 다루어져야만" 하고 "나란히 서 있는 세 기둥의 병렬적 결합이 아니라 세 차원적 관점의 발달"(18)이 중요하다고 강조하고 있지만, 읽는 사람의 입장에서는 마치 지속가능발전이 각 차원으로 분리되어 수행되는 것으로 머리에 그려진다. 이러한 언급은 지속가능발전을 주제로 한 문헌에서 다음과 같은 세 기둥 모형으로 시각화된다[그림 1-5](Spindler, o.J.,: 13; Pröbstle, 2011: 76). 같은 맥락인데도 세 기둥이 아닌 세 개의 원으로 시각화되기도 한다. 원 그림은 두 차원 간의 관계를 묘사하면서 세 개의 원이 서로 중복되는 한 가운데 지점을 지속가능성의 핵심이라고 보여준다[그림 1-6](Hauff & Klein, 2005: 9참조). 세 개의 원으로 세 차원의 관계를 나타내는 것은 분리된 세 개의 기둥 그림이 세 차원의 상호연관성과 세 차원의 목표들이 균등하게 반영된다는 것을 명확하게 보여주지 못한다고 보기 때문이다. 기둥이든 원이든 이러한 그림들은 각각의 차원이 독립적인 목표들을 가지고 있고, 이 목표들이 서로 동등하게 결합될 때 지속가능한 발전이 가능하다는 것을 보여주려는 것이라고 할 수 있다.

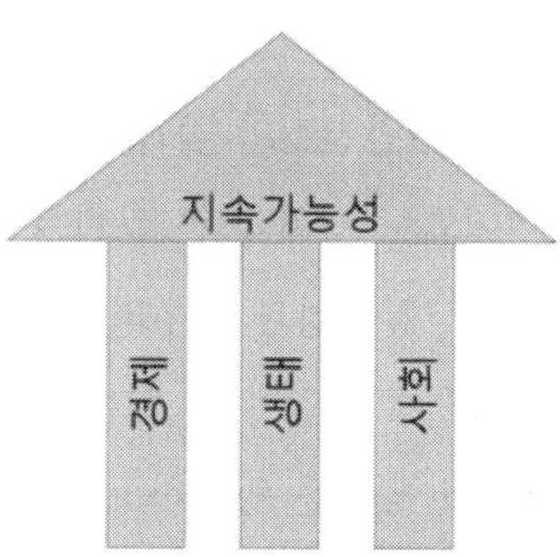

〔그림 1-5〕 세 기둥 모형

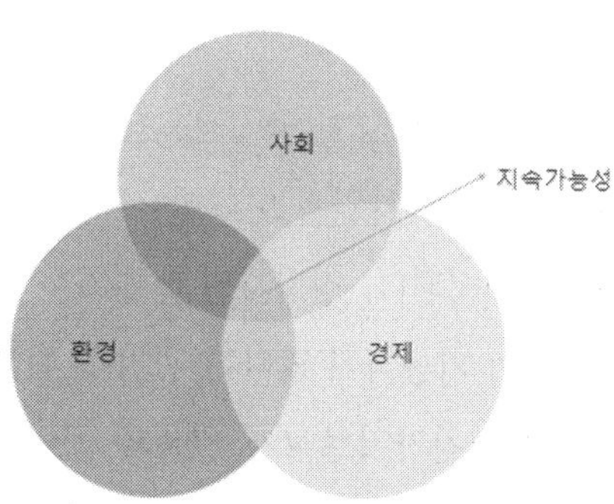

〔그림 1-6〕 지속가능성 기둥의 교집합 모형

지금까지 언급된 다차원 균등 고려모형은 다음과 같은 점에서 한계가 지적될 수 있다. 첫째, 병렬적으로 배치되어 있는 각각의 차원(기둥)이 자신의 목표를 가지고 있는 하나의 독립적인 시스템으로 보이기 때문에 다른 차원과의 연관성이 명확하게 드러나지 않는다. 나란히 서 있는 세 개의 기둥이 각 차원에서 추구하는 지속가능한 미래상을 "차원 간의 연관성 없이 독립적으로 실현될 수 있는 것"으로 보이도록 한다(Grundwald & Kopfmüller, 2006: 53). 그러므로 각 차원들은 목표를 달성하는 과정에서 다른 차원과의 연관성을 의식하지 못할 가능성이 있다. 왜냐하면 각 차원에서는 설정된 목표의 달성이라는 시각에서 해결해야하는 현재의 문제들이 다루어질 것이기 때문이다. 환경, 사회, 경제적인 차원의 복잡한 연관성으로 인하여 이 차원들은 통합적으로 다루어져야만 한다고 강조되고 있지만 통합은 각 차원 목표들 간의 동등한 결합을 의미하는 것으로 이해될 수 있다. 그렇다면 실천적 차원의 개인적 혹은 사회적 행위에서 어떻게 세 차원이 균등하게 고려되어야 하는지 의문이 생긴다. 둘째, 첫째와 같은 맥락에서 차원들이 동등한 가치를 갖는다는 것은 각 차원의 입장에서는 자신이 우선성을 갖는다는 것으로 해석되기 때문에 세 기둥의 단순한 병렬 모형에서는 지속가능한 발전의 방향이 상실될 수 있다(Vogt, 2009: 142). 셋째, 다양한 문화적, 사회적, 경제적, 종교적 조건을 가진 국가와 그 국가 내의 다양한 집단들의 관심이 동일할 수 있는가? 국가마다 관심사가 다르고, 한 국가 내에서도 집단들마다 관심이 다를 수 있는데 세 개의 차원을 균등하게 고려한다는 것이 가능한가? 하는 문제이다. 국가마다 집단마다 처한 상황에 따라 세 차원 중에서 우선 순위가 있을 수 있다. 저개발국가에서는 경제적인 관심이 높을 것이고, 선진국에서는 생태적 관심이 높을 텐데, 처한 상황이 다른 집단 간의 관심 차이로 인하여 갈등이 발생할 때 어떤 기준에 의하여 각 차원들이 고려되어야 하는지가 분명하지 않다. 달리 생각하면, 지속가능한 발전을 위해서는 각 집단의 관심을 동일하게 하거나 동일한 수준의 관심을 찾아야한다는 것인데, 현실적으로 가능한가? 하는 문제가 동반된다.

다차원 균등 고려 모형에는 브룬트란트 보고서와 리우환경발전회의 결과에서 제시된 환경(생태), 사회, 경제적 차원을 반영한 삼각형, 세 기둥 모형이외도 정치 혹은 문화차원을 추가한 4각형 모형이 제시된다. 정치차원을 추가한 모형은 정치적인 안정성과 정부의 의지 없이는 지속가능한 발전이 가능하지 않다는 관점을 취하고 있다. 그림으로 확인할 수 있는 사각형 모형은 삼각형 모형과 마찬가지로 *4개 차원의 동일한 가치*를 가지고 있음을 암시하고 있다[그림 1-7](BMZ, 2007: 23). 또한 균등한 고려는 언급하지 않고 있지만 지속가능한 발전을 위하여 중요하기 때문에 독자적인 차원으로 문화를 포함시키는 사각형 모형도 발견할 수 있다[그림 1-8] (Stoltenberg, 2009: 35).

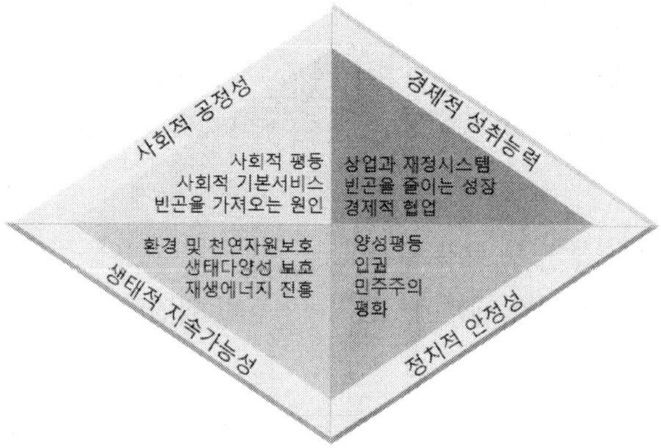

〔그림 1-7〕 지속가능성 4각형 모형

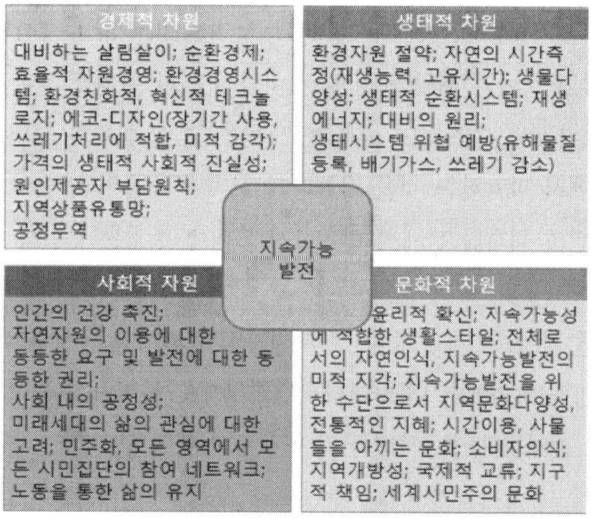

〔그림 1-8〕 지속가능발전 4차원 모형

나. 한 차원 우선 고려 모형

앞에서 지적된 다차원 균등 고려 모형이 갖고 있는 문제점을 극복하기 위해서 한 차원 우선 고려모형이 제시되었다. 여기에서 소개하는 한 차원을 특히 우선적으로 고려하는 지속가능발전 모형은 다른 차원과의 연관성을 포기하는 것이 아니라, 세 차원 중에서 특별하게 하나의 차원을 더 강조하는 것이 특징이다. 아마도 한 차원을 더 중요시 하는 세 기둥 모형이라고 할 수 있을 것이다. 이 모형이 내세우는 논리는 위에서 언급된 것처럼, 주도적인(우선성을 갖는) 차원이 없으면 집단 간 이해관계로 갈등이 빚어질 때 방향을 잃을 수 있다는 것이고, 처한 상황이 상이한 다양한 집단의 다양한 관심을 고려할 때 현실적으로 세 차원을 균등하게 고려하는 것이 어렵다는 것이다. 세 차원 중에 어느 차원을 더 고려할 것인가는 이견이 있을 수 있지만, 일반적으로 환경적 차원이 우선적으로 고려된다. 이 모형을 지지하는 측에서는 세 차원 균등 고려 모형에서는 생태적 차원의 중요성을 너무 낮게 평가하고 있다고 주장한다. 생태적 영역이 인간의 생존과 경제의 대체 불가능한 토대이기 때문에, 즉 지속가능한 발전의 토대이기 때문에 다른 영역보다 우선성을 가져야한다는 주장이다.

이러한 관점에서 슈탈만(Volker Stahlmann, 2008)은 기존의 세 기둥 모형에서 특히 생태적 영역의 근본적인 역할을 중시하는 확대된 세 기둥 모형을 제안하였다. 여기에서 세 기둥은 경제, 사회, 문화이고, 생태(자연자원과 기후)는 경제, 사회, 문화 기둥을 받치고 있는 근본적인 토대가 된다[그림 1-9](Hehenberger-Risse, 2013: 8; Spindler, o. J.: 14). 이 모형은 자연환경이 지속가능발전의 근본요소이기 때문에 경제, 사회와 동일한 가치를 갖는 하나의 기둥으로 파악되어서는 안된다는 관점에 기초하고 있다. 이 모형은 경제, 문화, 사회적인 문제를 자연자원과 기후와의 종속관계에서 파악하는 것을 가능하게 하지만 기둥이 병렬적으로 서 있어서 여전히 경제, 문화, 사회적인 차원간의 관계를 명확하게 드러내 주지는 못한다. 지속가능한 발전을 위해서 다루어지는 경제, 문화, 사회적인 차원의 주제들은 생태적인 차원과 연관되어 있는 것들이어야 하지만, 나란히 서 있는 세 기둥이 세 차원간의 관련성을 암시하지는 않는다. 자연환경을 기본 토대로 하는 기둥 모형에서 더 나아가 사회, 경제도 동일한 기둥이 아니라 종속적인 관계로 파악하는 관점도 존재한다. 즉, 사회는 자연적 토대 위에 구축되고, 경제는 사회 안에서 인간의 기본적인 욕구를 충족시키기 위한 수단으로 보는 것이다[그림 1-10](http://www.education21.ch/sites/default/files/uploads/pdf-d/BNE-Artikel_Umweltbildung-ch_2012-2.pdf). 이 관점에 따르면 중요도에 있어서 환경, 사회, 경제의 순서로 고되어야 한다.

한 차원을 특히 우선시하는 세 기둥 모형은 다음과 같은 한계에 노출되어 있다(Grundwald & Kopfmüller, 2006: 41이하 참조). 첫째, 모든 사람들이 생태라는 하나의 차원에 동일한 관심을 가질 수 있는가 하는 것이다. 달리 말하면 한 사회의 모든 구성원들이 생태차원이 무엇보다도 중요하다고 합의할 수 있는가 하는 문제이다. 둘째, 환경자원의 수용능력을 정확하게 예측할 수 있는가 하는 문제이다. 경제적 발전과 사회적 발전을 위해서 어느 정도의 범위에서 환경자원

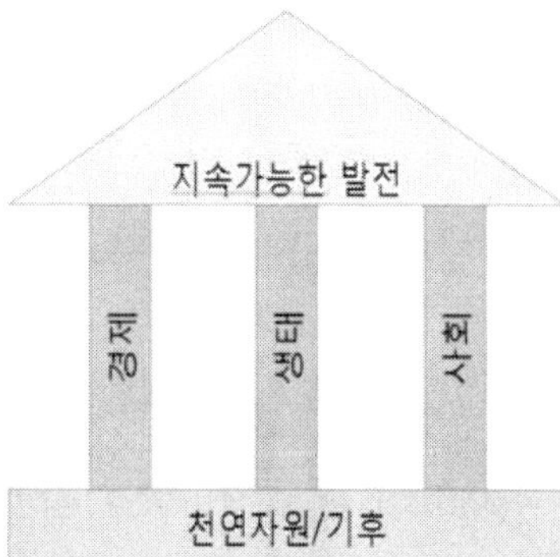

[그림 1-9] 한 차원 중점 기둥 모형

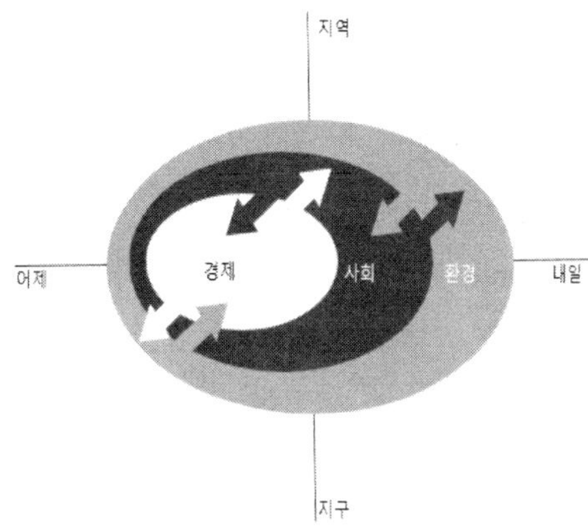

[그림 1-10] 한 차원 중점 고려 모형

이 이용되어야 하는지가 불분명하고, 또한 이것을 실험해 볼 수도 없다. 셋째, 자연환경 문제가 인간의 생존에서 매우 중요한 것은 사실이지만, 이것이 해결된다면 사회적 발전의 문제나 경제적 발전의 문제가 해결된다고 장담할 수 있는가 하는 문제이다. 지구의 미래를 위협하는 것은 환경적 문제뿐만 아니라, 사회적 경제적 문제와도 밀접하게 연관되어 있음을 브룬트란트 보고서와 '의제21'을 통해서 이미 확인하였다.

다. 통합적 모형3)

지속가능발전 기둥 모형은 환경적, 사회적, 경제적 차원 사이의 상호작용에 주목하여 그 관계를 묘사하려고 시도 하였음에도 불구하고 그 관계를 잘 보여주지 못하고 있다. 즉, 지속가능발전이 전제하고 있는 세 차원의 통합이 언급되고는 있지만 어떻게 실현될 수 있는지를 명료하게 보여주지 못하고 있다. 이러한 문제의식에서 통합적 모형이 제시되었다. 통합적 모형은 헬름홀츠 독일연구센터(Hermann von Helmholtz-Gemeinschaft Deutscher Forschungszentren, HGF)의 연구프로젝트에 의해 제기되었는데 지속가능발전 개념을 특징짓는 구성적 요소를 브룬트란트 보고서, 리우선언, '의제21'로부터 도출해 내고, 그리고 그것을 다시 *지속가능발전의 일반적인 목표들로 구체화하고, 이 목표들을 지속가능성 규칙*들로 구체화하였다. 지속가능성의 규칙들은 *본질적 지속가능성 규칙들*(Was-Regeln)과 *도구적 지속가능성 규칙들*(Wie-Regeln)로 구분

3) Jörissen, Kopfmüller, Brandl & Paetau.(1999)을 참고하였음.

된다. 이러한 시도는 지속가능발전의 세 차원이 균등하게 혹은 어떤 차원이 더 중점적으로 고려되어야 하는지에 대한 합의가 이루어지 않을 때 갈등이 발생할 수밖에 없고 그것을 해결하기 위해서는 그 준거가 세 차원의 범위를 넘어서는 것이어야 하는데, 그것을 지속가능발전 개념의 규범적 전제에서 찾고 있는 것이다. 즉, 세 개의 차원에서 다루어지는 문제들은 각 차원의 경계를 벗어나는 지속가능발전이 지향하고자 하는 규범적 전제에 의해서 접근되어야 한다는 것이다.

이 모형에서 지속가능발전의 *구성적 요소*는 규범적 전제인데, "세대 간의 공정성과 세대 내의 공정성", "지구적 맥락", "인간중심적 접근"이 그것이다(Jörissen et al., 1999: 42-46). 이러한 구성적 요소들이 구체화된 일반적인 목표들로는 ① "인간의 생존을 안전하게 하기"로 미래세대에 대한 책임에서 생존을 위해 꼭 필요한 자연의 기능이 유지되어야만 한다는 것, ② "사회적 생산능력의 유지"로 다음 세대가 현세대와 같이 기본적인 욕구를 충족시키기 위해서는 그를 충족시킬 수 있는 사회적 생산능력(자연자원과 지식)이 시간을 넘어 유지되어야만 한다는 것, ③ "발전가능성과 행위가능성의 유지"로 현세대가 다음 세대의 발전과 행위가능성에 대한 욕구를 제한해서는 안된다는 것이다. 이러한 목표들을 실현하기 위한 조건들이 지속가능성 규칙들이라고 할 수 있는데, 본질적인 지속가능성 규칙들은 목표실현을 위한 최소한의 조건들(다음 세대를 포함한 지구사회 구성원들의 최소한의 정당한 요구)이고 도구적 지속가능성 규칙들은 최소한의 조건들을 충족시키기 위한 방법이라고 할 수 있다. 이러한 내용들은 다음과 같은 <표 1-1> <표 1-2>로 정리된다(Jörissen et al., 1999: 50).

〈표 1-1〉 일반적인 목표들과 본질적 지속가능성 규칙들(무엇을-규칙들)

일반적인 목표	인간의 생존을 안전하게 하기	사회적 생산능력의 유지	발전 및 행위가능성 유지
본질적 규칙들	·인간의 건강보호 ·대체할 수 없는 환경위험 예방 ·생계유지 보장 ·독자적으로 안정된 생활하기	·재생가능한 자원의 지속 가능한 이용 ·재생 가능하지 않은 자원의 지속가능한 이용 ·환경의 지속가능한 이용 ·물적자원, 인적자원, 지적자원 개발 ·사회자원의 유지	·자연의 문화적 기능 유지 ·문화다양성의 유지 ·환경이용의 공정한 분배 ·교육, 정보, 직업활동에 대한 공정한 접근 ·공정한 소득분배와 부의 분배 ·사회적 결정과정에의 참여 ·권력평준화 ·채무의 제한

〈표 1-2〉 도구적 지속가능성 규칙들(어떻게-규칙들)[4]

·사회적 생태적 비용의 내면화(경제성장에서 발생하는 생태적 환경적 비용에 대한 고려) ·적합한 조세납부 ·책임 있는 채무 ·공정한 세계경제의 조건 ·국제적인 협력 촉진 ·중요한 문제에 대해 반향을 일으킬 수 있는 사회능력의 강화 ·사회적 행위의 결과를 분석하고 평가할 수 있는 기관여건 개발 ·조세능력의 증대 ·사회적 행위자들이 자기조직을 형성할 수 있는 가능성의 촉진 ·행위자들 사이의 권력균형 강화

통합적 모형은 환경, 사회, 경제적 차원이 서로 밀접하게 결합되어 있기 때문에 각 기둥(차원)별로 지속가능한 발전과제가 수행되는 것이 아니고(의도하지 않았더라도 그렇게 오해할 수 있는), 지속가능한 발전을 저해하는 문제에 대하여 통합적으로 접근해야한다는 오래된 관점을 명료하게 하려는 새로운 시도라고 할 수 있다. 이 모형은 지속가능발전의 이상적 방향(구성적 요소)이 규칙들의 형태로 지속가능발전의 모든 문제에서 고려되는 것을 제안함으로써 세 차원 간의 경계를 허물고 있다. 즉, 지속가능발전을 저해하는 문제들이 차원 구분 없이 목표달성의 준거에서 접근되고 있다. 이 때 제기될 수 있는 문제는 이 모형에서 제시하고 있는 일반적인 목표와 규칙들이 국제적, 국가적, 지역적 차원에서 표준으로 동일하게 적용될 수 있는가 하는 것이다. 이에 대한 답변은 규칙들이 지속가능한 발전을 위한 "*최소한의 요구들*"(Grundwald & Kopfmüller, 2006: 56)이지 표준은 아니라는 것이다.

지금까지 살펴본 모형들은 지속가능발전 개념의 규범적 특성을 구체화하려는 노력으로 이해할 수 있다. 앞에서 언급한 것처럼 지속가능발전 개념이 구체적으로 행동을 위한 전략을 제시하는 것이 아니라 전 지구적으로 함께 미래를 향해 노력하자고 호소하는 규범적 성격을 갖고 있기 때문에 이것을 실천적으로 구체화하는 노력은 각기 다른 상황에 처한 국가와 지역마다 다를 수밖에 없다. 그러므로 삶의 맥락에 적합한 지속가능발전 모형은 지속가능발전의 이념을 토대로 구성원들의 합의와 참여를 통해 생산되고 계속해서 발전되어야하는 미완의 성격을 띠고 있다. 지속가능발전은 지금보다 나아진 미래사회를 향해서 나아가는 과정에서 계속해서 새롭게 다루어져야 한다는 것을 브룬트란트 보고서에서도 다음과 같이 암시하고 있다.

4) Kopfmüller에 의해 후에 수정된 내용을 제시하였음(Grundwald & Kopfmüller, 2006: 57).

> "지속가능한 발전은 고정된 조화상태가 아니라 ... 현재의 욕구뿐만 아니라 미래의 욕구와 조화를 이루어 나가는 변화의 과정이다."(WCED/조형준, 홍성태 역, 41).

앞에서 소개된 지속가능발전 모형들은 지속가능발전의 이념을 실현하기 위해 고려되어야 하는 차원과 차원의 비중에 의견을 달리하고 있지만, 세 차원을 통합적으로 이해하려는 인식은 기본적으로 공유하고 있다. 이러한 인식은 자연환경, 경제, 사회적 문제를 각각 해결하려던 과거의 인식에서 진보한 것이라고 평가될 수 있다. 다음에서는 지속가능한 발전을 모니터링 하는데 필요한 지표에 대하여 살펴보기로 한다.

4 지속가능발전지표(SDI)

가. 지표의 기본구조 및 기능

지표(Indicator)란 라틴어에서 유래하였으며 "알림"을 뜻한다. 이로부터 지표의 기능이 정보를 전달하기 위한 수단이나 도구라는 것을 유추할 수 있다. 즉, 지표는 정보전달자로서 현재의 상태를 보여주는 수단이나 도구인 것이다. 지속가능발전지표(Sustainable Development Indicator, SDI)란 지속가능한 발전을 추구해 가는 과정에서 현 상태를 드러내어 보여줌으로서 평가하고 비교하고 개선하기 위한 수단으로 생태, 경제, 사회적 차원의 상태에 대한 예시적이고 구체적인 서술이라고 할 수 있다.

> "지표는 문제들을 조기에 확인하고(조기 인식), 시간의 경과에서 변화를 추구하고(지속적인 관찰), 도달된 것을 고유한 목표를 고려하여(발전에 대한 감독), 그리고 대안적 해결방법과 비교하여(해결의 최적화) 정리하는 수단이다."(Meyer, 2004: 6)

그러므로 지속가능발전지표는 가능한 발전을 저해하는 현재의 문제들을 조기에 인식하고, 변화의 과정을 지속적으로 관찰하며, 성취된 것들을 고유한 목표를 고려하고 대안적 해결방법들과 비교하여 정돈하는 수단이라고 할 수 있다. 즉, 지속가능발전지표는 미래의 국가, 지역, 도시가 추구하는 모습을 실현해 가는 과정에서 관리하거나 개선해야할 문제들을 평가하고 감독하는 수단인 것이다.

1992년 리우 UN환경발전회의에 참가한 대한민국을 포함한 180여개의 국가들은 자국의 지속가능발전 전략에서 '의제21'을 실행하고, 그 결과들을 지표를 통하여 관리하기로 합의하였다. '의제21'의 제40장은 지속가능발전지표의 필요성을 다음과 같이 언급하고 있다.

> "모든 영역에서 결정을 위한 견고한 토대를 제공하고 통합된 환경 및 발전시스템의 자기규제적인 지속가능성에 기여하기 위해 지속가능발전을 위한 지표들이 개발되어야만 한다."(40.4)

지속가능발전지표는 지속가능발전 전략의 효과를 성취된 것을 토대로 정기적으로 모니터링하고, 재검토하고, 평가하고, 수정하는 기준이 된다. 국제적인 차원에서 지속가능발전지표는 '의제21' 제40장의 요청에 따라 UN지속가능발전위원회(Commission on Sustainable Development, UNCSD)가 1995년 개발을 승인하였으며, 1996년과 2001년 사이에 처음으로 두 개의 UNCSD 지표 세트가 개발되었다. 이 지표 세트는 많은 나라에서 지속가능발전의 국가지표 개발을 위한 토대로서 광범위하게 적용·사용되었고, 수정되고 있다(UN, 2007: 3). 국제적인 차원에서 개발되고 제시되고 있는 지속가능발전지표는 국가, 지역, 도시가 갖고 있는 특수성을 포괄할 수 없는 한계를 갖고 있기 때문에, 독일, 영국, 스위스, 오스트리아 등과 같은 국가, 지역, 도시들은 그의 특성에 맞는 지표를 개발하고 관리하기 위한 노력을 하고 있다. 이러한 국제적인 맥락에서 우리나라도 2008년에 국가나 지역이 지속가능한 방향으로 발전하고 있는지를 평가할 수 있는 도구로서 총 14개 영역, 34개 항목의 77개 지표로 구성된 '국가지속가능발전지표'를 확정 발표하였다.

지속가능한 발전은 전 세계적으로 통용되는 특별한 표준적 모델이 존재하는 것이 아니라, 국가와 도시가 처해 있는 상황에 맞게 모형을 개발하고 발전시키는 구성원 간의 소통과 참여를 중시한다. 그러므로 지속가능발전을 위해서는 생태적, 사회적, 경제적 차원을 포괄하는 도시 비전을 담은 자체의 장기적인 발전계획이 수립되어 있어야하며, 그에 맞는 지속가능발전지표를 개발하고 지속적으로 수정 관리해 나가는 도시발전 모니터링 시스템을 구축해야 한다. 지속가능발전지표는 다음과 같은 기본구조에서 이해된다.

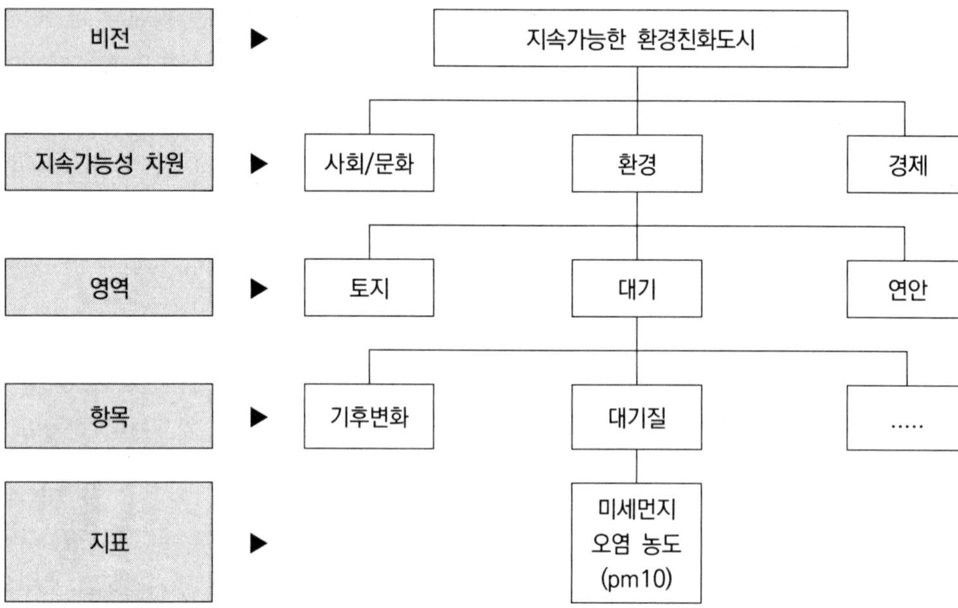

〔그림 1-11〕 지속가능발전지표의 기본구조

지속가능발전지표는 다음과 같은 기능을 갖는다(PASTILLE Konsoritum, 2002: 25).

첫째, 지속가능성에 대한 이해: 지표는 경향을 보여주고 상황을 설명할 수 있거나 다른 정보들을 준비할 수 있다. 지표는 지속가능발전의 중요한 주제들을 확인하고 이해를 촉진하고 지역의 지속가능성 상태를 보여주고 확정할 수 있다.

둘째, 결정에 대한 지원: 지표는 체계적이고, 투명하고, 포괄적이고, 일관적이고, 시의 적절하고, 참여적인 결정을 지원한다. 지표는 결정의 주체들에게 문제의식을 제공하는데 이용될 수 있다.

셋째, 이해관계자들의 포함: 지표들은 의사소통을 목적으로 사용된다. 이해관계집단들이 특정한 상황에 대하여 주의를 갖도록 하는 것은 논의의 좋은 시작이다.

넷째, 실행의 조정: 지표는 실행에서 개선을 위한 피드백을 제공하기 위하여 개발되고 투입된다.

다섯째, 갈등해결과 합의: 지표는 논의를 명료하게 한다. 지표는 공동의 목소리를 만들어 내면서 동시에 반대의 의견들을 빠르게 확인하는 것을 가능하게 한다.

나. 지속가능발전지표의 선정기준

1) UN의 지표선정 기준

UN(2007)은 『지속가능발전지표 가이드라인 및 방법론 Indicators of Sustainable Development: Guidelines and Methodologies』에서 지속가능발전지표의 기준을 다음과 같이 추천하고 있다.

① 지속가능발전지표는 범위에서 우선 국가적이다.
② 지속기능발전지표는 지속가능발전의 과정을 평가하는 것과 관련이 있다.
③ 지속가능발전지표는 수에 제한되어 있지만, 개방되어 있고, 미래의 요구를 수용한다.
④ 지속가능발전지표는 '의제21'의 적용범위에서 광범위하고 지속가능발전의 모든 관점들이다.
⑤ 지속가능발전지표는 이해할 수 있고, 명료하고, 모호하지 않다.
⑥ 지속가능발전지표는 개념적으로 건전하다.
⑦ 지속가능발전지표는 가능한 정도까지 국제적인 합의를 대표한다.
⑧ 지속가능발전지표는 발전을 위한 정부의 능력 내에 있다.
⑨ 지속가능발전지표는 알려진 양질의 비용 효율적인 데이터에 의존한다.

2) 유엔발전계획(United Nations Development Programme, UNDP)의 기준

UNDP(1997)는 지속가능발전지표를 선정할 때 고려해야 할 사항으로 좋은 지표의 특성인 'SMART'를 제시하고 있다.

명료성(Specific)

- 무엇이 정확하게 측정되어야 하는지 명확한가? 세분화의 적합한 수준이 구체적으로 명시되어 있나?
- 지표가 기대한 결과의 본질을 포함하고 있는가?
- 지표가 사람들의 범위와 범주를 넘어서는 문제를 포착하고 있는가?
- 지표가 결과에 도달하기 위한 과정을 측정하기에 충분하게 구체적인가?

측정가능성(Measurable)

- 변화가 객관적으로 확인가능한가?

- 지표는 원하는 변화를 보여줄 수 있는가?
- 지표는 신뢰할 수 있게 그리고 명료하게 결과를 측정하는가?
- 지표는 정책과 프로그램의 변화에 민감한가?
- 이해당사자는 정확하게 무엇을 측정하는지에 대해 동의하는가?

도달가능성(Attainable)

- 지원에 대한 결과로서 어떠한 변화가 예측되는가?
- 결과는 현실적인가?

타당성(Relevant)

- 지표가 추구하는 결과의 핵심을 짚어내는가?
- 그것이 의도된 산출과 결과에 상응하는가?
- 지표가 활동 범위와 타당한 관련이 있는가?

데이터 이용가능성(Trackable)

- 데이터는 합리적인 비용과 노력으로 구할 수 있는가?
- 데이터의 출처가 이미 알려졌는가?
- 지표 관리 계획이 존재하는가?

이 기준을 적용하는 데는 신중하고 현실적이어야 한다. 하나의 지표가 모든 요구를 동일하게 만족시키지는 못할 것이다. 결국, 지표의 선택은 유효성과 실효성의 총체적인 평가과정을 통해 결정되어야 한다. 지표의 선택은 프로그램 관리자, 이해 관계자, 그리고 파트너들 간의 충분한 논의의 과정에서 이루어져야 한다. 이 과정은 여러 단계를 거치는데, 아이디어를 모으는 브레인스토밍 단계, 각각의 아이디어를 평가하고 목록을 추리는 단계, 그리고 마지막으로 지표 관리 계획을 만드는 단계로 구성된다. UNDP는 지표 개발과정에서 고려해야할 질문들을 다음과 같이 제시하고 있다(UNDP, 2009).

① 기대된 결과들이 성취되고 있는지를 어떻게 측정할 수 있는가?
② 어떤 정보유형이 긍정적 변화를 증명하는가?
③ 주어진 자원과 수용능력의 한계에서 무엇이 실행가능하게 모니터링될 수 있는가?

④ 정보는 적당한 시기에 다른 모니터링을 위해서 이용될 수 있는가?
⑤ 데이터 수집의 체계는 무엇이고 누가 책임질 수 있는가?
⑥ 국가 시스템이 이용되거나 확대될 수 있는가?
⑦ 정부 지표가 이용될 수 있는가?

3) OECD의 지속가능성 지표 선택 기준

OECD는 1999년 12월 로마에서 '지속가능한 발전을 향하여: 진척을 측정하기 위한 지표 Toward sustainable development: Indicator to measure progress'란 주제로 회의를 개최하여 지속가능발전지표가 국가 정책과 소통을 목적으로 어느 정도 사용되고 있는지를 확인하였다. 이 회의에서는 지속가능발전을 위한 환경지표 선택 기준으로 다음과 같은 것이 확인되었다(OECD, 2001: 105).

환경지표는 정책관련성과 사용자의 유용성 측면에서

① 환경조건, 압박 또는 그에 대한 반응을 대표적으로 보여주어야 한다.
② 단순하고, 간단하게 해석할 수 있어야 하고, 시간적 경향을 보여주어야 한다.
③ 환경변화와 그와 관계된 인간 활동의 변화에 반응할 수 있어야 한다.
④ 국제적인 비교가 가능해야 한다.
⑤ 국가적으로 중요하거나 국가적 의미를 갖는 지역 문제와 관계하여야 한다.
⑥ 사용자가 관련 값의 중요성을 평가할 수 있도록 비교할 수 있는 임계 값 또는 참조 값을 가져야한다.

분석의 건전성과 관련하여

① 학문적이고 기술적인 용어에서 이론적인 근거를 잘 갖추어야 한다.
② 그 타당성은 국제적인 표준과 합의에 기초하여야 한다.
③ 경제적 모델들, 정보 및 예측 시스템들과 연결될 수 있어야 한다.

측정가능성과 관련하여

① 데이터는 쉽게 이용할 수 있거나 합리적인 비용으로 수집될 수 있어야 한다.
② 데이터는 충분하게 기록되어 있고 알려진 양질의 것이어야 한다.
③ 데이터는 신뢰할 수 있는 절차에 따라 정기적으로 갱신될 수 있어야 한다.

4) 유럽 지속가능발전 네트워크(European Sustainable Development Network, ESDN)의 관점에서 본 지표의 조건

ESDN은 오스트리아 비엔나 대학에 사무실을 두고 있으며, ESDN의 활동들을 조직하고 가이드를 제공하는 집단은 오스트리아, 벨기에, 핀란드, 프랑스, 독일, 네덜란드, 스위스, 영국의 대표 전문가들로 구성되어 있다. ESDN은 유럽에서의 지속가능발전을 촉진하고, 우수한 경험들을 서로 교환하고, 유럽차원과 국가차원의 정책수립을 조언하는 역할을 한다. ESDN은 회의, 워크숍, 보고서, 사례연구를 통하여 우선적인 이슈에 대한 전문적인 지식을 제공하고, 우수한 경험들을 제공한다. ESDN이 지속가능발전전략 수립과 정책 수립을 지원 할 때, UN과 OECD의 지속가능발전전략 가이드라인을 근거로 하여 확인하는 지속가능발전 정책의 원리와 거버넌스의 과제는 다음과 같다.

〈표 1-3〉 지속가능발전 정책의 원리와 거버넌스의 과제

지속가능발전 정책의 원리	지속가능발전 전략의 거버넌스 과제
1. 공동의 비전과 전략적 목표	공공의 장기비전과 정의가 있어야 함 - **SMART**를 갖춘 조작적 정의 - Specific: 이상적으로 양화된 목표 - Measurable: 지속가능한 발전지표 - Achievable: 성취가능 해야 함(너무 쉽거나 강요적이어도 안됨) - Realistic: 주어진 자원과 정치적 환경에서 가능해야함 - Time-bound: 시작과 종료시점이 있어야 함
2. 높은 수준의 책임(헌신)	정부, 영향력 있는 기관의 높은 수준의 정치적 책임
3. 수평적 통합	경제적, 환경적, 사회적 이슈의 통합이 이루어져야 함(지속가능발전 전략 문건에서)
4. 수직적 통합	지속가능발전 전략은 EU, 국가/연방, 지역 수준의 활동들과 보조를 맞추어야 함
5. 참여	발전 전략의 이행에 다양한 집단이 참여해야함
6. 실행 메커니즘과 능력	- 지속가능발전 전략의 목표는 실행규정과 메커니즘이 정치적 책임에서 명확하게 규정되어야 함 - 목표 성취를 위해 필요한 활동을 수행할 기관(또는) 개인의 능력이 있어야 함
7. 모니터링, 평가, 전략갱신	지속가능발전 전략의 효과는 목표의 성취를 토대로 정기적으로 모니터링, 재검토, 평가되어야 함

출처 : https://www.sd-network.eu/

위의 원리와 과제를 통하여 지속가능발전지표가 갖추어야 할 조건을 도출할 수 있는데, 지표는 성취가능하고, 측정가능 해야 하며, 주어진 자원과 정치적 환경에서 실행 가능해야한다. 또한 수평적 통합과 수직적 통합이 고려되어야 한다.

5) PASTILLE가 제안하는 좋은 지표의 특성

PASTILLE-프로젝트는 유럽연합과 스위스가 재정 지원한 2년 반 동안의 연구 프로젝트로 유럽의 지역차원에서 지속가능한 발전을 위한 활동들을 촉진하는데 목적이 있었으며, 오스트리아, 프랑스, 스위스, 영국의 4개 도시의 6개 연구기관이 참여하였다. PASTILLE는 Promoting Action for Sustainability at the local level in Europe의 약어이다. 이 연구 프로젝트에서는 좋은 지표의 특성을 다음과 같이 제안하였다(PASTILLE Konsortium, 2002: 23-24).

① 정책결정과의 관련성

지표가 도시/지역의 중심적인 정치적 관심이 되는 주제영역과 관련되는가? 지속가능성지표는 의사결정을 개선하여 그 결과가 모든 시스템 차원에서(개인차원에서 글로벌 차원까지) 긍정적인 영향을 미칠 수 있도록 해야 한다.

② 단순성

정보가 대상 청중에게 단순하게 이해할 수 있고 매력적인 방법으로 보이는가? 복잡한 주제들과 계산들은 모든 사람들에게 이해될 수 있도록 명확하게 소통 가능한 정보들을 제공해야한다.

③ 설득력

지표는 사실을 사실대로 반영하는가? 데이터 수집에서 학문적으로 신뢰할 수 있는 측정방법들이 사용되었는가? 지표는 검증될 수 있고 재현가능한가? 방법론적인 정확성이 필요하다.

④ 시계열성

데이터는 지표의 변화과정을 시간의 경과에서 알 수 있도록 하는 시간배열에서 존재하는가? 지표가 하나 또는 두 개의 시점에 기초하고 있다면 미래의 발전경향을 도출하는 것은 가능하지 않다.

⑤ 접근가능하고 비용이 적절한 데이터

질적으로 우수한 데이터를 적절한 비용으로 손에 넣을 수 있는가? 또는 이러한 데이터를 향후 단순한 방법으로 유용하게 이용할 수 있는 모니터링 과정을 발의하는 것이 가능한가? 정보의 조달은 종종 자원 집약적이다. 그것은 시간, 노력, 돈이 필요하다.

⑥ 정보의 압축

지표가 아주 일반적인 혹은 아주 특수한 지속가능성 관점과 관계하는가? 가능한 지속가능성 지표 리스트는 끝이 없다. 실천적인 이유에서 지표들은 선호되어야 하고, 정보들은 일반적인 차원에서 응집되어야 한다. 예를 들어 기와지붕의 온도가 숲의 건강을 위한 의미심장한 지표이고, 종다양성, 성장과 같은 다른 가능한 지표들보다 선호된다. 왜냐하면 그 지표가 동일한 결과를 가져오기 때문이다.

⑦ 섬세함

지표가 시스템에서 작은 변화를 드러낼 수 있는가? 모니터링을 위하여 작은 변화 혹은 큰 변화가 중요한지 확정되어야만 한다.

⑧ 신뢰성

당신이 동일한 상황에서 동일한 지표들을 두 번 혹은 그 이상 측정에 활용하였을 때, 동일한 결과를 가져오는가? 두 명의 연구자들이 동일한 결과를 가져오는가?

⑨ 효과성

지표들은 대책들을 초래하는가? 지표들은 직접적으로 결정과정에 참작될 수 있는가? 대상집단이 이러한 영역에 영향을 줄 수 있는가?

6) 지표의 평가를 위한 체크리스트(5단계 척도)

PASTILLE는 선정된 지표가 좋은 지표인지를 평가할 수 있는 체크리스트를 다음과 같이 제시하고 있다(PASTILE Konsortium, 2002: 35-38).

① 지표들은 대상 집단에게 단순하게 이해될 수 있는가?

② 데이터를 정기적으로 수집할 수 있는가?
③ 지표들이 지역의 상황에 중요한 의미가 있는가?
④ 지표들을 목표청중에게 의미 있는 메시지를 전달하는가?
⑤ 지표의 적용에 함께 할 가장 중요한 이해관계자들이 지표의 측정과 기능을 신뢰하는가?
⑥ 요구 집단들이 일반적으로 지표들을 유용하다고 간주하는가(과거의 경험 또는 현재의 지식에 근거해서)?
⑦ 가장 중요한 이해관계자들의 가치, 습관, 태도가 지표들의 투입을 지원하고, 호의적인 환경을 제공하는가?
⑧ 데이터수집과 결과의 확산을 위하여 시간, 인력, 재정이 충분한가?
⑨ 데이터수집과 결과의 확산을 담당하는 인력이 그에 적합한 교육을 받고, 능력이 있는가?
⑩ 지표들이 지속가능발전의 명확한 비전에 근거하고, 이것이 가장 중요한 이해관계자들에 의하여 공유되는가?
⑪ 데이터 수집과 결과의 확산을 위한 책임이 명료하고, 모든 중요한 요구 집단들과 합의가 되어있는가?
⑫ 지표들과 지표들을 조사하는 인력들에게 신뢰가 가는가?
⑬ 가장 중요한 핵심인력들이 큰 갈등 없이 일을 협력적으로 잘하는가?
⑭ 지표의 투입과 해석에서 갈등이 나타날 때, 어떻게 대처할 것인지에 대한 합의가 있는가?
⑮ 지표의 결과들이 빠르게 모든 중요 이해관계자들에게 전달되는가?
⑯ 지표들이 변화된 상황에 쉽게 적응될 수 있는가? 지금까지 몇몇의 예들이 변화되는 기본 조건들을 고려하였는가?
⑰ 지표들이 공식적인 결정과정 혹은 절차들에 통합되어 있는가?
⑱ 지표들이 모든 요구집단들에게 적합한 목표 혹은 표준과 관계하는가?
⑲ 지표들이 결정을 도출하는데 어떻게 영향을 주는지에 대한 합의가 있는가?
⑳ 당신의 기관에서 국가와 도시, 지역에 관련된 지속가능성 결정을 한다면, 당신의 지표들이 정치적 의견, 전문가의 의견, 조언자, 재정적 숙고보다 더 결정의 도출에 영향을 미치는가?
㉑ 행정과 정책을 통한 지원이 있는가? 당신이 지속가능성 지표들을 결정과정에 포함시키려고 할 때, 당신은 당신의 동료, 부서 그리고 지역의 결정 주체들로부터 지원을 받고 있다고 느끼는가?

위에서 언급된 기준들을 토대로 지속가능발전지표를 선정할 때 고려해야할 최소한의 기준은 다음과 같이 요약될 수 있다.

- 지속가능성의 의미에서 설득력이 있어야 한다. 미래비전과 관련되어야 한다.
- 정책을 통하여 영향을 받을 수 있어야 한다.
- 정책 결정 주체들에게 문제의식을 제공할 수 있어야 한다.
- 지속가능발전 경향을 보여줄 수 있어야 한다.
- 데이터가 이용 가능해야 한다.
- 이해할 수 있어야 한다. 시민들이 쉽게 이해할 수 있어야 한다. 공적인 업무를 수행하는 부서에서 전문적인 지식 없이도 지속가능발전을 위해 무엇이 실행되어야 하는지가 이해될 수 있어야 한다.
- 다른 도시와 비교 가능해야 한다.
- 국가, 도시, 지역의 특성이 반영되어야 한다. 주어진 자원과 정치적 환경에서 실현 가능해야 한다.
- 지역의 발전뿐만 아니라, 지구적으로 가치 있는 것이어야 한다.
- 수직적 통합의 원리에 따라 국제적, 국가적 차원의 지표와 관련되어야 한다.
- 수평적 통합의 원리에 따라 지역의 사회, 환경, 경제적인 영역의 이슈를 포괄해야 한다.

7) 지속가능발전지표 사례

(가) UN 지속가능발전지표

유엔지속가능발전위원회(UNCSD)는 가입국의 환경성과를 평가하고, 정부정책 결정에 유용한 수단으로 활용할 수 있도록 1996년 지속가능발전지표의 기본체계를 발표하였고, 2007년 3차 개정판 가이드라인을 발표하였다. UNCSD 지속가능발전지표는 DSR(Driving force-State-Response)구조를 채택하였는데, 추진력(Driving force)은 인간활동이 환경에 미치는 영향이고, 상태(State)는 환경의 상태로 환경정책의 최종적인 목표이며, 반응(Response)은 지속가능한 발전을 위한 정책대안 등을 의미한다.

〈표 1-4〉 UN의 지속가능발전지표

분야	세부분야	핵심지표	기타지표
빈곤	소득빈곤	빈곤인구	1일 1달러 이하 인구
	소득불평등	최저수입 대비 최고수입 인구 비율	
	위생	위생시설 사용인구 비율	
	식수	식수 사용인구 비율	
	에너지접근성	전기 등 현대적 에너지서비스가 없는 가구 비율	요리에 고체연료를 사용하는 인구 비율
	생활여건	도시 빈민가 인구 비율	
거버넌스	부패	인구대비 뇌물 비율	
	범죄	인구 10만명당 살인자 수	
건강	사망률	5세 이하 영아사망률	
		기대수명	건강한 기대수명
	건강관리	1차 보건의료시설 접근율	피임유병률
		어린이 전염병 예방 접종률	
	영양상태	어린이 영양상태	
	건강상태와 위험	주요 질병사망(에이즈, 말라리아, 결핵)	담배 보급률
			자살률
교육	교육수준	최종학력이 초등학교 졸업인 비율	생애교육기간
		초등학교 순 취학률	
		성인 2차(학교외) 교육수준	
	문맹퇴치	성인문맹률	
인구통계	인구	인구증가율	총출산율
		부양률	
	관광업		주요관광지 관광객과 지역주민 비율
자연재해	자연재해 취약성	재해위험지역 거주인구 비율	
	자연재해 대비 및 대응		천재지변에 대한 인적, 경제적 손실
기후	기후변화	이산화탄소 배출량	온실가스 배출량
	오존층 파괴	오존층 파괴물질 소비	
	대기질	도시지역 대기오염농도	
토지	토지사용 및 상태		토지사용 변화
			토지 황폐화
	사막화		사막화에 따른 토지영향
	농업	작물 및 영구 농경지	비료의 효율적 사용

분야	세부분야	핵심지표	기타지표
			농약의 사용
			유기농 농장 면적
	산림	토지지역 중 산림지역 비율	낙엽에 의해 손상된 숲의 나무 비율
			지속가능산림경영 면적
해양 및 해안	연안해안	연안해안 지역에 거주하는 인구 비율	해수욕장 수질
	어류	멸종위기 어류 비율	
	해양환경	해양보호지역 비율	해양영양지수
			산호초 생태계 지역 비율
담수	수량	총수자원이용 비율	
		경제활동에 의한 물 사용량	
	수질	담수의 배설물 대장균 군의 존재	담수 속의 생물학적 산소 요구량
			폐수처리
생물 다양성	생태계	지역별 생태계 보호 영역 비율	생태보호지역 관리효과
			핵심 생태계 지역
			서식지 파괴
	생물종	멸종위기 생물종 변화	핵심 생물종 수
			외래 생물종 침입 수
경제개발	거시경제성과	GDP	국민총저축
		GDP의 투자분	GNI 대비 순 저축 비율
	재정의 지속성	GNI 대비 부채	취약한 고용
	고용	고용률	
		노동 생산성 및 단위 노동 비용	
		비 농업부문에서 여성의 비율	
	정보화(IT)	인구 100명당 인터넷 사용자 수	인구 100명당 전화 가입자 수
			인구 100명당 무선휴대전화 가입자 수
	연구개발(R&D)		GDP 대비 국내 R&D 총지출
	관광	GDP의 관광기여	
국제경제 협력	무역	GDP 대비 경상 수지	저개발 및 개발도상국의 수입 비율
			개발도상국 및 저개발국에서 수출에 부과되는 평균 관세 장벽
	외부자금조달	GNI 대비 ODA 비율	GDP 대비 외국인 직접 투자(FDI)의 순 유입과 순 유출 비율
			GNI 송금 비율
소비 및	자원소비	경제의 자원 정도	국내자원소비

분야	세부분야	핵심지표	기타지표
생산패턴	에너지사용	연간 에너지 소비량과 주요영역별 총 사용량	재생에너지 사용률
		경제활동에 의한 에너지 총 사용량	
	폐기물관리	유해 폐기물 발생량	폐기물 발생량
		폐기물 처리 및 처분	방사능 폐기물 관리
	교통	여객운송 분담률	교통수단 분담률
			교통에너지 정도

출처 : UN, 2007.

(나) EU의 지속가능발전지표

유럽연합(EU)위원회는 2001년 EU-지속가능발전전략을 의결하였고, 2006년 6월 이를 변경하여 확정하였다. 2006년 확정한 지속가능발전전략은 EU 지속가능발전의 기본토대가 되고 있으며, 지속가능발전의 주요목표로 환경보호, 사회적 공정성과 사회적 유대, 경제적 복지, 제적 책임을 설정하였다. 또한 생태적, 경제적, 사회적 차원에서 해결해야할 7대 핵심과제로 기후변화와 청정에너지, 지속가능한 운송, 지속가능한 소비와 생산, 천연자원의 보존과 경영, 건강, 사회적 통합, 빈곤과 지속가능발전과 관련된 지구적 위협을 설정하고, 그에 상응하는 목표, 대책을 함께 제시하였다. 이러한 7대 핵심과제는 2007년부터 유럽통계청(Eurostat)에 의하여 2년마다 발간되고 있는 EU 지속가능발전 모니터링 리포트(Monitoring report)의 지표 주제 영역의 토대가 되고 있다. 다음은 2013년 발간된 모니터링 리포트에서 사용된 지표로, 주제영역은 10개로 구분되어 있다.

〈표 1-5〉 EU의 지속가능발전지표(2013)

주제영역	주요지표(Level 1)	Level 2	Level 3
사회경제적 발전	1인당 실질 GDP	경제발전	
		투자	가계저축
		투자, 경쟁력, 생태 효율성	
		노동생산성	연구개발비
			에너지원 집약도
		고용	
		고용	실업

<table>
<tr><th>주제영역</th><th>주요지표(Level 1)</th><th>Level 2</th><th>Level 3</th></tr>
<tr><td rowspan="8">지속가능한 소비와 생산</td><td rowspan="8">자원 생산성</td><td colspan="2">자원 활용 및 폐기물</td></tr>
<tr><td rowspan="3"></td><td>국산 자원</td></tr>
<tr><td>재활용되고 퇴비로 쓰인 도시 폐기물</td></tr>
<tr><td>대기 방출</td></tr>
<tr><td colspan="2">소비 패턴</td></tr>
<tr><td>가정의 에너지소비</td><td>최종 에너지소비</td></tr>
<tr><td colspan="2">생산패턴</td></tr>
<tr><td>환경 관리 시스템</td><td>유기농법</td></tr>
<tr><td rowspan="9">사회통합</td><td rowspan="9">빈곤 또는 사회적 소외 위험에 처해있는 사람</td><td colspan="2">금전적 빈곤 및 생활조건</td></tr>
<tr><td>사회적 이동 후 빈곤 위험성</td><td rowspan="2">수입 불평등</td></tr>
<tr><td>심각한 자원 부족</td></tr>
<tr><td colspan="2">노동시장에의 접근성</td></tr>
<tr><td rowspan="2">매우 낮은 강도</td><td>장기 실업</td></tr>
<tr><td>남녀의 임금 차이</td></tr>
<tr><td colspan="2">교육</td></tr>
<tr><td>학교를 조기에 그만둔 사람</td><td>교육적 성과가 낮은 성인</td></tr>
<tr><td>제 3차 교육</td><td>평생교육</td></tr>
<tr><td rowspan="7">인구변동</td><td rowspan="7">노동자의 고용률</td><td colspan="2">인구 변동</td></tr>
<tr><td>65세(남성) 기대수명</td><td>출생률</td></tr>
<tr><td>65세(여성) 기대수명</td><td>이민</td></tr>
<tr><td colspan="2">고령 임금 적절성</td></tr>
<tr><td>65세 이상의 임금이 그 전과 비교됨</td><td></td></tr>
<tr><td colspan="2">공공재정 지속가능성</td></tr>
<tr><td>공공 부채</td><td>은퇴</td></tr>
<tr><td rowspan="6">공공 건강</td><td rowspan="6">기대수명 및 건강한 햇수</td><td colspan="2">건강 및 건강 불균형</td></tr>
<tr><td rowspan="2">만성 질환으로 인한 사망사례</td><td>자살</td></tr>
<tr><td>건강관리에 대한 충족되지 않은 욕구</td></tr>
<tr><td colspan="2">건강 결정요인</td></tr>
<tr><td rowspan="2">독성 화학물질의 생산</td><td>특정 문제에 의한 대기오염 노출</td></tr>
<tr><td>오존에 의한 대기오염 노출</td></tr>
</table>

주제영역	주요지표(Level 1)	Level 2	Level 3
기후변화와 에너지	- 온실가스 방출 - 재생에너지 사용량 - 에너지 효율성	기후변화	
		에너지	
		에너지 의존성	재생 가능한 자원으로부터의 전기 공급
지속가능한 수송	GDP 대비 수송에너지 소비	수송 및 유동성	
		화물 수송수단 선택	
		여객 운송수단 선택	
		운송 효과	
		수송으로부터 온실가스 배출	
		도로 사고로 인한 사상자 발생	
천연자원	일반적인 조류 색인	해양 자원	
		어획 능력	
		민물 자원	
	어류 자원 보호	지표수 및 지하수 추출	
		토지 이용도	
		시가지	
글로벌 파트너십	공식적인 발전 지원	지속가능한 발전을 위한 자금 지원	
		개도국을 위한 자금 지원	후진 개도국을 위한 공식적인 발전 지원의 분담
			저임금 국가에의 해외 직접투자의 분담
		세계화 무역	
		개도국에서의 수입	후진 개도국에서의 수입 분담
		세계적 자원 관리	
		주민 1인당 이산화탄소 배출	
양호 통치	없음	정책 일관성 및 효과	
		위반행위	EU 기관에 대한 국민들의 신뢰
			EU 법규의 치환 적자
		개방성 및 참여도	
		투표율	공권력과 시민들의 온라인 상호작용
		경제적 도구	
		노동세 대비 환경세	

출처 : European commission, 2013.

(다) 독일의 지속가능발전지표

독일은 1992년 리우 데 자네이루에서 개최되었던 유엔환경개발회의에서 채택된 ‘의제21’을 실천하기 위하여 꾸준한 노력을 경주하여오고 있다. 2001년 ‘지속가능발전국가자문위원회’를 발족하였고, 2002년에는 이 위원회의 제안들을 받아들여 ‘지속가능발전전략’을 수립하였다. 이 전략은 독일 지속가능발전의 근간을 이루고 있다. 2005년 연방의회는 4년마다 『지속가능발전전략 후속보고서』를, 2년마다 『지속가능발전지표 보고서』를 발간하는 것을 의결하였다. 『지속가능발전지표보고서』는 독일연방통계청에서 발간하고 있으며, 이 보고서는 4개 영역 21개 항목에서 38개 지표를 사용하고 있다. 영역과 항목은 2002년 지속가능발전전략에 제시되어 있는 것을 사용하고 있다. 다음 지표는 2014년 4월에 선정된 것이다(Statistisches Bundesamt, 2014).

〈표 1-6〉 독일의 지속가능발전지표(2014)

영역	항목	지표
세대간 공정성	자원보호	에너지 생산성
		1차에너지 소비
		천연자원 생산성
	기후보호	온실가스 방출
	재생에너지	최종에너지 사용량중 재생에너지의 사용량
		전기사용량중 재생에너지 사용량
	토지사용	정주면적과 교통면적의 증가
	종다양성	종다양성과 경관의 질
	국가부채	국가의 재정적 손실
		구조적 재정 손실
		부채상태
	경제적 미래준비	GDP대비 총투자
	혁신	연구와 발전을 위한 사적, 공적 투자
	교육	졸업장이 없는 18-24세(중도탈락)
		30-34세의 대학교육 졸업 또는 대학졸업장이 없는 중등교육 졸업자
		대학신입생 비율
삶의 질	경제적 성취	각 주민의 GDP
	이동성	화물 운송 정도

영역	항목	지표
		사람 운송 정도
		철도의 참여정도
		국내선박 참여정도
	농지경작	질소 과잉 사용
		생태적 경작
	공기오염	공기의 오염물질
	건강과 식량	조기 사망
		기대 수명
		청소년 흡연 비율
		성인의 흡연 비율
		비만정도
	범죄	범행
사회적 유대	일자리	생업종사 비율(15-65세, 55-64세)
		남성과 여성의 생업종사 비율
	가족	종일제 아동보호시설(1-2세)
		종일제 아동보호시설(3-5세)
	평등	남성과 여성의 수입정도
	통합	외국 학생의 졸업률
국제적 책임	발달공조	국가총수입에서 공적인 개발투자의 정도
	시장개방	개발도상국으로부터 독일로의 수입

출처 : Statistisches Bundesamt, 2014.

(라) 오스트리아의 지속가능발전지표

오스트리아의 지속가능발전지표는 2002년 오스트리아 정부가 공표한 『오스트리아 지속가능발전전략』에 토대를 두고 있다. 이 『지속가능발전전략』은 4개 행위영역에서 총 20개의 주요목표를 설정하고 있다. 4개의 행위영역은 '오스트리아에서 삶의 질', '역동적 경제장소로서의 오스트리아', '삶의 공간으로서 오스트리아', '오스트리아의 책임'이며, 각 영역마다 5개의 주요목표가 제시되어 있고, 목표달성을 점검할 수 있는 지표가 영역별로 14개, 11개, 19개, 8개로 제시되어있다. 오스트리아의 『지속가능발전지표보고서 Indikatoren-Bericht für das Monitoring

Nachhaltige Entwicklung』는 '농업 임업 환경 물관리부'(Bundesministerium für Land- und Fortwirtschaft, Umwelt und Wasserwirtschaft, BMLFUW)에서 발간하고 있다. 2013년 발간된 『지속가능발전지표보고서』는 다음과 같은 지표를 사용하고 있다.

〈표 1-7〉 오스트리아의 지속가능발전지표(2013)

영역	주제 영역	주요 지표	하위 지표
인간/ 사회영역	세대 내 그리고 세대간의 공정성	소득분배 (최상위/최하위)	성별에 따른 급여차이
			연령에 따른 연금 및 교육을 위한 공적 투자
	국제적인 공정성	저개발국에 대한 높은 원조	ÖEZA의 주요 주제에 대한 투자 정도
			공정무역 생산품의 판매
			개발도상국에서 온실가스배출 감소를 위한 환경친화적 개발 메커니즘에 대한 기여
	자유	권위주의 지수	
	평화와 안전	사회적 이주 전과 후의 빈곤 위험 가능성	안전감
			주거지역에서 범죄, 폭력, 야만적 행위
			눈사태, 홍수 등의 재해
			자원의존
	거버넌스와 참여	오스트리아인의 사회제도에 관한 신뢰/확신	투표율
			지역 아젠다 21 실천 수
			지속적인 발전을 위한 기본 조건 환경부담금
	건강과 평안함	(건강한) 기대수명	개인의 건강인식도
			GDP 대비 의료비용
			평안함/건강
	영양	체질량 지수	건강 상태
			친환경 식료품의 매출
			식료품의 수은, 다이옥신, PCB, 중금속, 살충제 찌꺼기 포함 정도
	복지	국민 1인당 GDP	균등한 가계 수입
			지속적인 빈곤 위험 비율
			복지상태

영역	주제 영역	주요 지표	하위 지표
	일	나이, 성별, 최종학력에 따른 총 실업 비율	국적과 장애에 따른 총 실업 비율
			노동 만족도 노동 분위기 지수
			임금체불 보육, 요양, 가정일
	여가시간	여가계획에 대한 직장과 가정의 조화	여가 활동
			동호회와 그룹에 따른 활동
	삶과 이주 공간	작은 공간에서의 사회적 기능적 혼합	가계수입중 지출거주비용
			거주조건에 대한 만족 거주 환경에서의 행복/복지
	사회적 이동성/기동성	사회적 이동성에 대한 국민의 접근성	운송률(대인/화물)
			교통(운송)요금
			교통으로 인한 유해물질
	문화와 예술	문화 지출	박물관 소재지
			1년간 문화활동
	교육과 연구	20세에서 24세까지 청년들의 교육 상황	평생학습
			조기 학입 중단자
			GDP 대비 교육과 연구 실험 지출
환경 영역	기후	온실가스배출	2020년까지 오염 물질 배출 예측
	공기	미세먼지 PM 10 초과	인간 보호를 위한 오존 한계치 초과
			식물 보호를 위한 오존 한계치 초과
			NO_2 한계치의 초과
	자외선	자외선 강도	전체 오존의 층 두께
	방사선 폐기물		감마선 지역노출정도
	에너지 흐름 및 원료 흐름	에너지소비 에너지효과 재생 에너지	지하수 양
		원료 투입(DMC와 DMI)	쓰레기 양
	경관	경관변화 면적사용의 변화 (숲, 경작지 등)	특별한 OEPUL 조치의 평지개발
			특징적인 경관요소의 평지/길이/질의 개발
			파괴
			경작된 녹지의 면적정도

영역	주제 영역	주요 지표	하위 지표
	생태계	생활환경의 질을 위한 지수로서 조류 종류, 난초와 식물	자연상태 나무종 구성
			종다양성 촉진 활동
	물	지표수의 질 유수: 생태적이고 화학적인 상태	해양 : 생태적이고 화학적인 상태
		지하수의 질	현저하게 바뀌거나 인위적인 하천: 생태적 잠재성과 화학적인 상태
	대지	토지 사용 녹지의 정도	표토의 유해물질의 축적 또는 기준치의 초과
			침식 보호 조치에 따른 농업면적
	독성물질과 환경 위험 물질	사용 가능한 화학제품	
	소음	소음공해	최소 한계치를 초과하는 도로교통소음에 노출된 국민의 수
			최소 한계치를 초과하는 철도교통소음에 노출된 국민의 수
			최소 한계치를 초과하는 항공교통소음에 노출된 국민의 수

출처 : BMLFUW, 2006.

(마) 베를린의 지속가능발전지표

베를린시는 시의회의 결정에 따라 2000년부터 2004년까지 개인, 시민단체, 행정부서 등 다양한 집단의 대표가 참여하는 의제포럼(Agendaforum)을 구성하여 '베를린 의제21'을 위한 작업을 수행하였다. 의제포럼은 2004년 12월에 '베를린 21'(Berlin 21)로 재구성되어 현재에 이르고 있다. 2006년 시의회는 '베를린 의제21'을 베를린시 정책의 기본지침으로 의결하고, 5년 간격으로 이것의 실행과정에 대하여 보고할 것을 시에 요청하면서 첫 보고서는 2009년 6월 30일에 제출 할 것을 결정하였다. 첫 보고서(『베를린 의제21 보고서』)에 사용된 핵심지표는 12개로 청소년교육, 학교에서의 전일제 보살핌, 폭력행위, 심장마비로 인한 사망(이상 사회영역), 그린벨트, 소음공해, CO_2 배출, 수질, 종보호, 공기의 질(이상 환경영역), 경제적 복지, 고용(이상 경제영역)이다. 이러한 핵심지표들은 2010년 전문가들의 의견을 수렴하여 16개로 재정비되었고, 핵심지표를 통하여 베를린시의 지속가능한 발전을 정기적이고 체계적으로 점검하기 위하여 『베를린 의제21 보고서』를 2011년부터 『베를린의 지속가능한 발전을 위한 핵심지표 보고서』로 대체하였다. 다음은 2012년 『베를린의 지속가능한 발전을 위한 핵심지표 보고서』에서 사용하고 있는 지표이다.

〈표 1-8〉 베를린의 지속가능발전지표(2012)

목표영역	핵심지표	하위지표
일반교육 및 직업교육	일반교육 및 직업교육 졸업	일반교육 졸업
		직업교육 졸업
취학전 교육	주간 아동보호시설의 아동	
안전	폭력범죄와 야만적 행위(범죄)	
건강	조기 사망	
사회적 유대	빈곤	
토지보호	보호면적(그린벨트)	
소음 및 공기의 질	교통소음 및 공기오염	교통소음
		공기오염
기후보호	CO_2 배출	전체 CO_2 배출
		1인당 CO_2 배출
수질	하천의 생태적 등급	
종다양성	조류의 종 수	
경제적 성취	도시 총생산	도시 순생산/시민 개인
		도시 순생산/취업인구
고용	취업	취업률
		실업률
혁신	연구투자	
천연자원보호	에너지 및 천연자원 생산성	에너지 생산성
		천연자원 생산성
공공재정	재정 부채	
기회균등	여성의 취업 참여	

출처 : Amt für Statistik Berlin-Brandenburg, 2012.

(바) 취리히의 지속가능발전지표

취리히는 2001년 취리히공과대학(E-T-H)에서 연구한 지속가능발전지표를 토대로 경제, 환경, 사회 차원에서 21개의 지속가능발전지표를 사용하고 있다. 2004년 스위스 도시 중에서는 처음으로 『지속가능성보고서』를 발간하였으며, 2008에는 제2차 『지속가능성보고서』를 발간하였다. 2007년 시의회는 『취리히 전략 2025 Strategie Zürich 2025』을 수립하였고, 2011년에는 이를 수정·보완하였다. 2011년 확정된 『취리히 전략 2025』은 다음과 같은 3개의 핵심적인 질문을 토대로 하고 있다. 1)우리는 무엇으로 오늘과 내일을 사는가?(경제적 측면) 2)우리는 어떻게 사는가?(환경을 포함한 삶의 질 측면) 3)우리는 어떻게 단결하는가?(도시 내외의 다양한 집단들과의 협력 차원). 『취리히 전략 2025』는 이러한 질문을 토대로 지속가능한 도시 취리히의 비전과 18개 영역에서 목표, 전략, 주요기준들을 제시하고 있다. 2014년에는 『취리히 전략 2025』의 목표들이 달성되었는지를 평가하고, 2015년에 『취리히 전략 2025』을 새롭게 수립하였다. 다음은 2013년 발간된 『취리히시 지속가능성모니터링』에서 사용된 지표이다.

〈표 1-9〉 취리히의 지속가능발전지표(2013)

영역	지표	정의
경제적 성취	경제상황	개인당 경제활동으로부터의 수익
	노동상황	1주일에 6시간 정기적으로 일하는 사람
	실업	피고용인 대비 실업자율
	재정력	세금부담능력
	공공재정	순부채율
	물질적 복지	시민의 소득(세금의무자의 세금부담 가능 소득)
	거주	주민당 거주면적
생태적 책임	기후보호	개인당/연간 온실가스방출량
	에너지	기초에너지 소비와 재생에너지: 주민 당 기초에너지 소비량
	이동성	환경 친화적 교통수단의 비중: 시민 개인의 하루 이동거리 중 친환경 교통수단이 차지하는 비중
	쓰레기 배출	생활쓰레기: 개인/연간 Kg
	공기의 질	SOX(산화질소) ㎎/㎥
	소음	도시교통 소음: 불만제시 주민 비율
	자연과 경관	도시면적중 자연 경관 면적

영역	지표	정의
사회적 연대	삶의 질	도시 시설과 제공에 대한 시민의 만족도
	사회적 안전	지원이 필요한 개인: 사회적 지원
	안전	신체와 삶을 해치는 범죄행위
	여성과 남성의 기회평등	여성과 남성의 초임 차이
	가정과 직업의 조화	보육시설
	이주외국인의 통합	이주외국청소년의 기술연마 및 일반교육 기회
	초지역적 연대	외국지원: 개발 및 인간적 지원

출처 : Stadtentwicklung Zürich, Präsidialdepartment, 2013.

(사) 벤쿠버의 지속가능발전지표

벤쿠버는 캐나다를 대표하는 환경녹색도시로 1990년대부터 환경을 중심으로 지속가능발전에 관한 정책을 시행하고 있다. 2007년 영국 EIU(Economist Intelligence Unit) 조사결과 전 세계에서 삶의 질이 가장 높은 도시로 선정될 만큼 지속가능한 도시의 벤치마킹 대상이 되고 있다. 현재, 벤쿠버는 지속가능한 도시발전을 위한 포괄적인 접근방식을 적용하고 있으며, 2012년부터 일일 업무에 기후변화를 고려한 정책을 추진하고 있고 도시의 해수면 상승, 기온, 폭풍에 대한 회복가능성을 향상시키기 위한 프로젝트를 실행하고 있다. 또한 도시민을 위한 식품안전시스템을 향상시키기 위해 도시지역 식품의 생산 및 보관에 정책을 집중하고 있다. 그리고 저탄소 도시로서 녹색 일자리를 두 배로 늘리기 위한 사업과 2020년까지 시내 모든 빌딩을 탄소가 없는 건물로 전환하려는 계획(Greenest City 2020)이 진행 중이며, 시민의 이동수단 중 50%이상을 자연친화적인 교통수단으로 변화시키려는 정책을 추진하고 있다.

〈표 1-10〉 벤쿠버의 지속가능발전지표

영역	항목	지표
경제	실업률/일자리수	불안전 고용/취업/실업률
		지역내 녹색일자리 비율
		노동인구의 평균 전문교육연수
	경제성장	연간 GDP성장률
		연간 GNP성장률
		순수출증가율
		외국인직접투자
환경	녹지공간	총면적 대비 비율 보존지역/저수지/수로
		도시 면적 또는 인구 대비 나무식재율
	온실가스감축/에너지효율	도시 대비 인당 온실가스 배출총량
		도시 소비 총에너지에서 재생에너지의 비율
	교통	이동수단의 분할률/개인교통수단, 공적 교통수단, 자전거, 보행
		평균 출퇴근 시간과 비용
	수질	식용수의 총량
		수질지수
		안전한 식수 접근 인구 비율
	대기질	미세먼지수준/PM10
		미세먼지수준/PM2.5
	폐기물	폐기물 중 재활용률
		고체폐기물의 량
사회	압축도시	지역/근린서비스의 근접성
		범죄율
		소득분배와 불평등 측정
	주택	사회적/경제적 우선주택 비율
		주택 소유 형태에 따른 주택영역구분
	도시공간의 질	양호한 도로 비율
		도시 면적 또는 인구 대비 공적공원 비율
	교육	환경교육 프로그램과 학교 수
		성인문맹률
	위생	위생환경의 인구 비율
	건강	사망률/수명
		의료서비스의 인구 비율

출처 : Sustainable Cities International, 2012.

(아) 기타큐슈의 지속가능발전지표

기타큐슈시는 지리적 특성으로 인해 근대 이후 일본의 유수한 중공업도시로 그리고 국제무역항으로 발전하였다. 현재 일본 서부지역 최대규모의 산업집적과 기술력을 보유한 공업도시이며, 항만·공항·철도·고속도로 등 교통기반이 충분한 국제물류의 거점도시이다. 시가지에는 비즈니스·상업지역에 인접하여 공원이나 친수공간이 잘 정비되어 있다. 약 210km에 이르는 긴 해안선이 바다에 접해 있고, 시 전역의 약 40%를 삼림이 차지하는 등 자연도시이다. 1960년대 이후 심각한 산업공해 문제를 해결하는 과정에서 지속가능발전에 대한 기술과 경험을 축적했으며, 현재 "진정한 의미의 풍요로움이 넘치는 도시를 만들어 미래세대에 건내주어야한다"는 이념 아래 「세계의 환경수도」를 지향하고 있다. 기타큐슈의 지속가능발전지표는 4개분야 12개지표 41개 세부지표로 구성되어 있다.

〈표 1-11〉 기타큐슈의 지속가능발전지표

분야	지표	세부지표
환경적시스템 유지	대기질	아황산가스 농도
		총부유물 농도
	물의 가용성	적절하고 깨끗한 물을 접할 수 있는 인구 비율
		자원의 물 재생률
	수질	내수면의 BOD(생화학적산소요구량) 농도
		해안수질의 COD(화학적산소요구량) 농도
	도시 녹지	총 토지 이용중 녹지 비율
환경적 악화 감소	대기질 악화 감소	도시지역 단위 면적당 아황산가스 배출량
		시가지 단위 면적당 총 부유물 배출량
		시가지 단위 면적당 휘발성 유기화합물 배출량
		시가지 단위 면적당 석탄 소비량
		포장도로 단위 길이당 차량수
		인구 천명당 자동차 수
		여행에서 대중교통 이용률
	수질 악화 감소	인당 물사용
		총 물 공급에서 지하수의 비율
		인당 도시폐수 배출량

분야	지표	세부지표
		산업폐수 배출량
		연간 생화학적 산소요구량 배출
		연간화학적 산소요구량 배출
	폐기물 감소	인당 폐기물 발생
	소비 압력 감소	탄소 발자국
		시가지 인구밀도
취약성 감소	기본적 인류 욕구의 가용성	수돗물을 접할 수 있는 인구 비율
		수돗물 수요율
		하수도를 접할 수 있는 인구 비율
		총 고형폐기물 수집률
	인류 건강	인구 천명당 의사 수
		인구 천명당 의료기관 병상 수
		어린이 사망
대응전략 개선	제도적 역량	인구 10만명당 환경직 공무원 수
		배출규제규정 준수 산업 비율
		배출규제규정 준수 차량 비율
	경제 사회적 역량	지방정부의 환경분야 예산 비율
		인 당시 총생산
		성인 문맹률
		빈곤가정의 효율적 에너지 사용
		총 사용에너지 중에서 재생에너지의 비율
		에너지 사용으로 인한 인당 CO_2량

출처 : Sustainable Cities International, 2012

8) 한국의 지속가능발전지표

우리나라에서도 리우선언과 '의제21'의 실현을 위하여 2000년 6월 대통령자문 지속가능발전위원회 설치를 천명하였고, 2000년 8월에 '지속가능발전위원회 규정(대통령령)'을 공포하였다. 2002년 요하네스버그 세계정상회의 이후 지속가능발전의 이념이 국제적으로 확산됨에 따라 2003년 6월 지속가능발전 전략의 기본구상을 담은 『지속가능발전 전략 기본구상 연구』 보고서를 발간하였고, 2006년 10월에는 '국가지속가능발전 비전'의 세부이행계획과 향후 관리계획을 담고 있는 『국가지속가능발전 이행계획』이 국무회의에 보고되었다. 2007년 8월에 '지속가능발전기본법'이 제정·공포되었고, 2008년에는 국가나 지역이 지속가능한 방향으로 발전하고 있는지를 평가할 수 있는 도구로서 총 16개 영역, 34개 항목의 77개 지표로 구성된 '국가지속가능발전지표'를 확정 발표하였다.

〈표 1-12〉 한국의 지속가능발전지표

분야	영역	항목	지표
사회 부문	형평성	빈곤	빈곤인구 비율(상대 빈곤율 기준 %)
			소득불평등에 관한 지니계수
			실업률
		노동	근로시간
			정규직대비 비정규직 임금 비율
		남녀평등	남성 대비 여성 임금 비율
			여성경제활동 참가율
	건강	영양 상태	유소년 영양 상태
		사망률	영아 사망률
		수명	기대여명
		식수	농어촌 상수도 보급률
		건강관리	건강보험보장률
			사회복지지출
			유소년 전염병 예방주사
	교육	교육 수준	중등학교 순 졸업률
			초등학교 학급당 학생 수
			공교육비 지출
	주택	생활환경	최소주거기준 미달 가구 수
			주택 수(인구 1천 명당)
			소득 대비 주택가격 비율
	재해·안전	범죄, 재해	범죄 발생률
			자연재해 피해
	인구	인구변화	인구증가율

분야	영역	항목	지표
			인구밀도
			고령인구 비율
환경 부문	대기	기후변화	온실가스 배출량
			1인당 온실가스 배출량
			GDP당 온실가스 배출량
		오존층	오존층 파괴물질 소비량
		대기질	광역도시권별 대기오염도
	토지	농업	농지면적 비율
			친환경적인증 농산물 생산 비율
			식량자급률
			화학비료 사용량
			농약 사용량
		산림	국토면적 중 산림지역 비율
			1인당 도시공원 면적
			목재 벌채 정도
		도시화	도시화율
			수도권 인구 집중도
	해양/연안	연안 지역	연안오염도
			폐기물 해양 투기량
			갯벌 면적 증감
	담수	어업	수산자원량
			어업양식량
	생물다양성	수량	취수율
			1인당 1일 물소비량
경제 부문	경제구조	경제이행	국내총생산(GDP)
			1인당 GDP
			경제 성장률
			GDP 대비 순 투자율
			소비자물가지수
		무역	무역수지

분야	영역	항목	지표
		재정 상태	국민 1인당 조세부담률
			GDP 대비 대외부채 비율
		대외원조	GNI 대비 ODA 비율
		수질	4대강 수질 오염도
			하수도 보급률
		생태계	자연보호지역 비율
			국가생물종 수
			멸종위기종 수
	소비/생산	물질 소비	자원생산성
		에너지사용	1인당 연간 에너지 소비량
			총에너지 공급량
			재생가능에너지자원 소비 비중
			에너지 원단위
		폐기물 관리	생활 및 일반폐기물 발생량
			지정폐기물 발생량
			방사성 폐기물 발생량
			폐기물 재활용 및 재이용
		교통	대중교통 수송분담률
			자전거 도로 총 연장
			자동차 사고건수
	정보화 등	정보접근	초고속 인터넷 가입자 수
			PC 보유 가구 비율
		정보인프라	온라인 신청가능 민원 종류
		과학기술	GDP 대비 R&D 지출 비율

출처 : 국가지속가능발전위원회, 2008

제2장

지속가능발전교육

(Education for Sustainable Development, ESD)

1. 지속가능발전교육의 등장과 전개
2. 지속가능발전교육의 개념
3. 지속가능발전교육의 내용
4. 지속가능발전교육의 기본원리
5. 내용선정의 원리와 교수학적 원리

제2장

지속가능발전교육

(Education for Sustainable Development, ESD)

1 지속가능발전교육의 등장과 전개

가. '의제21'(Agenda 21)

리우 UN환경발전회의(1992)이래로 '지속가능발전'은 환경과 관련된 정치적 논의에서 중심적인 주제가 되었고 '지속가능발전교육' 역시 지속가능발전을 실현하기 위한 중요한 수단으로서 활발하게 언급되기 시작하였다. 이러한 맥락에서 오늘날 논의되고 있는 지속가능발전교육은 리우 회의에서 채택된 '의제21'로부터 기인한다(정기섭, 2010a: 67). '의제21'은 총 40장으로 구성되어 있으며, 그 중심에는 인류의 행복과 미래가 환경과 발전관점들의 통합에 달려있고 국제적인 협력이 전제되어야 한다는 인식이 자리하고 있다(이하 BMU, 1993).

> "인류는 그 역사에서 중요한 시점에 서 있다. 우리는 국가 내에서 그리고 국가들 간에 불평등의 고착, 우리의 안녕이 의존하는 빈곤, 기아, 질병, 문맹, 생태계 파괴의 악화를 체험하고 있다. 환경 및 발전 관점들의 통합과 그것으로의 강력한 방향전환은 기본욕구 충족, 모든 사람을 위한 높은 생활수준, 더 잘 보존 및 관리된 생태계와 더 안전한 미래를 가져올 것이다. 이러한 것을 어떤 국가도 홀로 성취할 수 없다. 지속가능한 발전을 위한 전 지구적인 협력관계에서 성취할 수 있다...전 지구적인 협력관

계는 환경 및 발전물음들에서 균형적이고 통합된 접근의 필요성에 대한 통찰에 의해 유지되어만 한다." ('의제21' 서문)

이러한 인식으로부터 '의제21'의 성격이 그 서문에 다음과 같이 규정되어 있다.

"의제21은 오늘날 인류가 직면하고 있는 긴급한 문제들을 수용하고 동시에 세계가 다음 세기의 도전들을 준비하도록 하기 위한 노력으로서 ... 발전과 환경의 영역에서 공동 작업을 위한 최고 정도의 지구적 합의와 정책적 의무의 표현이다."

특히 '의제21'의 제 36장 '교육, 공공의식, 직업교육의 촉진'은 지속가능발전을 위한 교육의 역할을 강조하면서 "교육은 지속가능발전의 촉진과 환경문제, 발전문제와 논쟁할 수 있는 더 나은 인간능력을 위하여 필수적인 조건이다"라고 언급하고 있다. 이 때 교육은 인간과 사회의 잠재성을 완전히 실현할 수 있는 과정으로 이해된다. 이러한 언급은 지속가능발전과 교육의 밀접한 관계 인식을 반영하고 있다. '의제21'에서 교육은 의제21에서 제시되고 있는 목표들을 성취하기 위한 중요한 수단이자 본질적인 요소로 인식되고 있다. 그러므로 교육은 '의제21'에서 다루고 있는 거의 모든 영역에서의 프로그램과 관계되어 있다. '의제21'의 제36장에 언급된 지속가능발전을 위한 교육의 과제는 다음과 같다(36.3).

"(형식적, 비형식적) 교육은 생태적이고 윤리적인 의식과 지속가능발전에 합치될 수 있는 가치, 견해, 능력, 행동방식을 형성하기 위하여 매우 중요하다. 그리고 일반 대중이 의사결정과정에 활동적으로 참여하도록 하기 위하여 매우 중요하다."

'의제21' 이후 지속가능발전 논의에서 교육은 지속가능발전을 수행하는 인간의 능력 습득을 위한 필수적인 수단으로 인식되고 있다.

나. 요하네스버그 지속가능발전 정상회의(2002)

지속가능발전을 촉진하기 위한 요소로서 교육의 중요성에 대한 인식이 더욱 높아지게 된 것은 2002년 요하네스버그 지속가능발전 세계정상회의에서이다. 이 회의에서는 리우 환경발전회의에서 채택되었던 '의제21'에 대한 지난 10년간의 실행실적을 반성적으로 평가하고 향후 실행에 옮기기 위한 계획(Plan of Implementation)을 채택하였다. 이 실행계획(UN, 2002)의 제116항~제127항에서 지속가능발전을 위한(당면한 문제를 해결하기 위한) 실행수단으로서 교육에 대한 언급을 확인할 수 있는데, 특히 개발도상국가에서 교육의 기회가 개선되어야 할 것과 "모든 교육 분야에서 지속가능발전을 교육체계에 통합함으로써 교육을 강력하게 변화를 위한 핵심 촉매로 만들 것"을 권고하고 있다(제121항). 국가적, 지역적 차원에서는 그 국가와 지역의 상황에 맞는 발전요구들을 반영하여 2000년 세네갈 다카르(Dakar) 교육포럼 '모두를 위한 교육'에서 합의한 실행계획과 조화를 이루는 교육 실행계획과 프로그램을 마련하고 지속가능발전교육을 그 계획과 프로그램에 도입할 것을 강조하였다. 이런 맥락에서 문맹을 종식시키고 평생학습의 중요성을 강조하고 지속가능한 발전을 촉진하기 위하여 공동체 구성원들에게 자발적 봉사에 의해 지원되는 사회적 프로그램과 같은 형식적, 비형식적 계속교육을 제공하자고 합의하였다. 다음은 요하네스버그 실행계획 제116항의 내용이다.

> "교육은 지속가능발전을 촉진하기 위하여 결정적으로 중요하다. 그 때문에 다음의 목적과 활동들을 고려한 노력들을 착수하기 위하여 정부는 재정적 수단을 포함한 ... 필요한 자원들을 동원하는 것이 필수불가결하다.
>
> a) 새천년 선언에 포함된 세계적으로 초등교육을 실현하기 위한 발전목표를 성취하여 모든 아동과 소년 소녀들이 2015년까지 초등교육을 완전히 마칠 수 있는 기회를 갖도록 한다.
>
> b) 모든 아동들, 특히 농촌지역에 거주하는 빈곤하게 생활하는 소녀들에게 초등학교교육에 접근하여 완전하게 마칠 수 있는 기회를 제공한다."

또한 실행계획에는 교육을 활용하여 지속가능발전이 촉진될 수 있도록 학교교육과정 개발에 정보통신기술을 통합하여 도시와 농촌에서 접근이 가능하도록 하고, 특히 그러한 기술을 위해 필요로 하는 적합한 환경을 구축할 수 있도록 개발도상국에 원조를 제공하자는 것, 모든 파트너에게 이익이 될 수 있는 경험과 재능의 교환을 촉진하기 위하여 개발도상국의 대학과 연구기관에서 학생, 연구자, 엔지니어를 위한 프로그램을 제공하자는 것, 지속가능발전위원회(CSD)의 지속가능발전교육 프로그램을 계속해서 실행하자는 내용이 담겨있다. 그리고 UN총회에

2005년부터 시작하는 '지속가능발전교육 10년'을 채택하도록 권고하자는 내용을 포함하고 있다(제124항).

다. 지속가능발전교육 10년(Decade of Education for Sustainable Development, DESD)

2002년 12월 제 57차 UN총회는 요하네스버그 정상회의에서 합의된 내용들을 수용하고 회원국들의 정치적 의무를 강조하기 위하여 2005년부터 2014년까지를 '지속가능발전교육 10년(Decade of Education for Sustainable Development, DESD)'으로 선언하고 결의문을 채택하였다. 그리고 그 임무를 유네스코에 위임하였다. '지속가능발전교육 10년'의 목표는 교육대책들을 통하여 리우에서 의결하고 요하네스버그에서 재확인한 '의제21'의 제36장을 실행하자는 것이고, 지속가능발전의 원리를 전 세계의 교육체계에 정착시키는 것이다. '지속가능발전교육 10년'의 목표를 제시하고 있는 UN총회 결의문(59/237)은 "각 정부의 교육시스템, 정책, 국가 개발계획 등에 '지속가능발전교육 10년'을 이행하기 위한 구체적인 내용을 포함시킬 것을 촉구하고 있다. 나아가 UN총회는 정부가 시민사회를 비롯한 관련 주요 활동주체들과의 적극적인 협력을 통하여 DESD에 대한 대중적 이해와 참여를 증진시킬 것을 요구하고 있다."(유네스코, 2005: 18) 유네스코의 다른 문건에서도 "지속가능발전교육 10년의 전체적인 목표는 지속가능발전의 원리, 가치, 실천을 교육과 학습의 모든 관점들로 통합하는 것이다"라고 재차 강조하고 있다(UNESCO, 2005b).

2009 지속가능발전교육 세계대회

'지속가능발전교육 10년'이 선포 된지 5년이 지난 2009년 3월 독일의 본(Bonn)에서 147개 유네스코 회원국 대표들이 참가한 가운데 '지속가능발전교육 세계대회'가 열렸다. 이 대회는 지난 5년간의 '지속가능발전교육 10년' 실행에 대한 성과를 평가하고 '지속가능발전 10년'의 후반기를 위한 실천방안을 '본-선언'으로 채택하였다. 주요내용은 각국 정부가 지속가능발전교육을 "새로운 교육방향"으로 인식하고 교사양성교육, 수업실천, 교수안, 교재, 교사와 교육경영자의 계속교육에 통합 시킬 것과 기후변화를 극복할 수 있는 교육적 대책들을 마련할 것, 매체가 지속가능한 발전 테마를 일반 대중에게 더욱 노출시킬 것을 촉구한 것이다(www.bne-portal.de/bonner-erklaerung-2009; DUK, 2009: 84). '본-선언'에서 눈에 띄는 것은 교사교육프로그램의 개편을 통하여 교사양성교육과 교사연수과정에 지속가능발전교육을 통합할 것과 교사가 학급에서 적용할 수 있는 지속가능발전교육 전략을 개발하고 교수-학습과정을 평가하는 것에 대한 지원을 촉구한 것이다. 이렇게 지속가능발전교육을 학교교육과 연계하고자 하는 노력은 '지속가능발전교육 10년'이 시행된 지 5년이 지났지만 여전히 대중적인 인지도가 높지 않고, 아동에서부터 성년에 이르기까지 체계적인 교육이 필요하다는 인식이 배경으로 자리하고 있기 때문이었던 것으로 보인다(정기섭, 2010a).

2014 지속가능발전교육 세계회의

'지속가능발전교육 10년'을 마감하는 유네스코 지속가능발전교육 세계회의(UNESCO World Conference on Education for Sustainable Development, UNWCESD)가 2014년 11월 10-12일 일본 나고야에서 '내일을 위해 오늘을 배우기(Learning Today for Tomorrow)'라는 주제로 개최되었다. 이 회의에는 148개국 정부관계자와 전문가가 참여하여 지난 10년간 지속가능발전교육의 실행 성과를 돌아보고 향후 과제를 전망하였다. '지속가능발전교육 10년'에 대한 평가는 『우리가 원하는 미래 만들기 Shaping Future We Want』라는 제목의 최종보고서에 담겨 있는데, 지난 10년간의 성과를 다음과 같은 4개의 범주로 정리된 10개의 경향으로 서술하고 있다. 이것은 핵심적인 성과이면서 동시에 앞으로 계속해서 지속가능발전교육이 고려해야하는 중요한 사항이기도 하다(UNESCO, 2014a).

첫째, 지속가능발전교육은 지속가능발전을 가능하게 하는 동인이다.

1) 교육시스템에서 지속가능성 이슈가 다루어지고 있다. 많은 국가에서 교육을 점점 더 현재와 미래에 인류가 직면하는 사회적, 환경적, 경제적인 문제들과 관련시키려는 경향이 강하게 나타나고 있다. 지속가능발전교육은 교육정책과 교육실천에 새로운 비전과 목적을 제공하였다. 그 결과 많은 국가에서 지속가능발전을 향한 교육정책, 교육과정 및 계획의 수립이 이루어지고 있다.
2) 지속가능발전 의제와 교육 의제가 통합되고 있다. 지속가능발전의 이해관계자들이 교육, 공공의식, 트레이닝을 지속가능발전을 진척시키기 위한 과제로 삼고 있다.

둘째, 지속가능발전교육을 위하여 이해관계자들이 참여하는 것이 중요하다.

3) 정치적 리더십이 중요하다는 것이 판명되었다. 정치적 리더십은 지속가능발전교육을 정착시키는 데 많은 도움이 되었다. 지속가능발전교육을 국가교육정책과 지속가능발전 정

책에 통합하면서 국가적 차원의 지속가능발전교육 전략을 수립하였다.

4) 다양한 이해관계자들의 파트너십은 특히 효과적이다. '지속가능발전교육 10년'은 이해관계자들 간의 협력을 강화하였다. 아프리카, 라틴아메리카 등의 지역에서 지속가능발전교육에 투자하는 대학들 간의 네트워크 구축을 통한 상호작용이 점점 커지고 있고, 그것이 지속가능발전교육의 실행을 지원하고 있다.

5) 지역의 참여가 증가하고 있다. 지속가능발전교육이 지역에서의 경험과 행동을 근거로 이루어지고 있다. '지속가능발전교육 10년' 동안의 경험은 지역적 맥락과 관계하는 방법의 다양성을 보여주었다.

셋째, 지속가능발전교육은 교육혁신을 자극하고 있다.

6) 기관의 총체적 Whole-Institution 접근에서 지속가능발전교육이 실행되고 있다. 기관의 총체적인 접근은 지속가능성을 학습환경의 여러 측면에 포함시키는 것으로 교육과정, 학습과정, 시설과 운영, 주변 지역사회와의 상호작용, 거버넌스, 역량 구축 등을 포함한다. 이러한 접근이 증가하고 있고 학습자가 학교 또는 기관, 지역사회와 일터에서 지속가능발전에 기여하는 것을 배우는 것을 돕고 있다.

7) 지속가능발전교육은 상호작용적이고 학습자 주도적인 교육활동을 촉진한다. 참여적인 학습과정, 비판적 사고, 문제기반 학습이 지속가능발전교육에 기여하는 것으로 판명되고 있다. 아직 좀 더 증거가 필요하지만, 연구들은 이러한 방법을 통해 배우는 학습자들은 그들을 둘러싸고 있는 세계를 폭넓게 의식하고 그에 대한 책임감을 발달시키는 것으로 보고하기 시작하였다. 교육자는 이러한 과정에서 핵심이다.

넷째, 지속가능발전교육은 교육의 모든 수준과 영역으로 확산되었다.

8) 지속가능발전교육이 형식교육에 통합되고 있다. '지속가능발전교육 10년' 동안 특히 초등교육과 중등교육에서 큰 성과를 이루었고, 고등교육에서도 진전을 이루고 있다. 이미 많은 국가들이 지속가능성과 환경주제를 교육의 일반적인 목표들 중 하나로 포함하고 있다. 그러나 정책과 커리큘럼의 변화에도 불구하고 이러한 주제들을 다루는 교사를 준비시키는 노력은 같은 정도로 나아지지는 않았다.

9) 무형식적, 비형식적 지속가능발전교육이 증가하고 있다. 대형비즈니스들과 다국적 회사들은 컨퍼런스, 워크숍, 비즈니스협회 이벤트 등의 비형식적 장에서의 동료학습을 통해서

그리고 더 형식적, 행정적 교육프로그램을 통해서 지속가능성에 대한 인식이 증가되었다. 비즈니스와 산업계는 지속가능성과 관련된 실천을 이식하기 위하여 더 기술적인 교육과 훈련을 찾고 있다. 무형식 교육에서도 환경 및 지속가능성 이슈가 쉽게 발견되며, 기업의 연수 등에서도 관련 내용이 포함되고 있다.

10) 기술직업교육과 훈련은 지속가능발전을 진전시킨다. 직업기술교육과 훈련에서 지속가능발전교육을 진전시키고 하는 전지구적인 노력으로 국제적인 지속가능발전 정책과 계획 그리고 기술직업교육 및 훈련정책과 계획이 녹색경제와 녹색기술 의제에서 통합되고 있다.

최종 보고서는 '지속가능발전교육 10년'을 긍정적으로 평가하고 수많은 모범적인 실천 사례들을 생산해냈다고 강조하고 있다. 이러한 성과에서 확인할 수 있는 것은 교육이 지속가능발전을 위하여 필수적이라는 인식이 국제적으로 높아졌다는 것, 많은 국가들이 국가적, 지역적 수준에서 지속가능발전교육을 진척시키기 위한 노력을 해왔고 하고 있다는 것, 그리고 지금까지 행한 많은 프로젝트들이 지속가능발전에 대한 의식을 고취시키고 정책에 영향을 미쳤다는 것이다. 이렇게 지난 10년간의 지속가능발전교육의 성과가 적지 않았음에도 불구하고, 여전히 해결해야할 과제들로는 교육과 지속가능발전 영역들의 통합 확대, 지속가능발전교육의 제도화 노력, 지속가능발전교육에 대한 모니터링과 평가 개선을 들고 있다.

나고야 지속가능발전교육 세계회의에서 채택된 나고야 선언은 '지속가능발전교육 10년'의 후속 조치인 '전지구적 지속가능발전교육 실행계획'(Global Action Programme on Education for Sustainable Development, GAP)에 전념하기로 하고, 모든 국가와 기관, 시민사회조직과 집단, 학술 및 연구공동체, 교육훈련기관 및 센터 등이 여기에 동참할 것을 강조하였다. 이 실행계획은 2013년 11월 '2015년 이후의 교육'(Education beyond 2015)이란 주제로 개최된 유네스코 제37차 총회에서 합의하고 2014년 12월 UN총회에서 UN지속가능발전교육의 공식적인 후속 조치로 승인되었다. 나고야 선언은 '전 지구적 지속가능발전교육 실행계획'이 2015 후속 의제에 구체적으로 기여한다는 것을 언급하고, 특히 교육, 훈련, 지속가능발전 정책에 지속가능발전교육을 통합하는 것을 강화해 나가자고하면서 지속가능발전교육을 성공적으로 교수와 학습에 통합하기 위하여 교사와 그 외 교육자의 교육과 전문성 개발을 보장하자는 내용을 담고 있다. 그리고 2014년 지속가능발전교육 세계회의의 결과들을 2015년 인천에서 개최되는 세계교육포럼

(World Education Forum 2015)에서 이어가면서 2015년 이후 의제와 그 후속과정에서 지속가능발전교육을 반영하고 강화해 나가기로 하였다.

라. 리우 지속가능발전회의(리우+20, 2012)

이 회의 결과로 채택된 문건인 『우리가 원하는 미래 The Future We want』는 제229항에서 제235항까지 교육에 관하여 합의한 내용을 담고 있다. 이 문건은 국제적으로 합의한 지속가능발전목표를 달성하기 위해서는 교육이 필수적인 조건임을 재차 강조하고 있다. 교육문제에 대해서는 특히 개발도상국가에서 초등교육에의 일반적인 접근이 가능하도록 국제적인 협력을 강화하는 것과 젊은 세대가 미래의 수호자이므로 초등학교 이상의 교육에 대한 접근을 보증하는 것이 필수적이라는 인식을 재확인하고 있다. 그러므로 지속가능발전을 실행할 수 있는 사람들을 준비시키기 위하여 교육제도를 개선해 나가자는 데 합의하였다. 교육제도의 개선에는 교사교육의 개선, 지속가능성을 지향하는 커리큘럼의 개발, 지속가능성과 관련 있는 활동의 장에서 학생들이 경력을 쌓을 수 있는 프로그램의 구축, 더 나은 학습결과를 목표로 하는 정보통신기술의 더 효과적인 사용이 포함되었다. 또한 지속가능발전을 위한 청소년들의 의식을 촉진하기 위하여 '지속가능발전교육 10년'의 목표들과 조화를 이루는 학교 밖 교육프로그램을 지원할 것을 권고하였다. 이 문건은 모든 단계에서 수준 높은 교육에 접근할 수 있도록 하는 데 있어서 학교, 지역공동체, 관청이 공동의 노력을 강화할 것을 촉구하고 있다. 또한 교육인프라 구축 및 강화, 교육투자의 증대, 국제교환프로그램을 위한 파트너십 강화 등 개발도상국가에서 모든 이를 위한 교육의 질적 개선을 위한 국제적인 협력이 무엇보다 중요함을 강조하고 있다. 리우 +20 지속가능발전 세계정상회의에서는 '지속가능발전교육 10년'이 종료되더라도 지속가능발전교육을 증진하고 지속가능발전의 구상을 더 적극적으로 교육시스템에 통합하기로 합의하였다.

마. 전 지구적 지속가능발전교육 실행계획 (Global Action Programme on Education for Sustainable Development, GAP)

전 지구적 지속가능발전교육 실행계획(GAP)은 2013년 7월 192차 유네스코 집행위원회에서 '지속가능발전교육 10년'의 후속 활동으로 제안되었고, 2014년 11월 나고야에서 개최된 유네스코 지속가능발전교육 세계회의에서 공표되었다. 한 달 후인 2014년 12월 제69차 UN총회에서 19번째 의제(A/RES/69/211)로 승인되었다(http://www.un.org/en/ga/search/view_doc.asp?

symbol=A/RES/69/211). GAP는 2015년부터 2019년까지 수행되는 5년 프로그램으로 모든 수준의 교육과 교육의 모든 영역에서 지속가능발전교육을 활성화하자는 국제적인 합의이다. GAP의 포괄적인 목표는 "지속가능발전을 가속화하기 위하여 교육의 모든 차원과 영역에서 활동들을 활성화하고 확대하는 것이다"(UNESCO, 2014c: 14). 이러한 국제적인 합의는 새로운 것이라기보다는 그때까지 논의되어 온 내용을 실행에 옮긴 것으로 이미 2012년 리우+20회의에서 채택된 문건 제233항에서도 확인된다.

"우리는 지속가능발전교육을 증진하고 지속가능발전에 대한 물음을 지속가능발전교육 10년 이후에 더 적극적으로 교육시스템에 통합하기로 결정하였다." (제233항)

GAP는 '지속가능발전교육 10년'의 이상(理想)을 이어가면서 지속가능발전목표(SDGs) 4.7에 구체적으로 기여한다. SDGs 4.7은 2030년까지 지속가능한 발전을 증진시키기 위하여 모든 학습자가 특히 지속가능한 발전을 위한 교육, 지속가능한 생활방식을 위한 교육, 인권교육, 성평등 교육, 평화와 비폭력 문화 증진을 위한 교육, 세계시민교육, 문화 다양성과 지속가능한 발전에 대한 문화의 기여에 대한 가치평가 교육을 통하여 필요한 지식과 기능을 습득하는 것을 보장한다는 것이다(이책, 105쪽). GAP는 지속가능발전교육 실행을 증가·확대시키기 위하여 지속가능한 발전을 교육에 통합하고, 교육을 지속가능발전에 통합하는 서로 맞물린 접근을 한다. 이러한 접근에 따라 GAP는 2개의 포괄적 목표를 갖고 있다(UNESCO, 2014c: 14).

목표 1: 교육과 학습의 방향을 재설정하여 모든 사람이 지속가능발전에 기여하는 데 필요한 지식, 능력, 견해를 습득할 수 있는 기회를 갖도록 한다.

목표 2: 지속가능한 발전을 증진하기 위한 모든 프로젝트, 프로그램, 활동에서 교육과 학습의 역할을 강화한다.

이러한 포괄적인 목표를 달성하기 위하여 GAP는 다음과 같은 5개의 실행영역에 중점을 둔다(UNESCO, 2014c: 15 이하).

- 정책적 지지(1영역): 지속가능발전교육을 위한 호의적인 환경을 조성하고 체계적인 변화를 실현하기 위해 지속가능발전 구상을 교육과 지속가능발전 정책에 통합한다. 예를 들어 정부는 지속가능발전교육을 국가성취기준과 지표의 틀로 수용할 수 있다. 이러한 실행영역에서 가장 중요한 행위자는 교육과 지속가능발전 분야의 정책 결정자들이다.

- 학습 및 교수환경의 완전한 전환(2영역): 지속가능성의 원리들을 교육 및 직업교육의 맥락으로 통합한다. 이 실행영역에서는 학습과 트레이닝 환경에 지속가능발전교육을 이식하기 위한 비전과 계획을 발전시키는 것을 포함한다. 그래서 학교는 지역공동체와의 협업에서 고유한 지속가능성계획을 발전시킬 수 있도록 한다. 이 실행영역에서 중요한 행위자들은 지속가능발전교육 전체를 조망할 수 있고 지속가능발전에 참여할 수 있는 교육시설들의 기관장이다.
- 교육자와 트레이너의 역량 개발(3영역): 지속가능발전교육의 효과적인 결과를 위해서는 교육자, 트레이너의 역량을 강화해야 한다. 교육자들은 예를 들어 양성기관에서 지속가능발전교육을 주제로 양성될 수 있을 것이다. 이 행위영역에서 가장 중요한 행위자들은 교육자, 그리고 학습자와 교육자들에게 지속가능발전교육의 원리를 가르치는 교수요원이다.
- 청소년의 능력 강화 및 활성화(4영역): 청소년을 위한 지속가능발전교육 대책들을 계속해서 도입한다. 이러한 맥락에서 지속가능한 생황방식을 위한 지구적 연합을 구축하는 청소년 조직을 구성할 수 있을 것이다. 여기에서 언급될 수 있는 청소년은 15세-24세이다.
- 지역차원에서 지속가능한 문제해결의 가속화(5영역): 도시, 구역, 지역 차원에서 지속가능발전교육 프로그램과 실행자들의 네트워크를 확대하고 학습과 협력을 위한 지역 플렛폼의 질을 개선한다. 그를 위하여 중요한 것은 지역 기업, 공공기관 결정자와 지역 교육계 행위자들을 통한 지원이다.

이 실행 중점영역은 GAP의 포괄적 목표 달성여부를 평가하는 기준이 되는 다음과 같은 세부 목표라고 할 수 있다.

- 지속가능발전교육이 국가적, 국제적인 교육 정책과 지속가능발전 정책에서 강화되었는가?
- 지속가능성의 원리들이 교육과 직업교육 환경에 통합되었는가?
- 교사, 교육자, 트레이너 양성기관들이 지속가능발전교육 역량을 강화하였는가?
- 청소년들이 지속가능발전교육을 위한 능력을 갖추고 활발하게 활동하고 있는가?
- 지역차원의 지속가능발전교육 프로그램이 활성화되었는가?

GAP 로드맵은 이러한 포괄적인 목표와 세부 목표들을 달성하기 위한 전략을 다음과 같이 제시하고 있다(UNESCO, 2014c: 26쪽).

첫째, 새로운 동력을 육성한다. 모든 이해관계자들(정부, 시민사회, UN기구, 학계)이 책임의식을 갖고 GAP를 실행할 수 있도록 공개적인 모집을 통해 자발적인 **착수 위원회**를 설치한다. 또한 유네스코는 전 지구적 지속가능발전교육의 새로운 동력을 유지하기 위하여 이러한 위원회들과 모범적인 GAP 대표 프로그램을 개발한다.

둘째, 파트너십을 활용한다. 넓은 범위에 걸쳐 정치적 영향력을 가진 이해관계자들 혹은 핵심파트너들을 **파트너 네트워크**에 합류시키고, 중점 실행영역별로 파트너 네트워크를 구축한다. 핵심파트너들은 그들의 기술적 전문성과 영향력 또는 재정적 자원을 이용하면서 유네스코와 함께 활동들의 실행을 선도한다. 핵심파트너들은 자원자들 중에서 유네스코가 선정한다. 예를 들어 유네스코한국위원회는 영역 2의 파트너이고, 국제이해교육 아시아태평양 센터는 제3영역의 파트너이다. 독일의 연방교육연구부, 인도의 환경교육센터, 유네스코일본위원회는 제1영역의 파트너이다.

셋째, 전 지구적 실천공동체를 조성한다. **전 지구적 포럼**은 실행자들이 정기적으로 만나서 아이디어, 경험, 정보를 교환한 수 있는 기회를 제공할 것이다. 이 포럼은 지속가능발전교육에 관한 새로운 문제, 경향, 아이디어를 토론하기 위한 중요한 플렛폼으로 기여하면서 동시에 지속가능발전교육실행 노력을 설득하는데도 기여할 것이다. 그밖에 실행자들이 정보와 지식을 구축해 가고, 격차를 확인하고, 공동의 사발석 행위를 발전시키고, 기금을 조성하고, 역량을 구축하기 위한 온라인 사이트가 설치될 것이다. 유네스코는 매년 정기적으로 파트너의 모임을 조직하고 있으며 온라인에서 서로 교류하고 자체적인 모임도 갖고 있다.

넷째, 좋은 실천사례들을 공유한다. GAP의 실행을 지지하는 혁신적이고 효과적인 솔선 사례, 실천, 접근, 과정을 조사하고 공개하여 광범위하게 공유할 것이다. 이러한 사례들이 최대한 잘 드러나고 인정될 수 있도록 GAP 웹사이트와 보고서를 통해 접근이 쉽도록 할 것이다. 최고의 실천사례는 '지속가능발전교육 유네스코 상(UNESCO Prize for ESD) 수상여부를 결정한다. 2015년부터 매년 우수한 실천사례 3개를 선정하여 수상하고 있고, 건당 일본 정부가 제공하는 50,000달러의 상금을 지급한다. 2015년에는 과테말라와 엘살바도르의 '지속가능발전교육 청소년 대사'(SERES ESD Youth Ambassadors), 독일의 '녹색 사무실 모델'(Green Office Model), 인도네시아의 '청소년과 성인을 위한 환경-친화적 앙트레프러너십'(Eco-Friendly Entrepreneurship for Youth and Adults)이 선정되었다. 2016년에는 '카메룬의 학교와 지역공동체에서 통합된 지속가능발전교육 계획'(Intergrated ESD schemes in schools and communities in Carmeroon), 일본의 '오카야마 지속가능발전교육 프로젝트'(Okayama ESD Porject), 영국의 '녹색 충격'(Green Impact)가 선정되었다(https://en.unesco.org/prize-esd).

실천사례들을 공유하기 위해 이용되고 있는 대표적인 수단은 다음과 같다: ESD 웹사이트(영어, 프랑스어, 스페인어로 의제 2030 기본실행계획에서 지속가능발전교육에 대한 정보를 제공한다: http://en.unesco.org/themes/educationsustainable-development); GAP 클리어링 하우스(Clearinghouse)(세계 곳곳의 지속가능발전교육 자원, 뉴스, 이벤트 등이 소개된다. 학습자료, 좋은 사례 등이 영어, 프랑스어, 스페인어로 제공된다: https://en.unesco.org/gap); ESD 뉴스레터 Zoom(2~3개월 마다 영어, 프랑스어, 스페인어로 발간된다: https://en.unesco.org/esd-newsletter); ESD 페이스북(지속가능발전교육 관련 정보가 영어와 프랑스어로 제공된다: https://www.facebook.com/Educationfor-Sustainable-Development-Education-au-Développement-Durable-115988995086547/); 녹색시민 플렛폼(Green Citizens' platform 세계 곳곳의 지속가능발전교육 우수 실천사례를 영어, 프랑스어, 스페인어로 소개하고 있다: http://en.unesco.org/greencitizens/)

2016년 GAP 모니터링 보고서가 작성되었으며, 2017년 캐나다 오타와(Ottawa)에서 평화와 지속가능발전을 위한 교육 주간 동안 GAP 포럼이 개최되어 2014년부터 실행해온 GAP의 진행과정을 점검하고 현재 지속가능발전교육에서의 주요 이슈와 혁신적인 발전에 대한 논의를 하였다. 2019년 GAP최종 보고서를 제출하게 된다.

지속가능발전교육의 전개과정에서 확인할 수 있는 것은 지속가능발전을 위해 교육은 필수불가결한 것이고, 그 역할의 중요성에 대한 인식이 더욱 증대되어 교육이 지속가능발전의 모든 영역으로 통합되어왔다는 것이다. 지속가능발전목표 달성이 교육과 밀접하게 연관되어 있음은 다음의 <표 2-1>에서 잘 보여주고 있다.

〈표 2-1〉 교육이 어떻게 다른 지속가능발전목표들과 연결되어 있는가?

목표1	교육은 사람들을 빈곤으로부터 벗어나게 하는데 매우 중요하다.	목표10	균등하게 접근가능한 곳에서 교육은 사회적 불평등과 경제적 불평등에 대해 입증된 차이를 만든다.
목표2	교육은 사람들이 더 지속가능한 농업방법을 취할 수 있도록 돕고, 영양섭취를 이해하도록 하는데 핵심역할을 한다.	목표11	교육은 더 지속가능한 도시를 만들고 유지하는데 참여할 수 있고 재앙적인 상황에서 회복을 성취할 수 있는 스킬을 사람들에게 제공한다.

목표3	교육은 조기사망, 건강회복, 질병확산, 건강한 생활스타일, 웰-비잉을 포함하는 건강이슈의 범위에 결정적인 차이를 만들 수 있다.	목표12	교육은 생산패턴(예를 들어 순환경제와 관련하여), 더 지속가능하게 생산된 상품과 낭비예방에 대한 소비자의 이해에 결정적인 영향을 준다.
목표5	여성과 소녀를 위한 교육은 기초 문해력을 습득하고, 참여스킬과 능력을 개선하고, 삶의 기회를 개선하기 위해 특히 중요하다.	목표13	교육은 특히 지역적 차원에서 기후변화의 영향에 대한 대중의 이해, 대응과 완화를 위해 매우 중요하다.
목표6	교육과 연습은 자연자원을 더 지속적으로 이용하기 위한 스킬과 능력을 증진시키고 위생상태를 개선할 수 있다.	목표14	교육은 해양환경에 대한 의식개발, 그리고 현명하고 지속적인 사용과 관련한 사전대책에 대한 합의를 이루어내는데 중요하다.
목표7	교육프로그램, 특히 무형식적 그리고 비형식적 교육프로그램은 에너지 보존과 재생에너지 원천에 대한 이해를 더 증진시킬 수 있다.	목표15	교육과 연습은 지속가능한 삶을 뒷받침하고, 특히 위협받고 있는 환경의 자연자원과 생물다양성을 보존하는 스킬과 능력을 향상시킨다.
목표8	경제 활력, 앙트레프레너십, 직업시장, 교육수준과 같은 영역들 사이에는 밀접한 연관이 있다.	목표16	참여적, 포용적 그리고 공정한 사회를 가능하게 하고 보장하기 위해서 사회적 학습은 필수적이다.
목표9	교육은 더 회복탄력적인 인프라구조와 더 지속가능한 산업화를 위해 필요로 하는 기량 개발을 위해 필요하다.	목표17	평생학습은 지속가능발전 정책들과 실천들을 이해하고 촉진하는 능력을 구축한다.

출처: UNESCO, 2016c: 서문 v

바. 인천 세계교육포럼(2015): 인천선언과 '교육 2030'

인천 세계교육포럼(World Education Forum)은 2015년 5월 19일부터 22일까지 인천 송도에서 개최되었다. 세계교육포럼은 1990년 태국 좀티엔(Jomtien)에서 처음 시작하였고, 2000년 세네갈 다카르(Dakar)에서 두 번째로, 그리고 인천에서 세 번째로 열렸다. 세계교육포럼은 성별, 계층, 연령, 지역 등에 따라 차별받지 않는 '모든 이를 위한 교육(Education for All, EFA)'을 국제적인 목표로 제시하고, 그를 실현하기 위한 구체적인 하위 목표들을 도출하고 실행할 것을 결의하여왔다. 인천 세계교육포럼에는 160개국에서 1,600명 이상이 참가하여 지난 15년간의 실행 성과를 평가하고 향후 15년간의 교육비전을 담고 있는 '교육 2030 인천선언: 모든 사람을 위한 포용적이고 공정한 양질의 교육과 평생학습을 향하여'(Education 2030 Incheon

Declaration: Towards inclusive and equitable quality education and lifelong learning for all) (UNESCO, 2016a)를 채택하였다. 인천선언은 2000년 다카르 세계교육포럼에서 2015년까지 달성하기로 한 6개의 목표와 새천년목표 중 교육과 관련된 2개의 목표(MDGs, 목표2: 모든 이를 위한 초등교육실현, 목표3: 모든 교육수준에서 성별 간 격차해소)의 진행상태, 그리고 지속가능발전목표(SDGs)의 네 번째 목표(교육의제 2030)와 실행기본계획(Framework for Action)에 대한 논의를 거쳐 채택되었다.

다카르에서 2015년까지 달성하기로 합의한 6개의 목표와 그 진행 상태를 2015『모두를 위한 교육 글로벌 모니터링 리포트 EFA Global Monitoring Report, GMR』를 근거로 요약하면 다음과 같다(UNESCO, 2015). GMR은 다카르에서 합의한 6개 목표와 2개의 교육관련 새천년 목표의 달성정도를 점검하고 2015 이후의 전 지구적 지속가능발전 의제를 추천하기 위하여 2002년부터 발간되고 있으며, 2015년까지 12권의 보고서가 발간되었다. 유네스코는 6개의 목표 중 4개 목표(목표1, 목표4, 목표5, 목표6)를 유용한 데이터를 토대로 측정할 수 있도록 퍼센트(%)로 나타내는 모든 이를 위한 교육 발전지표(Education for All Development Index, EDI)를 개발하였다.

목표1: 아동보육 및 교육

(특히 취약하고 혜택 받지 못하고 있는 아동을 위한) 종합적인 아동보육과 교육의 확장 및 개선

- 아동의 사망률이 거의 50%가 감소하였음에도 불구하고 2013년 현재 6.3백만 5세 이하의 아이들이 예방될 수 있는 원인에 의하여 죽고 있다.
- 아이들의 영양 상태는 상당히 좋아졌지만, 전 지구적으로 4명 중 1명꼴의 아이가 여전히 그들의 나이에 비해 부족한 영양 상태에 있다.
- 2012년에 전 세계적으로 184백만 아이들이 취학전 교육에 등록되어 있다. 1999년 이래로 거의 2/3가 증가하였다.

목표2: 보편적인 초등교육

2015년까지 모든 아이들, 특히 여아들, 어려운 환경에 있는 아이들과 소수민족에 속하는 아이들이 무상으로 그리고 의무적으로 양질의 초등교육을 받을 수 있도록 보장한다.

- 1999년에 초등학교 네트워크에 등록된 비율이 84%였고 2015년에는 93%에 도달된 것으로 평가된다.
- 네트워크 등록은 17개 국가에서 1999년부터 2012년까지 최소한 20%가 증가하였고, 17개국 중 11개국이 사하라사막 이남 아프리카 국가였다.
- 등록률이 분명하게 증가한 반면, 약 58백만 아이들이 2012년에 학교밖에 있었고, 그 수의 감소가 더디게 진행되어왔다.
- 학교의 등록률이 늘어났음에도 불구하고 32개 국가에서 -대부분 사하라사막 이남 아프리카- 등록 아이 중 적어도 20%가 마지막 학년에 도달하지 못하고 중도 탈락하고 있다.
- 2015년까지 저소득 국가와 중간 소득 국가에서 6명 중 1명꼴의 아이 -거의 1억 명- 가 초등학교를 마치지 못할 것이다.

목표3: 청소년과 성인의 기술

모든 청소년과 성인의 학습요구들이 적합한 학습 및 생애 기술프로그램에 공정하게 접근하는 것을 통해 충족되는 것을 보장한다.

- 개선된 이행 비율과 높아진 유지율을 고려할 때, 낮은 수준의 중등교육 총 등록률은 1999년 71%에서 2012년 85%로 증가하였다. 낮은 수준의 중등교육 참여는 1999년 이래로 급속히 증가하였다. 아프가니스탄, 중국, 에쿠아도르, 말리, 모로코에서 낮은 수준의 중등교육 총 등록률은 최소한 25퍼센트까지 증가하였다.
- 초등학교에서 중학교로의 진학에서 불평등은 계속되고 있다. 예를 들어 필리핀에서는 최빈곤 가정 출신 초등학교 졸업생의 69%가 낮은 수준의 중등학교 진학하는 반면, 부유한 가정 출신의 졸업생은 94%가 진학하였다.
- 94개의 저소득 및 중간소득 국가들 대다수는 1999년부터 낮은 수준의 중등교육을 무상으로 하는 것을 법으로 제정하였다. 이들 국가 중 66개 국가는 헌법으로 보장하고 22개 국가는 다른 법으로 규정하였다. 2015년 현재 보츠와나, 기니, 파푸아 뉴기니, 남아프리카, 탄자니아와 같은 소수의 국가만이 낮은 수준의 중등학교 교육비용을 부과하고 있다.

목표4: 성인 문해(읽고 쓰는 기본적인 능력)

2015년까지 성인 - 특히 여성- 문해의 수준에서 50%를 향상시키고 모든 성인이 기초 및 계속교육에 공정하게 접근하도록 한다.

- 약 7억 8천백만 명의 문맹인 성인이 존재한다. 문맹률은 2000년 18%에서 2015년 14%로 조금 낮아졌다. 이것은 다카르에서 반으로 줄이기로 한 목표를 달성하지 못한 것이다.
- 95%이하의 문해 비율을 갖고 있는 73개국 중 단지 17개국만이 2000년 대비 2015년까지 그 비율을 반으로 줄였다.
- 이러한 과정은 문해에서 성 불균형을 개선시켜 왔지만 아직 충분하지 않다. 2000년에 남성 100명 대비 90명 보다 적은 여성이 문해였던 43개 국가 모두 불평등을 개선해왔지만 어느 국가도 2015년까지 그것을 성취할 수 없을 것이다.

목표5: 성 평등

여아들이 완전하고 동등하게 양질의 기초교육에 접근하고 성취하는 것을 보장하는 데 중점을 두면서, 2005년까지 초등교육과 중등교육에서 성 불균형을 해소하고 2015년까지 교육에서 성 평등을 이룬다.

- 데이터를 갖고 있는 국가 중 69%가 초등교육의 수준에서 2015년까지 성불균형을 해소할 것으로 기대되고 있다. 이러한 진행은 중등교육에서 더 느리다. 48%가 2015년에 성 불균형을 해소할 계획이다.
- 1999년에서 2012년 사이에 초등학교에 등록된 여학생의 수가 남학생 100명당 90명보다 적었던 국가의 수가 33개에서 16개로 줄어들었다.
- 학교 밖 아이들 중에서 남아들이 여아들 보다 더 학교를 그만두는 경향이 있는 반면(여학생 20%, 남학생 26%), 여아는 남아보다 더 학교에 등록하지 않는 경향이 있다(여학생 48%, 남학생 37%). 한번 등록하면 여학생들은 더 상급학년에 진학하는 경향이 있다.
- 사하라사막 이남 아프리카에서 최 빈곤 여아들은 대부분 초등학교에 출석하지 않는 경향이 있다. 기니와 니제르(Niger)에서 2010년 기준으로 최 빈곤 여아의 70%이상이 초등학교에 등록하지 않았다. 반면 부유한 소년들은 20%보다 적게 등록하지 않았다.

목표6: 교육의 질

모든 이에 의해서 인지되고 측정 가능한 학습 결과들이 성취될 수 있도록 모든 측면에서, 특히 문해, 기본적인 산술능력, 필수생애기술에서 교육의 질을 개선하고 모든 이의 수월성을 보장한다.

- 초등학교 수준에서 데이터를 갖고 있는 146개 국가의 83%에서 학생/교사 비율이 감소하였다. 그러나 데이터를 갖고 있는 국가의 1/3에서 75%보다 적은 초등학교 교사가 국가표준으로 양성되었다.
- 낮은 수준의 중등학교 교육에서 데이터를 갖고 있는 105개의 국가 중 87개국이 30:1보다 낮은 학생/교사 비율을 갖고 있다.
- 1990년 12개의 학습평가가 국가표준에 따라서 실행되었다. 그러나 2013년까지 그 수는 101개로 증가하였다.

인천선언에는 '2030년으로의 여정: 새로운 교육비전'이 담겨 있는데, 새로운 교육비전은 "교육을 통하여 인간의 삶(개인, 공동체, 사회)을 변화시키고" 이때 "어느 누구도 낙오시키기 않는다"이다. 새로운 교육비전은 인간주의적인 교육과 발전 비전에 토대를 두고 '발전의제 2030'의 네 번째 목표와 조화를 이루면서, 그 하위목표들을 고려하고 있다. 인천세계교육포럼은 그해 9월 개최 예정이었던 70차 UN총회에서 채택될 발전의제 2030에 포함될 2015 후속교육의제(post-2015)의 대한 결정과 실행기본계획을 마지막으로 공식화하는 자리였기 때문에 이때까지의 주요한 논의들이 반영되어 있다. 교육의제 2030은 2012년 리우+20회의 이후부터 진행되어 온 2015 후속 교육에 대한 여러 차례에 걸친 국제적인 논의에 의해 발전되었고, 이에 대한 논의가 인천세계교육포럼에서 정점을 이루었다고 할 수 있다. 교육의제 2030은 2000년 이후 전개되어 온 모든 이를 위한 교육과 교육관련 2개의 새천년발전목표가 큰 성과를 냈음에도 불구하고 계획되었던 2015년까지 목표를 완전히 달성하기 어려우므로 2015년 이후에도 계속해서 이어가야 한다는 논의의 결과를 반영하고 있다. 그러므로 교육의제 2030은 이러한 "달성하지 못한 과제"에 토대를 두고 있다.

교육의제 2030은 2013년 11월 파리에서 '2015년을 넘어서는 교육'(Education beyond 2015)이란 주제로 개최된 유네스코 제37차 총회에서 제안된 것을 2014년 무스카트(Muscat) 모든 이를 위한 교육 글로벌 회의(Global Education for All Meeting, GEM)에서 재차 확인하고 인천세계교육포럼을 통해서 확정되었다. 유네스코'2015년을 넘어서는 교육'은 그때까지 2015 후속의제 논의에서 제기되었던 교육에 관한 이슈와 주제들을 개략적으로 살피면서 유네스코의 견해를 제안하고 있다. 이 총회의 보고서에는 인간주의적이고 온전한 교육의 비전이 다음과 같이 언급되고 있다.

"유네스코는 인간주의적이고 온전한 교육의 비전을 개인적인 발달과 사회경제적 발전을 위해 기본적인 것으로 재확인한다. 이러한 교육의 목표는 인간들이 그들의 기본적인 욕구들과 개인적인 기대들을 충족시키고, 그들이 살고 있는 지역의 성취 그리고 국가의 사회경제적 발전 목표들에 기여할 수 있는 능력과 권한을 가질 수 있도록 하는 폭넓은 관점에서 그려질 수 있어야만 한다. 기초적인 지식과 기술 습득에 추가해서 학습의 내용은 인권, 포용과 평등, 문화다양성에 대한 이해와 존중을 증진시키고 평생학습과 함께 살아가는 학습을 위한 바람과 재능을 길러야만 한다. 이러한 것들은 평화, 책임 있는 시민, 그리고 지속가능한 발전을 실현하기 위해서 필수적이다."(UNESCO, 2013)

보고서는 또한 2015 후속 교육의제는 모든 이를 위한 교육(EFA)과 교육관련 새천년발전목표(MDGs)가 그 동안 성취한 것과 성취하지 못한 것에 대한 정밀한 검토와 비판적인 고찰의 토대 위에서 정의되어야만 한다고 언급하면서, 교육의제에 적용될 수 있는 기본원리를 다음과 같이 재확인하고 있다.

(1) 교육은 기본적인 인간의 권리이고 다른 권리들의 실현을 위해서도 필수적이다.
(2) 교육은 공공재이다. 국가는 공공재인 교육방침의 관리자이다. 동시에 시민사회, 공동체, 부모와 다른 관계자들의 역할이 양질의 교육을 제공하는 데 있어서 중요하다.
(3) 교육은 인간의 욕구충족, 평화, 지속가능한 발전, 성 평등, 책임 있는 글로벌 시민을 위한 토대이다.
(4) 교육은 개선된 지속가능한 삶을 위한 조건들을 유산으로 남기고 그러한 삶을 위한 기회를 활성화함으로써 불평등과 빈곤을 줄이는데 핵심적으로 공헌한다. (UNESCO, 2013: 5)

유네스코는 이러한 원리에 입각해서 2015 후속 교육의제는 권리에 기반을 두어야하고 공평의 관점을 보증해야한다고 강조하면서, 공정하고, 포용적이고, 평화롭고, 지속가능한 사회를 전 지구적인 포괄적 교육목표로 설정하고 이를 성취하기 위해 "2030년까지 모든 이에게 공정한 양질의 학습과 평생학습 보증하기"를 제시하였다(UNESCO, 2013: 6). 그리고 2015 후속 교육의제에 대한 추천과 그와 관련된 실행계획을 인천 송도 세계교육포럼에서 결정할 것이라고 예고하였다.

2014년 5월 12일부터 14일까지 오만의 무스카트에서 개최된 유네스코 주최 '모든 이를 위한 교육 글로벌 회의(GEM)'에서는 2013/14 글로벌 모니터링 리포트, 제37차 유네스코총회에서 논의되었던 2015년 이후의 교육에 대한 결의 등을 상기하고 EFA의 상황을 진단하면서 2015 후속 교육의제에 대해 재확인하는 합의를 하였다(UNESCO, 2014b). 협정서는 회원국, 국제기구, 시민사회의 대표들이 발전시켜 온 지속가능발전목표로서의 교육에 대한 합의를 담고 있는데, 교육의제 2030의 이정표로 평가받고 있다. 이 협정서에 의하면 세계적으로 전개된 모든 이를 위한 교육운동이 최근 10년간 교육에 가장 주요한 공헌을 해 온 것으로 인정되고 있다. 그럼에도 불구하고 EFA의제와 교육관련 새천년발전목표가 2015년까지 달성되지 못할 것으로 전망되므로, EFA의제는 계속해서 중요하다고 강조되고 있다. 이 협정서에서는 제37차 유네스코총회에서 논의된 권리에 기반하고 공정과 포용에 기초한 관점을 반영하는 교육비전이 반복해서 언급되고 있다.

> 우리는 교육이 모든 이에게 기본적인 인간의 권리임을 재확인한다. 교육은 인간의 욕구충족, 평화, 지속가능한 발전, 경제성장, 적절한 일자리, 성 평등과 책임 있는 글로벌 시민을 위한 필수적인 조건이다. 게다가 교육은 공정하고 포용적이고 지속가능한 사회를 위한 조건들을 유산으로 남기고 그러한 사회를 위한 기회를 활성화하면서 불평등 감소와 빈곤퇴치에 기여한다. 그러므로 교육은 전 지구적 발전의제의 중심에 위치해야만 한다(UNESCO, 2014b: 제6항).

협정서는 이러한 교육비전으로부터 2015 후속 교육의제의 포괄적인 교육목표로서 "2030년까지 모든 이에게 공정하고 포용적인 양질의 교육과 평생학습을 보증하기"를 지지한다고 밝히고 있다. 인천선언은 이러한 국제적 논의의 과정에서 합의된 결정을 담고 있으면서 특히, 양질의 교육이 어떤 것인지를 이해할 수 있는 내용을 제9항에서 담고 있다. 즉, "양질의 교육은 창조성과 지식을 촉진하고 기초적인 읽기, 쓰기, 셈하기 능력 그리고 높은 수준의 분석역량, 문제해결역량, 인지적 역량, 사회적 역량을 확실하게 한다. 양질의 교육은 그 외에도 지속가능발전교육(ESD)과 세계시민교육을 통해서 시민들이 건강하고 충족된 삶을 영위하고, 근거 있는 결정을 내리고, 지역적이고 지구적인 문제들에 반응할 수 있는 능력, 가치, 견해의 발전에 기여한다."인천선언에서 눈에 띄는 것은 범지구적 도전에 대응하기 위한 교육으로서 지속가능발전교육과 함께 세계시민교육을 언급하고 있다는 점이다. 또한 인천선언은 9년간의 초중등교육 보장, 청소년 및 성인들의 전생에 걸친 평생학습기회의 보장, 직업교육훈련, 고등교육 및 연구지원의 약속을 통한 개발도상국가의 교육수요 반영을 강조하고 있다. 인천선언은 발전의 원동력으로서 교육의 역할이 중요하다고 인식하고, 교육2030과 지속가능발전 의제 2030에 대한 지구공동체의 의무를 명시하고 있다. 인천세계교육포럼에서 합의한 교육2030과 그 실행계획은 2015년 9월 UN 고위급 회의에서 지속가능발전 의제에 통합된 부분으로 채택되었다.

인천세계교육포럼에서 합의된 교육2030 실행기본계획은 교육2030의 비전과 원칙, 전 지구적 교육목표(SDGs 4)와 7개의 하위목표, 그리고 3개의 실행메커니즘을 포함하고 있다. 인천선언에 담겨진 새로운 교육비전은 교육을 통해 삶을 변화시키고 그 때 어느 누구도 낙오되지 않도록 하는 것이므로, 새로운 교육의제는 포용과 기회균등에 초점을 두고 있다. 특히, 주변의 소외된 사람들에게 교육의 기회가 제공되어야 한다는 것을 강조하고 있다.

> "모든 인간들은 성별, 나이, 피부색, 인종, 언어, 종교, 정치적 또는 다른 신념, 출신 국가 또는 사회, 재산과 출생, 장애를 가진 사람, 이주민, 토착인(원주민), 아동과 청소년, 특히 차별적인 상황에 있는 사람들에 상관없이 포용적이고 기회가 공정한 양질의 교육과 평생학습을 받아야 한다."(UNESCO, 2016a: 25)

실행기본계획에서 제시하고 있는 포괄적인 목표(지속가능발전의제 2030 목표 4)와 하위목표, 그리고 실행메커니즘은 다음과 같다.

지속가능발전 의제 2030의 목표 4(교육의제 2030)

모든 사람들을 위하여 포용적이고 공정한 양질의 교육을 보장하고 평생학습의 기회를 증진한다.

하위목표

4.1. 2030년까지 모든 여아와 남아가 무상으로 기회가 공정하고 양질의 초등 및 중등학교 교육을 받고 졸업이 가능하도록 한다.

4.2. 2030년까지 모든 여아와 남아가 양질의 유아발달, 보살핌, 취학전 교육을 받도록 하여 초등교육을 준비하도록 한다.

4.3. 2030년까지 모든 여성과 남성이 양질의 기술교육, 직업교육, 대학을 포함하는 학문적 교육을 동등하게 받을 수 있도록 보장한다.

4.4. 2030년까지 취업 또는 자신에게 적합한 일을 위한 지식과 기술을 습득한 청소년과 성인의 수를 계속해서 늘린다.

4.5. 2030년까지 모든 수준의 교육에서 성 불균형을 해소하고 장애가 있는 사람, 원주민, 취약한 상황에 있는 어린이를 포함하여 모든 이들이 공정하게 교육과 직업준비교육 기회를 갖는 것을 보장한다.

4.6. 2030년까지 모든 청소년과 상당한 비율의 성인이 읽기, 쓰기, 셈하기 능력을 습득하는 것을 보장한다.

4.7. 2030년까지 지속가능한 발전을 촉진시키기 위하여 모든 학습자가 특히 지속가능한 발전을 위한 교육, 지속가능한 생활방식을 위한 교육, 인권교육, 성 평등 교육, 평화와 비폭력 문화 증진을 위한 교육, 세계시민교육, 문화 다양성과 지속가능한 발전에 대한 문화의 기여에 대한 가치평가 교육을 통하여 필요한 지식과 기능을 습득하는 것을 보장한다.

실행메카니즘

4.a. 아동 친화적이고, 장애와 성에 민감하고, 모든 이들에게 안전하고, 비폭력적이고, 포용적이고 효과적인 학습 환경을 제공하는 교육시설들을 설립하고 개선한다.

4.b. 2020년까지 개발도상국, 특히 저개발국가, 작은 개발도상 섬국가, 아프리카 국가의 학생들이 선진국 또는 다른 발전국가들의 대학(직업훈련, 직업통신기술, 기술, 공학, 과학 프로그램을 포함하여)에 등록할 수 있도록 장학금 제도를 전 지구적으로 확대한다.

4.c. 2030년까지 (개발도상국가에서, 특히 저개발국가와 작은 개발도상 섬 국가에서 국제적인 협력을 통한 교사양성을 포함하여) 자격을 갖춘 교사를 충분하게 양성한다.

지금까지 살펴본 지속가능발전교육을 위한 국제적인 차원의 중요한 노력은 다음과 같이 요약될 수 있다.

1987 **『우리 공동의 미래』**(세계 환경발전위원회 보고서)에서 지속가능한 발전을 "미래세대가 그들의 고유한 욕구를 충족시킬 수 있는 가능성을 위협하지 않으면서 현세대의 욕구를 충족시키는 발전"으로 정의함

1992 **UN환경발전회의**(리우)에서 채택된 『의제21』의 제36장은 지속가능한 발전을 위한 교육, 직업교육, 공공의 의식의 촉진에 관한 국제적 논의를 강화함

2002 **지속가능발전세계정상회의**(요하네스버그, 리우+10)에서 UN '지속가능발전교육 10년'을 제안하였고, 2002년 12월 제57차 UN총회에서 2005년부터 시작하는 것으로 승인됨

2012 **UN지속가능발전회의**(리우+20)에서 지속가능발전교육을 촉진하고 지속가능발전교육을 2014년 종료되는 '지속가능발전교육 10년' 이후에도 더 적극적으로 교육시스템에 통합하기로 함(『우리가 원하는 미래』제233항)

2013 **전 지구적 지속가능발전교육 실행 프로그램(GAP)**이 2013년 유네스코 제37차 총회에서 '지속가능발전교육 10년' 후속 프로그램으로 합의 됨

2014 **무스카트 합의(Muscat Agreement)와 지속가능발전목표(SDGs)**로 지속가능발전교육이 수용됨

2014 **유네스코 지속가능발전교육 세계회의(나고야)**에서 '지속가능발전교육 10년'의 최종 보고서를 채택하고, GAP의 시작을 알림

2015 **세계교육포럼**이 인천 송도에서 개최되어 인천선언과 교육의제 2030 실행기본계획을 채택하고 지속가능발전교육과 세계시민교육을 통해 개인, 사회, 인류의 삶을 변화시키는데 기여하고자 함

사. 한국의 지속가능발전교육 현황

우리나라에서는 1992년 리우 유엔환경발전회의가 '리우선언'과 '의제21'의 실현을 위해 각 국가에 '국가지속가능발전위원회'(National Commission on Sustainable Development, NCSD)를 설치할 것을 권고함에 따라 2000년 6월 5일 대통령이 대통령자문 지속가능발전위원회 설치를 천명하였고, 2000년 8월 5일 '지속가능발전위원회 규정(대통령령)'을 공포하였다. 요하네스버그 세계정상회의 이후 지속가능발전의 이념이 국제적으로 확산됨에 따라 2003년 6월에는 대통령자문 지속가능발전위원회에서 국가지속가능발전의 비전, 목표, 추진원칙, 정책과제, 부분별 지속가능발전 전략의 기본구상을 담은 『지속 가능발전 전략 기본구상 연구』 보고서를 발간하였다. 2005년 6월 4일에는 대통령이 "경제·사회·환경이 균형 있게 발전하는 신진국가"를 '국가

지속가능발전비전'으로 선언하여 개발·보전의 통합적 국토관리, 환경 친화적 경제구조 정착, 환경보존을 위한 범지구적 노력 동참, 사회적 합의를 촉진하기 위한 갈등관리 체제 구축 등 5대 정책 목표 및 9개의 핵심 이행과제를 제시하였다. 2006년 10월에는 '국가지속가능발전 비전'의 세부이행계획과 향후 관리계획을 담고 있는 『국가지속가능발전 이행계획』이 대통령자문 지속가능발전위원회에 의하여 국무회의에서 보고되었다.

2007년 8월 3일에는 '지속가능발전기본법'이 제정·공포되었고(2010년 1.13 '지속가능발전법'으로 일부개정, 법률 제9931호), 2008년 2월 4일부터 시행되고 있다. '지속가능발전법'은 "지속가능발전을 이룩하고, 지속가능발전을 위한 국제사회의 노력에 동참하며 현세대와 미래세대가 보다 나은 삶의 질을 누릴 수 있도록 함"을 그 목적으로 밝히고 있다. 2008년 4월 16일에는 '지속가능발전기본법 시행령'이 제정·공포되었는데, 제 23조(지속가능발전교육 등)는 다음과 같이 규정하고 있다. "①국가와 지방단체는 국민과 기업 등의 지속가능발전에 대한 인식을 높이기 위하여 지속가능발전교육 프로그램의 개발, 전문 인력 양성, 교육전문기관의 육성 및 지속가능발전 주간(週間) 운영 등 홍보활동을 추진할 수 있다. ②국가와 지방자치단체는 법 제4조에 따른 의제21, 요하네스버그이행계획 등 지속가능발전에 관한 규범을 실천하기 위하여 관련 민간단체의 활동을 장려하고 지원하여야 한다."

2007년 7월에는 '지속가능발전에 관한 태도', '삶의 질에 대한 평가', '지속가능발전에 대한 인식', '지속가능발전위원회에 대한 인지도' 등에 대한 설문조사를 실시하여 부석한 『지속가능발전에 관한 일반국민 인식조사 보고서』를 발표하였다. 조사결과에 따르면 '지속가능발전'이란 용어를 인지하는 비율이 매우 낮은 것으로 나타났다. 2008년 대통령자문 지속가능발전위원회는 국가나 지역이 지속가능한 방향으로 발전하고 있는지를 평가할 수 있는 도구로서 총 14개영역, 34개 항목의 77개 지표로 구성된 '국가지속가능발전지표'를 확정 발표하였다(대통령자문 지속가능발전위원회, 2008).

이러한 일련의 전개과정 속에서 지속가능발전교육에 대한 관심은 'UN지속가능발전교육 10년' 동안 우리나라에서 지속가능발전교육을 효과적으로 수행하기 위한 국가 차원에서의 추진 전략을 수립하기 위하여 2005년 6월 대통령 자문 지속가능발전위원회의 연구용역 보고서인 『유엔 지속가능발전교육 10년을 위한 국가 추진 전략 개발 연구』보고서로 이어진다. 이 보고서에서 지속가능발전교육은 "모든 사람들이 교육의 혜택을 받음으로써 지속가능한 미래와 긍정적 사회변혁을 위해 필요한 지식, 가치, 태도방식, 라이프스타일을 학습할 수 있는 기회를 갖는 세계를 지향"하는 교육으로 정의되고 있다(이선경 외, 2005a: 5). 이 정의는 2005년 유네스코가 발간한 『유엔 지속가능발전교육 10년 국제 이행계획 초안』의 것을 그대로 따른 것이다(UNESCO, 2005a: 5). 이 보고서의 후속으로 대통령 자문 지속가능발전위원회는 2005년 12월 지속가능발전과 지속가능발전교육 개념에 대한 사회의 인식제고를 위하여 『지속가능발전교육 활성화 방안』이라는 자료집을 발간하였다(대통령자문 지속가능발전위원회, 2005). 다음과 같은 『지속가능발전교육 활성화 방안』의 발간사를 통하여 그 당시 지속가능발전교육의 위상을 확인할 수 있다: "지속가능발전이 21세기의 새로운 패러다임으로 부각되고 있으나, 일반 국민은 물론 정책담당자들의 이해는 매우 낮다. ... '지속가능발전교육'의 개념은 우리나라에서는 아직 생소하다. ... 학교교육 역시 지속가능발전의 개념이 단편적으로만 소개되어 교과과정 전체에 반영되어 있지 않다."

지속가능발전교육의 실천적인 측면에서는 통영시와 인천광역시, 울주군, 인제군의 관심과 노력을 들 수 있다. 통영시는 2005년 10월 국내에서는 처음으로 UN대학과 유네스코가 지속가능발전교육의 확산을 위해 전 세계 각지에 지정하는 '지속가능발전교육지역센터'(Regional Centre of Expertise, RCE)를 승인 받았고, 인천광역시가 2007년 1월, 울주군이 2011년 2월, 인제군이 2012년 12월 승인 받았다. 통영RCE의 노력으로 통영시의 초등학교 1개교가 2006년 통영시 교육청 지정, 그리고 2007-2008년 경상남도 교육청 지정 지속가능발전교육 연구학교로 운영되었고, 그 운영에 대한 평가 연구(허양원·윤문섭, 2008)가 보고되었다. 통영시는 2010년 통영지속가능발전교육을 확산시키기 위하여 지속가능발전교육재단을 설립하였고, 그 산하에 RCE를 두고 통영ESD국제포럼을 개최하고 있다. 이러한 노력에도 불구하고 지속가능발전교육의 위상이 크게 달라지지 않았음은 2005년 한국환경교육학회 학술대회 자료집에 발표된 이선경 외 "우리나라 지속가능발전교육의 현황과 활성화 방안"과 그로부터 수년이 지난 후에 실시된 정기섭·정세국(2009)의 "인천광역시 지속가능발전교육 실태조사"를 통하여 확인할 수 있다. 이선경 외의 논문에서 지적된 국내의 지속가능발전교육의 현황은 ①입시제도 전반이 학교에서 지속가능발전교육의 걸림돌이 되고, 교사나 교육청의 인식수준이 낮고 관련 사업이 거의 없다 ②'의제21'을 중심으로 이루어지고 있는 지속가능발전교육은 주로 환경교육 중심으로 이루어지고 있어 지속가능발전교육으로 통합되지 못하고 있다 ③기업과 대학에서는 지속가능발전교육이 거의 이루어지고 있지 않다. 마찬가지로 정기섭 외의 인천시내 초·중·고등학교를 대상으로 한 실태조사에서도 ①지속가능발전교육에 대한 인지도가 낮고 ②지속가능발전교육 영역과 관계한다고 생각되는 프로그램을 비정기적으로 운영하는 경우가 대부분이고 ③이런 경우 교육주제도 주로 환경분야에 치중되고 있는 것으로 드러나 지속가능발전교육은 환경교육으로 이해하는 경향을 보였다 ④교육방법은 주로 매체활용과 강의에 의존하고 있는 것으로 나타나 지속가능발전에 “대한” 교육에 치중되어 있음을 알 수 있다.

2010년 이후 교육부의 지원 아래 지속가능발전교육 수업모델 연구 용역, 교원연수, 지속가능발전교육 수업공모, 지속가능발전교육 연구회 지원, 지속가능발전교육 연구시범학교 운영 등을 통하여 학교현장에 정착시키려는 노력이 계속 있어왔다. 그 결과 지속가능발전교육은 2015 개정교육과정에 범교과학습주제(환경·지속가능발전교육)에 포함되었다. 이러한 흐름을 반영하여 지속가능발전교육 연구 경향도 2010년 이전에는 주로‘인식증진’, ‘개선방안’, ‘교과서 분석 및 수업형태 분석’에 관한 연구가 대부분이었다면, 2010년 이후부터는 지속가능발전교육프로그램 개발연구들이 발표되지 시작하였다(김재진, 이상원, 2010). 발표된 지속가능발전교육프로그램 개발 연구를 그 의도에 따라 분류하면 크게 ①지속가능발전교육에 대한 이해를 증진시키려는 의도를 가진 연구(강호감 외, 2013), ②교육현장에서 활용 가능한 프로그램을 개발·보급하려는 의도를 가진 연구(곽노의 외, 2013; 최지연 외, 2013), ③특정 주제영역에 초점을 둔 ②의 의도를 가진 연구(김정은, 이상원, 2010; 조윤주, 2016; 류영주, 최지원, 2010), ④프로그램을 개발·적용하여 특정 능력향상 내지는 태도변화에 미치는 영향 관계를 분석하려는 연구(김재진, 이상원, 2010; 채보미, 2015; 신배은, 이상원, 2016), ⑤지속가능발전역량개발을 위한 프로그램을 개발하려는 의도를 가진 연구(이병준, 2016) 등으로 구분될 수 있다.

①과 ⑤를 제외한 연구들은 학교현장에서의 활용을 염두에 두고 프로그램을 개발한 것이라고 할 수 있다. 이러한 연구들 대부분이 프로그램 개발에서 고려하고 있는 사항은 다음과 같이 정리될 수 있다. 첫째, 환경적, 사회적, 경제적 관점(연구자에 따라 정치적 관점 추가)의 통합적 접근을 시도하고 있다. 즉, 학생들이 주제를 세 관점의 연관성에서 이해하고 지속가능한 발전을 위해 실천할 수 있는 생활습관이나 능력을 기르고자 의도하고 있다. 둘째, 프로그램을 구성하는 주제 및 내용선정기준은 유네스코 한국위원회의 문헌 혹은 선행연구에서 제시한 주제 및 내용을 토대로 하고 있다. 대부분의 연구는 교과서 혹은 교사용 지침서, 교육과정 해설서를 분석하여 지속가능발전교육 관련 내용을 추출한 다음, 앞에서 언급된 것과 같은 신뢰할 수 있는 문헌을 토대로 영역별(일반적으로 생태, 사회, 경제)로 분류하는 과정을 취하고 있다. 셋째, 개발된 프로그램의 개요에는 일반적으로 ‘지속가능발전 영역, 주제, 내용 및 활동’이 제시되고 있다. 넷째, 세 관점을 통합적으로 이해한다는 것이 어떤 것인지를 쉽게 파악하고 활용할 수 있도록 세 관점의 연관관계를 보여주는 활동사례와 수업계획안, 혹은 수업계획안만을 제시하고 있다.

이러한 일련의 노력에도 불구하고 지속가능발전교육이 학교현장에서 양적인 면에서는 확산되었으나 질적인 면에서는 큰 성과를 이루지 못하였다는 평가를 받고 있다(이선경 외, 2014). 그 이유로는 우선 정책적인 차원에서 일관성의 결여를 들 수 있다. 지속가능발전교육은 정권에 따라 녹색성장교육으로 변형되었다가 다시 지속가능발전교육으로 회귀하였다. 이로 인해 학교 현장에서는 개념의 혼선이 가중되었고, 지속가능발전교육을 "일회적인 혹은 단기적인 프로그램으로" 이해하려고 하였다(김영순 외, 2015: 146). 일관성이 없는 정책의 집행이 지속가능발전교육의 고유한 특성마저 퇴색시키게 되어, 지속가능발전교육이 본래적인 의미에 맞게 현장에 착근되는 데 필요한 시간을 그 만큼 잃어버리는 결과를 초래한 것이다. 그리고 또 다른 이유로는 지속가능발전"개념의 추상성"(이선경, 2014)에서 기인하는 교사의 이해부족을 들 수 있다. 지속가능발전교육에 대한 교사들의 인식조사결과와 현장사례분석 결과에 따르면 교사들은 지속가능발전교육 개념과 의미에 대한 이해가 부족하거나 이해의 어려움을 느끼는 것으로 나타났다(최순호 외, 2008; 김은정, 유영의, 박은혜, 2016; 조혜연, 이상원, 2013; 황혜연, 김윤정, 2012; 김영순 외, 2016; 정기섭, 2017). 이러한 연구의 결과들은 지속가능발전교육이 국내에서 논의되고 실행된지 꽤 오랜 시간이 지났음에도 불구하고, 큰 진전을 이루지 못하였음을 보여주고 있다.

2 지속가능발전교육의 개념

'지속가능발전교육'은 앞에서 언급한 것처럼 '지속가능발전'개념으로부터 발전되었다. 즉, 여기에서논의 되고 있는 지속발전교육은 환경과 발전문제에 관한 국제적인 논의에서 탄생한 개념이다. 브룬트란트 보고서를 통하여 지속가능발전 개념이 국제적인 논의에서 확고한 위치를 차지하게 되었다면, 1992년 리우회의에서 그것의 실현을 위한 수단으로서 교육의 중요성이 언급됨으로써 지속가능발전교육이 일반화되기 시작하였다. 리우 회의 결과 채택된 '의제21'은 교육을 '의제21'에서 제시되고 있는 목표들을 성취하기 위한 중요한 수단이자 본질적인 요소로 인식하고 있다. '의제21'의 제36장은 지속가능발전을 위한 교육의 중요성과 역할을 다음과 같이 강조하고 있다.

> "교육은 지속가능발전의 촉진과 환경문제, 발전문제와 논쟁할 수 있는 인간능력을 위하여 필수적이다. (형식적, 비형식적) 교육은 생태적이고 윤리적인 의식과 지속가능발전에 합치될 수 있는 가치, 견해, 능력, 행동방식을 형성하기 위하여 매우 중요하다. 그리고 일반대중이 의사결정과정에 활동적으로 참여하도록 하기 위하여 매우 중요하다."(36.3)

교육이 지속가능발전을 위하여 얼마나 중요하게 인식되고 있는지는 유네스코가 "교육은 지속가능발전을 성취하기 위한 탐구를 하는데 있어서 인류의 최대 희망이자 가장 효과적인 수단이다"(UNESCO, 1997, 제40항)라고 언급하고 있는 데에서도 감지할 수 있다. 이 때 교육은 위의 인용문에서 알 수 있듯이 지속가능발전에 대한(about) 지식과 정보를 전달하는 교육으로 이해되는 것이 아니라, 지속가능발전을 위한(for) 의식과 태도의 변화를 이끌어 내는 교육으로 이해된다. 브룬트란트 보고서에서 정의한 것처럼 지속가능발전이 현세대와 미래세대 모두의 기본욕구를 충족시키는 발전이라고 할 때, 그 중심에는 현세대에든 미래세대이든 인간이 자리하고 있다. 인간 스스로가 지속가능발전이 왜 필요한지를 이해하고 이행하지 않는 이상 지속가능발전은 실현 불가능한 것이다. 그러므로 교육은 지속가능발전을 위한 핵심적인 요소가 될 수밖에 없고, 지속가능발전교육은 근본적으로 인간의 행동변화를 목적으로 하는 교육의 본질적인 측면에서 이해될 수 있다. 즉, 지속가능발전교육은 인류가 현재 직면하고 있는 문제를 의식하고 이를 해결하지 않으면 안 되겠다고 하는 의지와 충동이 생겨나게 하고, 그로부터 실천적인 행동의 변화를 이끌어 내는 교육이라 할 수 있다.

지속가능발전교육이 정보와 지식전달교육이기보다 의식과 태도 변화를 위한 교육이 되어야 하는 것은 '지속가능발전' 개념이 현재 우리가 살고 있는 사회뿐만 아니라, 우리가 지향해 가야 하고, 도달된 후에는 계속해서 유지해야할 유토피아적인 미래사회와 관계하기 때문이다. 지속가능발전은 모든 사람들의 의, 식, 주 등과 같은 기본적인 욕구에 대한 열망이 충족된 지금보다는 삶의 질이 개선된 사회를 지향한다. 이와 관련하여 브룬트란트 보고서는 제2장 제4항에서 "발전의 주요 목표는 인간적인 욕구들과 열망들을 만족시키는 데에 있다 ... 지속가능발전은 모든 사람이 기본적인 욕구를 충족하는 것과 모든 사람들에게 그들의 더 나은 삶에 대한 열망을 만족시킬 수 있는 기회를 확대하는 것을 필요로 한다."라고 밝히고 있다(WCED/조형준·홍성태 역, 2005: 88).

이러한 지속가능발전의 목표는 “전 세계의 민족들이 더 나은 삶에 대한 그들의 욕구와 바람을 만족시킬 수 있고 동시에 미래의 세대를 위해서도 마찬가지 일 때 도달될 수 있다. 지속가능발전은 이러한 상태에 도달하기 위해 노력하고 도달된 후에는 지속적으로 안전하게 하는 발전일 것이다”(Di Giulio. 2002: 43-44). 지속가능발전은 이미 도달된 상태가 아니라 위에서 언급된 상태에 도달하기 위하여 지속적으로 노력해 가는 과정을 의미하기 때문에 이 과정에 자발적으로 함께 참여할 인간육성이라는 차원에서 지속가능발전교육은 지속가능발전의 구성적 요소로 인식될 수밖에 없다. 다음의 인용은 지속가능발전교육이 지속가능발전의 구성적 요소임과 과제가 무엇인지를 보다 분명하게 보여주고 있다.

> “지속가능발전은 일반적으로 자연과학과 경제학을 필요로 하는 것으로 이해되지만, 더 근본적으로 문화, 즉 사람들이 소유하고 있는 가치와 그들이 다른 사람에 대한 그들의 관계를 어떻게 지각하고 있는지와 관계한다.”(UNESCO, 1997: 36항)

‘더 나은 삶에 대한 욕구와 바람’, ‘기본적인 욕구 충족과 더 나은 삶에 대한 열망’, ‘삶이 개선된 상태’는 지속가능발전이 추구해 가야하는 이상적인 세계와 관계한다. 그러므로 인간들의 ‘욕구와 바람’의 불충족이 지구적 문제와 갈등 발생의 원인이 된다. 이러한 맥락에서 유네스코 21세기 세계교육위원회는 『21세 교육을 위한 새로운 전망』(1997)에서 범세계적인 상호의존성과 세계화 현상이 21세기에 뚜렷하게 나타날 것으로 전망하면서 교육의 과제로 공동의 미래에 대한 설계와 건설을 제시하고, 교육은 상호이해, 책임감, 연대의식의 증진을 지향하는 유토피아적인 세계를 건설한다는 목표를 가지고 있어야 한다고 강조하였다(유네스코 세계교육위원회, 1997). ‘더 나은 삶에 대한 욕구와 바람’이 충족된 세계는 지속가능발전과 지속가능발전교육이 지향하는 이상적인 사회이다. 이상적인 사회는 사람들이 공동의 가치를 생활의 규범적 토대로서 수용하고 실천에 옮김으로서 도달·유지 가능함으로 지속가능발전교육은 가치형성과 관계하게 된다.

이러한 관점에서 지속가능발전교육은 가치를 촉진하는 교육으로 이해되고, 유네스코는 지속가능발전교육이 포함해야하는 최소한의 가치를 다음과 같이 제시하였다(UNESCO, 2005a: 16).

- 전 세계 모든 사람의 존엄성과 인권 존중 그리고 사회적·경제적 정의를 위한 헌신
- 미래세대의 인권 존중 그리고 세대 간의 책임에 대한 헌신
- 지구 생태계의 보호와 복구를 포함하는 생명공동체의 다양성에 대한 존중과 배려
- 문화적 다양성 존중과 지역적, 지구적으로 관용, 비폭력, 평화의 문화를 형성하는 데 헌신

이러한 가치는 지속가능발전교육을 계획·실행·평가하는 전 과정에 규범적 토대를 제공하며, 지속가능발전이 추구하는 세계상을 상상할 수 있도록 한다. 동시에 미래사회의 실현을 위해 현사회에서 나타나는 문제의 진단과 개선을 위한 준거가 된다.

'의제21'은 위에서 언급되고 있는 인류의 이상 실현을 위한 지속가능발전교육의 구체적 목표를 제시하고 있는 것이고, 이러한 인류의 성공적인 미래는 "환경적 관점과 발전적 관점의 통합"과 그에 대한 더 큰 관심을 통해 보증될 수 있다는 이해에서 환경보호에 대한 문제뿐만 아니라, 발전에 대한 사회적, 경제적 관점을 다루고 있다. 이로부터 지속가능발전의 세 요소가 도출된다. 즉, 지속가능발전은 사회적, 경제적, 생태적 목표들을 포함하는 것으로 이해된다. 지속가능성의 패러다임은 경제발전을 위해서 사회적, 생태적 희생이 불가피 하다는 주장을 거부하고, 사회, 환경, 경제적 고려가 균형을 이루는 미래에 대한 패러다임이다. 왜냐하면 "지속가능한 미래는 물, 음식, 깨끗한 공기, 사회적 평화, 인권과 양성평등과 같이 생명을 위한 모든 필요한 조건이 보장되고 빈곤, 환경파괴, 지나친 소비, 인구증가, 건강위기와 문맹과 같은 문제들이 해결되지 않는 한 가능하지 않다"는 것을 의미하기 때문이다(이삼열, 2008: 8).

1977년 트빌리시 환경교육회의에서 "현대 세계에서 경제적, 정치적, 생태적 상호의존성에 대한 의식을 창출하는 것을 도와야만 한다"고 환경교육의 역할이 언급되었음에도 불구하고, 환경교육은 환경 문제에 대한 의식과 그를 해결하기 위한 참여에 중점을 두었다면, 지속가능발전교육은 지속가능한 발전이라는 틀에서 환경적, 경제적, 사회적 문제들이 서로 독립해서 존재하는 것이 아니라, 상호의존적이라는 인식에서 출발한다. 지속가능발전교육은 환경적, 경제적, 사회적 관점이 통합된 교육이라는 점에서 환경교육을 포괄한다. 이러한 이해에서 환경교육의 발전과정은 다음과 같이 요약된다.

〈표 2-2〉 환경교육의 세 유형

	자연보존교육	환경교육	지속가능성 교육
시작 시기	19세기 후반	1960년대 말, 1970년대 초	1990년대 초
중점	자연과 관련짓기, 생명사슬 이해하기, 종보호하기, 의식, 지식과 이해 증진하기	물, 흙, 공기오염에 대한 환경 의식 증진	시민참여 높이기, 지속가능발전 이슈에 참여하여 환경, 경제, 문화, 생태의 관련성에 대한 이해를 증진하기, 그리고 오늘날의 행동이 미래세대에게 어떻게 영향을 미치는지에 대한 이해 증진
의도된 효과	생태 리터러시, 국립공원을 통해 자연보존을 위한 사회적 지지 기반마련	개인의 환경에 대한 태도 변화, 환경법 제정을 위한 기관 및 사회적지지 전개	거버넌스, 교육, 업무에서 물, 식량, 에너지, 빈곤, 생물다양성 관련 이슈를 다루는데 있어서 더 전체적인 또는 통합적인 접근
사례	국립공원의 방문객 센터, 공공의식 캠페인, 학교에서의 자연프로그램, 학교정원	도시 환경교육센터, 공공의식 캠페인, 학교교육과정, 교사교육	지속가능발전에 초점을 둔 다양한 이해관계자 플랫폼, 지속가능성에 대한 모든 학교의 접근, 기업의 사회적 책임

출처: UNESCO, 2016c: 9

‘의제21’에서 현세대에서 극복해야하는 문제영역으로 제시된 생태적, 사회적, 경제적 영역은 2002년 요하네스버그 세계정상회의에서 재확인 되었으며, 지속가능발전교육의 형식과 내용의 틀을 제공하고 있다. 이와 관련하여 독일 연방교육연구부(Bundesministerium für Bildung und Forschung, BMBF)는 “지속가능발전교육의 목표는 지구적 관점을 고려하여 생태적으로 조화롭고, 사회적으로 정의롭고, 경제적으로 성취능력이 있는 환경을 적극적으로 형성할 수 있는 인간의 능력을 기르는 것이다” (BMBF, 2002: 4)라고 정의하고 있다. 스위스 주정부 교육책임자들 협의회(Schweizerische Konferenz der kantonalen Erziehungsdirektoren, EDK) 사무국이 위탁한 전문가그룹의 ‘초등학교에서의 지속가능발전교육’에 관한 최종보고서에서도 지속가능발전교육의 일반적인 목표를 다음과 같이 서술하고 있다. “지속가능발전교육의 주도적인 목표는 학생들이 지속가능발전과 관련하여 사회적 합의의 과정과 함께 형성하는 과정에 참여하는 준비성과 능력을 갖는 것이다. 학생들이 지속가능발전의 중요성을 의식하고 사회문화적,

경제적, 생태적 발전 그리고 그것들의 상호작용과 관련하여 공동책임에 대한 통찰을 갖는 것이다." (Bertschy, et. al., 2007: 44)

이상의 논의를 토대로 지속가능발전교육은 더 나은 삶에 대한 욕구와 바람이 충족되어 인간들이 평화롭게 공존하는 세계를 지향하는 교육으로 이를 실현하기 위해 걸림돌이 되는 생태적, 사회적, 경제적 문제들을 상호의존적인 관계에서 이해하고 이를 해결할 수 있는 역량을 기르는 교육으로 정의될 수 있다. 지속가능발전교육은 지구시민으로서 자신이 속해 있는 국가와 지역에서 지속가능한 발전을 저해하는 문제들을 인식하고 해결하기 위해 요청되는 역량을 기르는 교육인 것이다.

3 지속가능발전교육의 내용

앞에서 살펴보았듯이 지속가능발전교육은 현재와 미래세대를 포함하는 타인에 대한 존중, 차이와 다양성에 대한 존중, 환경과 자원에 대한 존중의 가치를 형성하는 교육으로 주요 교육내용은 환경, 경제, 사회영역에 속하는 것이다. 다음에서는 『유엔 지속가능발전교육 10년 국제 이행계획 초안』, 『유엔 지속가능발전교육 10년을 위한 국가 추진 전략 개발 연구』(이선경 외, 2005a), 유네스코의 지속가능한 미래를 위한 교수-학습 프로그램(TLSF), 독일의 BLK-Programm "21"에서 제시하고 있는 지속가능발전교육의 내용과 안영희(2007)가 앞의 자료들을 토대로 개발한 내용영역 및 분석 준거를 소개하기로 한다.

가. 유엔 지속가능발전교육 10년 국제 이행계획 초안(2005)

유네스코가 발간한 『유엔 지속가능발전교육 10년 국제 이행 계획 초안 United Nations Decade of Education for Sustainable Development 2005-2014. Draft International Implementation Scheme』은 지속가능발전교육의 내용을 영역별로 다음과 같이 제시하고 있다.

〈표 2-3〉 UNESCO의 『지속가능발전교육 10년 국제 이행 계획 초안』의 지속가능발전교육 내용

	사회적 관점	환경적 관점	경제적 관점
내용	○ 인권 ○ 평화 ○ 안보 ○ 양성 평등 ○ 문화적 다양성과 상호문화 이해 ○ 건강 ○ 에이즈 ○ 거버넌스	○ 자연자원 (물, 에너지, 농업 등) ○ 기후변화 ○ 농촌 개혁 ○ 지속가능한 도시화 ○ 재해 예방 및 완화	○ 빈곤 퇴치 ○ 기업의 책임과 의무 ○ 시장 경제

출처: UNESCO, 2005a: 19-22

나. 한국에서의 지속가능발전교육의 핵심 영역

이선경 외(2005a)는 『유엔 지속가능발전교육 10년을 위한 국가 추진 전략 개발 연구』보고서에서 한국에서의 지속가능발전교육의 핵심영역을 위의 『유엔 지속가능발전교육 10년 국제 이행 계획 초안』에서 제시한 내용에다 국내의 특수한 상황을 반영하여 다음과 같은 내용을 추가하였다.

〈표 2-4〉 한국에서의 지속가능발전교육의 핵심영역(추가/강조영역)

	사회적 관점	환경적 관점	경제적 관점
우리나라 추가/강조 영역	○ 갈등해소 ○ 통일 ○ 사회 혁신 ○ 연대(파트너십) ○ 매체 소양	○ 자연자원 (물, 에너지, 대기 등) ○ 생물종다양성 ○ 재해예방/축소 ○ 교통 ○ 주거환경	○ 지속가능한 생산과 소비 ○ 빈부격차 완화

출처: 이선경 외, 2005a: 53

다. UNESCO의 지속가능한 미래를 위한 교수-학습 프로그램(TLSF)

UNESCO가 개발한 TLSF(Teaching and Learning for Sustainalbe Future) 프로그램은 예비교사, 교사, 교육과정개발자, 교육정책입안자, 교재저자들이 지속가능발전과 지속가능발전교육을 보다 잘 이해할 수 있도록 도움을 주는 멀티미디어 교육프로그램이다. TLSF 프로그램은 4개의 상위주제 영역과 그 아래의 25개 모듈로 구성되어 있는데, 특히 교육과정의 통합적 접근, 간학문적 교육과정 주제 영역에서 지속가능발전교육의 내용을 발견할 수 있다.

〈표 2-5〉 TLSF 프로그램의 영역과 모듈

영역	내용(모듈)
교육과정 개발 이론 (Curriculum Rationale)	1. 지구의 현실 탐험 2. 지속가능발전의 이해 3. 교육과정에서 미래 전망 4. 지속가능한 미래를 위한 교육의 재구성 5. 도전의 수용
교육과정의 통합적 접근 (Across the Curriculum)	6. 통합적 교육과정을 통한 지속가능한 미래 7. 시민 의식 교육 8. 건강교육 9. 소비자 교육
간학문적 교육과정 주제 (Interdisciplinary Curriculum Themes)	10. 지속가능한 미래를 위한 문화와 종교 11. 토착지식과 지속 가능성 12. 여성과 지속가능한 개발 13. 인구와 개발 14. 세계 기아 현상의 이해 15. 지속가능한 농업 16. 지속가능한 관광 17. 지속가능한 공동체
교수-학습 전략 (Teaching and Learning Strategies)	18. 경험학습 19. 스토리텔링 20. 가치교육 21. 탐구학습 22. 적합한 평가 23. 미래의 문제 해결 24. 교실 밖에서의 수업 25. 공동체 문제 해결

출처: http://www.unesco.org/education/tlsf/

마. BLK-Programm "21"의 지속가능발전교육 내용

독일의 교육계획과 연구촉진을 위한 연방-주-위원회(Bund-Länder-Kommission für Bildungplanung und Forschungsförderung, BLK)는 지속가능발전교육을 학교에 정착시키고 학생들에게 지속가능발전을 위한 역량을 함양하기 위하여 1999년 8월 1일부터 2004년 7월 31일까지 5년 계획으로 중등교육 Ⅰ, Ⅱ단계에 초점을 둔 BLK-Programm "21" 프로젝트를 실시하였다. BLK-Programm "21"의 지속가능발전교육 주요내용(주제) 범주는 다음과 같다(de Haan, 2002: 17-19).

〈표 2-6〉 BLK-Programm "21"의 지속가능발전교육 주요내용 범주

	생태적 측면	사회적 측면	경제적 측면
내용	◦생태계의 전지구적 변화 ◦지속 (불)가능한 지구 생태계 발전 지표 ◦생태자원 ◦생태적 감소와 위험부담 ◦환경관찰 시스템 ◦생태계와 관계할 때의 행위 원칙	◦공정성 ◦책임 ◦위기검토 ◦부족함이 없는 생활방식 ◦지역발전 ◦지원전략 ◦문화 적응능력	◦성장의 기준 ◦전통적인 경제논리와 지속가능한 경제 ◦테크놀로지와 기술 ◦생산 ◦생산품과 서비스 ◦상거래와 유통 ◦소비 ◦가격/채무/조세 ◦평가

생태적 측면	
내용	**주제화 관점**
생태계의 전지구적 변화	인간에 의한 지구적 변화의 어떤 현상들이 확인될 수 있는가? 계속적인 발전은 어떻게 전망되는가? 그리고 어떻게 이러한 변화가 형성역량 컨셉의 맥락에서 교수 및 학습 진행과정으로 (기후변화, 민물, 토질저하) 전환될 수 있는가?
지속 (불)가능한 지구 생태계 발전 지표	어떠한 지표체계가 있는가? 지표체계는 어떻게 작동하고 그 결과들로부터 어떤 결론이 도출될 수 있나(신드롬, 기후지표들, 세계인구)?
생태자원	어떤 생태 자원들이 인간 활동을 통해서 특히 강하게 부담을 받고 있거나 위태로운가? 그에 대항해서 무엇을 할 수 있나(종다양성, 대지, 물, 숲의 착취와 부담, 천연자원의 고갈)?

생태적 감소와 위험부담	어떻게 생태계의 부담능력, 그러나 개별적인 종들과 개체들의 부담능력이 확정되고 정치적인 행위로 실행되나? 생태계의 복잡성, 안정성, 다양성, 재생능력, 자기조정, 속도와 리듬과 같은 기준들은 어떤 의미(중요성)를 갖는가? 대기오염원은 어떤 것이 있는가? 개인적, 정치적, 국가적, 초국가적으로 어떤 것에 영향을 미칠 수 있나?
환경관찰 시스템	어떤 환경관찰 시스템들이 있는가? 관찰시스템들은 어떻게 작동하는가? 관찰시스템들은 무엇을 수행하고 어떤 것이 지역적으로 가동될 수 있나(GLOBE, 다양한 위성시스템, UBA와 같은 환경데이터은행)?
생태계와 관계할 때의 행위원칙	자연과의 교제를 위한 많은 윤리적이고 심미적인 가정들이 있다. 어떤 것이 중요하고 매력적으로 보이는가? 가정들이 복잡한 분석적, 반성적, 행위 지향적 구안들로 분명해지도록 어떻게 제시될 수 있나? 유용하지 않은 자연을 다루기 위한 행위규칙들은 어떻게 보일 수 있나? 어떻게 그의 고유한 권리가 근거를 가질 수 있고 그것에 근거한 행위가능성들은 어떻게 보이나? 문제확인과 실증적 데이터와 같은 이론적 모델의 통합이 가능한가? 어떤 다른 문화관계들/자연관계들이 발견될 수 있고 이러한 것들은 지속가능한 발전과정에 어떤 기여를 할 수 있나?

경제적 측면	
내용	**주제화 관점**
성장의 기준	어떤 발전지표와 질적 성장을 위한 구상이 있고, 그것의 성취상태는 어떠한가?
전통적인 경제논리와 지속가능한 경제	지속가능 경제의 기본 3원리(효율성, 영구성, 안정성)를 행위 지향적으로 나타내는 가능성들이 있는가? 어떻게 단기적인 경제적 행위와 지속가능성의 지구화와 같은 장기적인 행위 사이의 모순이 명료해질 수 있나? 환경소비, 생물 다양성의 상업적 이용, 시장의 글로벌화, 새로운 직무수행, 순환경제, 개발도상국과의 협력, 학문 및 기술전이, 지식에의 접근과 관련하여 무엇이 일어날 수 있나? 그리고 어떻게 이러한 지식이 학습자에게 더 잘 전달될 수 있나?
테크놀로지와 기술	효율성을 증가시키는 자연친화적 자원이용을 위해 어떤 기술이 확인, 적용, 개발될 수 있나? 어떤 새로운 형태의 건축과 거주, 어떤 대체적 기술이 인식될 수 있고 매력적인가? 생물기술과 바이오테크닉이 지속가능한 미래의 기술로서 어떻게 평가되고 학습자들에게 중요하게 인식될 수 있나?

생산	에너지 사용 제한, 자연자원 유지, 경제적 행위의 사회적 부작용을 고려하여 자원을 이상적으로 사용할 수 있는 현재 혹은 미래의 생산 가능성들이 있거나 생각될 수 있나? 후속적으로 지속해서 이용 가능한 천연자원을 우선적으로 사용하는 것이 생산의 일상에서, 직무수행 시스템과 교육시스템에서도 마찬가지로 명시되고 실행될 수 있나? 생산의 국제화시대에 생산의 지속가능성을 위해 어떤 방법이 생각되고 납득될 수 있나?
생산품과 직무수행	지속가능한 생산품과 직무수행의 특징은 무엇인가? 어떤 발전들이 생각될 수 있고 무엇이 교육시설에서도 실행될 수 있나?(예: 단순한 것의 디자인, 건축 부품과 재료의 경감, 유해물질이 적은 재료 사용, 생산품의 수명 늘리기, 수선(수리)친화적인 것 사용, 리사이클링 친화적인 것 사용). 어떤 생산 집단과 직무수행에서 경제적인 논리, 생산, 유통과 소비가 특히 주제화될 수 있나?(예: 의복과 섬유, 자동차, 전자기기, 비유럽국가로부터의 식료품, 온실생산품)
상거래와 유통	현재 유통방법이 어떻게 되어 있고 어떤 다른 화물운송 형태가 생각되고 실현될 수 있나? 초국가적, 전지구적 맥락에서 공정무역의 어떤 형태들이 있고 어떻게 그것들이 지지될 수 있나?
소비	소비자들은 지속가능한 경제를 지지하기 위해서 무엇을 할 수 있나?(예: 공정무역품의 구매, 생활 친화적 기기의 사용, 기업 후원, 생태, 동물보호, 사회화합 등의 의미에서 윤리적 규범을 따르는 직무수행과 생산품; 그 외에도 풍족한 삶의 형태들을 보라)
가격/채무/조세	언제 "가격은 진실을 말하는가?" 어떻게 외부 경비가 내적인 것으로 흡수될 수 있나? 개발도상국의 채무부담은 지속가능발전에 어떤 영향을 미치는가? 어떤 생태세금 구상이 확인될 수 있나? 이러한 구상의 성공가능성은 어떻게 평가될 수 있고 어떻게 지속가능한가? 재생가능한 자원과 대체물의 개발을 위하여 재생가능하지 않은 자원의 채굴로부터 생긴 소득을 사용할 수 있는 방법에는 어떤 것이 있나?
평가	지속가능발전을 위해 어떤 경영전략들이 매력적으로 보이는가? 어떤 자원순환 경영, 지속가능성-감사, 위험경영 가능성이 있는가? 어떤 지속가능발전지표들이 개발되고 실행될 수 있는가? 어떻게 생태 배낭, 생태 발자국 등이 조사되고 줄어들 수 있는가?

사회적 측면	
내용	**주제화 관점**
공정성	세대간 그리고 세대내 공정성; 분배의 공정성, 성취의 공정성, 재산의 공정성: 어떤 사람이 현재와 미래에 자연자원, 재화, 직무수행을 고려해서 어떤 요구를 제기할 권리가 있는가? 그것에서 무엇이 변경되어야 하는가? 그렇다면 어떤 근거에서? 어떻게 공감과 연대가 강화될 수 있나?
책임	발전 및 환경에 중요한 행위(기업의 생산책임도 마찬가지)에 대해 어떻게 전 지구적 그리고 지역적으로 책임질 수 있는가? 누구에게(초국가적 결속, 정부, 행정관청, 기업, 단체 등) 어떤 역할이 적합한가? 무엇이 자기책임에 속하는가? 어떻게 책임이 강화될 수 있는가? 통찰과 행위 사이의 최적화된 결합이 어떻게 성취될 수 있는가?
위기검토	경제적인 측면에서, 그러나 정책과 개인적인 행위의 측면에서도 마찬가지로 위험들을 통한 손실과 모험 감수를 통한 이익의 심사숙고를 위해 어떤 기준들이 찾아질 수 있는가? 상이한 위험에 있어서 어떤 위험근거들, 위험최소전략들과 심사숙고방법들이 있는가? 상이한 위험집단들을 위해 어떤 행위전략들이 있는가?
부족함이 없는 생활방식	자원소비에 있어서 자기를 제한하는 것이 필요하고 가능한가? 어떤 지속가능한 생활스타일이 의사소통, 교육, 속도 늦추기, 적은 자원집약적 행동들을 쾌락적 생활스타일에서의 소비와 이동성에 비하여 매력적으로 만드는 그러한 행위모범으로 옮겨질 수 있는가? 풍족한 생활형태들에 도달하기 위해 어떤 가능성들이 지역적 연대에, 즉 더 공동의미의 확립에 내재되어 있는가?
지역발전	지역차원, 그리고 지방차원의 지속가능발전 구상과 자발적 단체는 어떤 것이 있는가? 지속가능성의 의미에서 어떻게 지방, 지역, 도시 또는 주의 발전문제에 개인과 공동의 참여를 촉진할 수 있는가?
지원전략	어떻게 불가피하게 나타나는 변화들이 더 지구적이고 지속가능한 복지와 기회균등의 방향에서 -누구에 의해 지원될 수- 관철될 수 있는가(예: 국가적이고 초국가적인 환경협정과 조약)?
문화 적응능력	지속가능성을 위해 문화다양성에서 무엇을 얻을 수 있는가? 지속가능발전을 위해 불가피한 문화적 차이들이 어떻게 관리되고 유지될 수 있는가? 교육, 자금, 지식 등을 통하여 자연과 자연자원을 대체하겠다는 구상이 어떻게 평가될 수 있는가?

안영희(2007)는 유엔지속가능발전교육 10년 국제이행계획 초안, 이선경 외(2005a)의 연구보고서, 독일 BLK-Programm "21", 유네스코의 TLSF 프로그램의 내용을 분석하여 다음과 같은 지속가능발전교육 내용 영역 및 분석준거를 개발하였다.

〈표 2-7〉 지속가능발전교육 내용 영역 및 분석 준거 개발

기준	내용영역	구체적인 내용 선택 기준
환경적 지속가능성	1) 자연환경과 자연	(1) 물, 에너지, 대기 등 자연환경요소와 자연 생태계 (2) 산업화와 자원문제 (3) 자원의 종류
	2) 생태계의 전지구적 변화	(1) 인류가 당면한 전 지구적 변화와 현상 -기후변동, 기상변화, 동·식물 멸종위기
	3) 지속가능한 도시화	(1) 도시의 팽창과 환경문제 (2) 지속가능한 도시화를 위한 태도 (3) 교통문제와 환경과의 관계 (4) 친환경적인 교통체계와 대중교통 이용
	4) 재해의 예방과 완화	(1) 기상 이변, 홍수, 가뭄 등의 재해 원인과 현상 및 완화 대책
	5) 지속가능한 지역 개발	(1) 지역개발과 환경보존 (2) 균형적인 지역개발의 중요성과 지역 주민의 참여
경제적 지속가능성	6) 과학 기술과 윤리	(1) 순환적인 자원 활용을 위한 과학기술 (2) 지속가능한 미래의 기술과 생체 공학에 대한 인식 (3) 과학기술의 가치에 대한 윤리적 관심 고조
	7) 상거래와 판매	(1) 불필요한 광고나 과대광고 및 허위광고 (2) 판매경로의 형성과 국가 간 지구적 맥락에서의 교역
	8) 빈곤의 퇴치와 격차 완화	(1) 빈곤과 환경의 구조적 관계 (2) 빈곤과 사회의 구조
	9) 지속가능한 생산과 소비	(1) 환경친화적 생산 (2) 지속가능한 경제를 지원하기 위한 소비자들의 행동 (3) 자원 순환형 폐기물 관리
사회적 지속가능	10) 적절한 생활방식	(1) 공중도덕 (2) 균형적인 생활 (3) 자원절약
	11) 양성평등	(1) 차이와 차별에 대한 이해 (2) 사회구조와 양성평등
	12) 문화적 다양성 이해	(1) 문화적 다양성에 대한 이해 (2) 소수문화와 지역적, 국가적 문화 다양성의 중요성 이해
	13) 갈등 해소와 연대	(1) 대화와 협력의 가치 (2) 연대를 통한 해결 방법
	14) 통일과 평화 안보	(1) 지속가능한 통일의 의미

		(2) 평화 공존과 화해 협력의 중요성 (3) 남북한 실상에 대한 객관적 이해와 안보관
성	15) 매체 소양과 정보 윤리	(1) 매체소양 (2) 정보윤리의 중요성
	16) 진로 및 직업	(1) 진로 선택의 중요성 (2) 진로 선택의 고려요건 (3) 미래사회와 직업
	17) 인권과 장애인에 대한 이해	(1) 인간의 존엄성에 대한 이해 (2) 동반자적 관계 인식

출처: 안영희, 2007: 41

이러한 지속가능발전교육의 내용들은 국가와 지역에 따라 그 중요도가 달라질 수 있다. 한 델파이 조사결과에 따르면 세계적 차원에서 긴급하게 해결되어야 할 문제 순위가 지역 전문가 집단에 따라 다음과 같이 나타났다(Rieckamnn, 2010: 98).

〈표 2-8〉 해결이 긴급한 세계적 차원의 문제 순위

순위	유럽전문가	라틴아메리가 전문가
1	빈곤	빈곤
2	*기후변화*	*소비표준/생활스타일*
3	불공정성	불공정성
4	천연자원의 과다사용	에너지 생산과 이용
5	에너지 생산과 사용	*기아*
6	생물다양성의 소멸	천연자원의 과다사용
7	*인권침해*	*자본주의 경제시스템/자본주의 경제모델*
8	지속가능발전에 대한 정치적 실천 부족	*지구문제에 대한 의식 부족*
9	*복잡성을 대하는 데 있어서의 어려움*	생물다양성의 소멸
10	*기아*	지속가능발전에 대한 정치적 실천 부족
11	*소비표준/생활스타일*	생산표준
12	생산표준	*인권침해*
13	*지구문제에 대한 의식 부족*	*기후변화*
14	부족한 교육	부족한 교육
15	사막화	*복잡성을 대하는데 있어서의 어려움*
16	*자본주의 경제시스템/자본주의 경제모델*	가치의 부족과 상실
17	인구증가	사막화
18	가치의 부족과 상실	인구증가

※이탤릭체는 차이가 많이 나는 순위를 표시한 것임

위 표에 제시된 지구적 문제는 생태적 문제, 사회적 문제, 경제적 문제, 문화적 문제, 정치적 문제로 분류될 수 있으며, 지속가능발전교육의 내용이 될 수 있다(Rieckamnn, 2010: 95).

- 생태적 문제: 기후변화, 천연자원의 과다사용, 종다양성의 소멸, 지속가능하지 않은 에너지 생산과 사용, 사막화
- 사회적 문제: 불공정성, 빈곤, 기아, 인구증가, 의식부족, 부족한 교육
- 경제적 문제: 자본주의 경제모델, 지속가능하지 않은 생산 및 소비 표준
- 문화적 문제: 지속가능하지 많은 생활스타일/소비표준, 복잡성과 교제하는 데 있어서의 어려움, 가치의 부족과 상실
- 정치적 문제: 지속가능발전의 실천 부족, 인권 침해

이상에서 알 수 있는 것처럼 지속가능발전교육의 내용(주제)은 물, 공기, 쓰레기와 같은 환경적 이슈부터 인권, 양성평등, 평화와 같은 사회적 이슈와 빈곤 퇴치, 기업의 사회적 책임과 같은 경제적 이슈에 이르기까지 광범위하며 국가나 지역이 처한 상황에 따라 다양하게 선택될 수 있다. 즉, 지속가능발전교육의 내용은 사회, 환경, 경제 측면의 지역적 맥락을 고려하여 세계 전역에서 강조점을 달리하면서 다양한 형태로 선택될 수 있다. 그러므로 지속가능발전교육의 내용은 확정되어 있는 것이 아니라 시대적, 지구적, 지역적으로 당면하게 되는 문제들을 수용하면서 계속해서 개발되어가야 하는 것이다. 따라서 지속가능발전교육의 내용은 환경적 영역, 사회적 영역, 경제적 영역의 큰 틀에서 지역과 상황에 맞는 구체적인 주제들로 발굴되고 조직되어야 한다. 이때 고려되어야할 점들은 다음에서 다룬다.

4 지속가능발전교육의 기본원리

앞에서 언급된 내용(주제)들이 각 영역 단위로 영역들 간의 연관성 없이 독립적인 것으로 다루어진다면 지속가능발전교육이 다른 교육과 구별될 수 있는 특징이 잘 드러나지 않는다. 그렇다면 지속가능발전교육의 내용(주제)은 어떤 특별한 기준에 의해 선정되고 어떻게 다루어져야 하는가? 라는 질문에 제기된다. 이 질문은 지속가능발전교육의 고유성과 관련되는 것으로 교육목표 설정, 교육내용 선정, 교수활동에서 방향 및 범위설정의 준거로서 고려되거나 반영되어야 하는 지속가능발전교육의 기본원리와 관계되는 것이다. 이 기본원리는 지속가능발전교육을 다른 교육과 구별하는 고유한 특성으로 지속가능발전교육을 이해하는 데 매우 중요해 보인다. 지속가능발전이란 개념 자체에는 발전을 통해 도달하고자 하는 상태(미래)로서의 이상과 그를 실현해가는 과정으로서의 실천(현재)이 함께 내포되어 있다. 그러므로 지속가능발전의 이상적 차원과 실천적 차원은 구분되어야 한다. 이러한 차원의 구분 혹은 두 차원의 연관성을 명료하게 보여주지 못할 때, 지속가능발전교육에 대한 이해가 모호해 진다.

지속가능발전과 '지속가능성'이란 용어가 구분 없이 사용되기도 하지만, 문헌에 따라서는 지속가능발전의 이상적 차원을 표현할 때 '지속가능성'이란 용어를 사용하기도 한다(Künzli David, 2007). 이상으로서 지속가능성은 지속가능발전을 통하여 계속해서 추구되어야 하므로 실천으로서의 지속가능발전을 규제하는 지속가능발전의 이념이라고 할 수 있다. 그러므로 지속가능발전의 이념이 명확해 져야 그와의 연관성에서 실천으로서의 지속가능발전이 구체화될 수 있다. 이념과의 연관성이 없이 그때그때의 문제해결에만 치중하는 발전은 미래 지향적이기 보다 현재의 욕구충족에 치중되어 있어 지속가능발전의 구성요소인 세대 간의 공정성이라는 윤리적 원리를 충족시키지 못하게 된다. 규제적 이념으로서의 지속가능성은 지속가능발전의 청사진이다. 이 청사진은 '위협적인 각본'이 아니라, 미래의 형성가능성을 전제로 한 '희망적인 각본'이다. 이러한 이해에서 지속가능발전교육은 긍정적인 미래사회를 형성하는 데 필요한 능력을 기르는 과제를 갖는 것이다. 지속가능발전을 통해 도달된 이상적인 상태가 계속해서 유지되기 위해서는 그에 적합한 인간의 능력이 전제되어야 한다는 것은 자명하다. 달리 생각하면 이상적인 상태에서 요구되는 인간의 능력은 그것에 도달하려는 과정에서 요구되는 인간의 능력과 같은 것이어야 한다. 바로 이 지점에서 지속가능발전의 이념과 지속가능발전교육을 통해 길러내고자 하는 인간이 생활에서 수용하고 실천해야하는 규범적 가치가 만나게 된다. 이 규범적 가치는 지속가능발전교육의 목표, 내용, 방법에서 구체화되어야 한다. 즉, 규범적 가치가 지속가능발전교육의 목표, 내용, 방법을 구상하고 실행에 옮길 때 척도로 작용해야 한다. 앞에서 언급한 형성역량도 구체화된 하나의 사례라고 해석할 수 있다.

지속가능발전의 이념은 브룬트란트 보고서의 '지속가능발전'개념이 함축하고 있는'미래세대를 포함하는 모든 인간의 기본적인 욕구와 더 나은 삶에 대한 열망이 충족된 상태'로부터 유추할 수 있다. 그리고 그러한 상태는 생태, 경제, 사회적 차원의 문제들이 해결된 평화로운 상태라는 것도 상상할 수 있다. 이념은 그런 상태가 되기 위해서 그리고 그런 상태를 유지하기 위해서 추구해야할 가치이면서 준수해야할 규범이라고 할 수 있는데, 이와 관련하여 지속가능발전 논의에서 일반적으로 언급되는 규범적 전제가 '공정성', '세 차원의 통합', '지구적 관점'이다 (Riess, 2010; Ucsnik, 2011; Kurat, 2009; Stolteberg & Holz, 2012; Künzli David, 2007; künzli David et.al., o.J.; Michelsen, o.J.). '공정성'은 인간에 대한 인간의 책임을 의미하는 것으로 인간의 기본적인 욕구 충족을 위해 필요로 하는 것은 현세대의 인간들 사이에서 뿐만 아니라(세대내의 공정성), 미래세대의 인간에게도(세대 간의 공정성) 공정하게 분배되어야 한다는 것이다. 이것은 특정한 시간과 공간을 뛰어넘는 인간에 의한 인간의 책임을 요구하는 것이다. '세 차원의 통합'은 생태, 경제, 사회적 차원의 통합으로 지속가능발전은 생태적 삶의 토대가 유지되고, 경제적 성장이 가능하고, 사회적으로 안정된 삶이 보장되는 사회적 상태를 추구해야한다는 것을 의미한다. '지구적 관점'은 지속가능한 발전 노력이 지역적 차원의 경계를 넘어 전체 인류의 미래에 대한 염려와 관계해야 한다는 것이다. 이 세 개의 가치는 앞의 지속가능발전 통합적 모형에서 지속가능발전의 구성적 요소로 언급된 것과 같은 맥락에서 이해될 수 있다. 이것은 지역적 차원, 국가적 차원에서 추구하는 지속가능한 발전 비전에 반영되어야 하는 것이고, 지속가능발전 과정을 점검해가는 데 있어서도 고려되어야 하는 규범적 토대인 것이다.

이와 같은 지속가능발전의 이념 이해로부터 지속가능발전교육을 계획하고 실행하고자(주제선정, 내용조직, 교수·학습전략 구상)할 때는 적어도 다음과 같은 질문이 기본원리로서 고려되고 구체화되어야 한다.

- 지속가능발전의 이념과 연관되어 있는가?
- 세대 간 그리고 세대 내의 공정성을 고려하고 있는가?
- 생태, 경제, 사회적 차원의 연관성을 고려하고 있는가?
- 지역적, 국가적, 지구적 차원의 연관성을 고려하고 있는가?
- 현재와 미래의 영향관계를 고려하고 있는가?

물론, 이러한 질문들은 현재 마주하고 있는 지속가능한 발전을 저해하는 문제들을 인식하고 해결방향을 고민하는 차원과 행위를 결정하는 차원에서 고려되어야 하는 것들이다. 문제를 해결하기 위해 참여하는 과정(교수-학습전략차원)에서 요구되는 의사소통능력, 협력능력, 연대능력, 대인관계능력 등은 위의 질문들과 직접적으로 관계되기보다는 교육프로그램 참여활동을 통하여 습득될 수 있는 것들이다. 지속가능발전교육이 참여활동을 통하여 습득될 수 있는 실천적 역량만을 강조하게 되면, 오히려 지속가능발전교육의 고유한 특성이 드러나지 않을 수 있다. 그러한 역량들은 다른 교육활동에서도 요구되는 것들이기 때문이다. 그러므로 지속가능발전교육은 '영향관계에서 사고하는 능력'[5)]과 그에 기초한 실천능력을 기르는 교육으로 이해될 수 있다. 이러한 이해는 실천적 행위능력이 중요하지 않다는 것이 아니라, 지속가능발전교육의 특성을 나타내는 것이 영향관계에서 사고하는 능력을 기르는데 있다는 것을 강조하고자 하는 것이다. 영향관계에서 사고하는 능력은 주제를 미래 비전 지향의 관점에서 나의 삶과 미래세대를 포함하는 타인의 삶과의 연관성, 지역-국가-지구적 연관성, 현재-미래의 연관성, 생태-사회-경제적 차원의 연관성에서 이해하고 분석하는 능력을 말한다.

5 내용선정의 원리와 교수학적 원리

가. 내용선정의 원리

지속가능발전교육의 내용선정은 위에서 언급한 지속가능발전교육의 기본원리를 고려하여 이루어져야 한다. 이러한 기본원리가 내용선정과 수업에서 고려될 때 비로소 지속가능발전교육의 고유한 특성이 드러날 수 있다. 이와 같은 이해에서 언급되는 지속가능발전교육 내용 선정기준은 다음과 같다.

5) 이와 유사하게 이병준(2016)은 지속가능발전역량 중의 하나로 '통합적 역량'을, Künzli David(2007)는 교수학적원리로서 '연관적 학습'을 강조하고 있다.

데 하안(de Haan)(2002, 16-17)은 지속가능발전교육의 내용을 선정할 때 다음과 같은 기준을 검토해야 한다고 강조한다.

1) 지속가능한 발전을 위한 지역적이면서 또는 지구적인 주제

지속가능발전교육은 지구적 변화가 가져올 영향, 원인, 해결방안에 대해 논쟁하는 것이 핵심이다. 그때 지속가능발전교육의 출발점은 자신의 생활세계와 관계되지 않는 추상적인 차원에서 다루어지는 세계적인 문제가 아니다. 오히려 가까이에 있는 문제를 발견하고 가시화하여 지역적 행위와 지구적 변화의 상호영향 관계가 경험되는 것이 중요하다. 왜냐하면 지역적 경험과 지구적 발전이 연관되지 않는 주제(문제)는 이해관계자들에게 호응을 얻을 수 없기 때문이다.

2) 장기간의 중요성

지속가능한 발전이 미래의 이상적인 사회상을 향해 나아가는 과정이라고 이해한다면, 교육의 내용은 지금 당장 극복해야하는 일상적인 문제보다는 오랫동안 지속해서 수행해야 하는 과제를 묘사하는 것이 우선되어야 할 것이다. 그러므로 지속가능발전교육의 주제는 생활주변의 문제이면서 오랜 기간에 걸쳐 영향을 미칠 수 있는 것이 일차적인 중요성을 갖는다. 그렇다고 해서 일상적인 삶에서의 시급한 위기, 재앙, 긍정적 발전에 대한 정보를 소홀히 한다는 것이 아니라, 미래의 형성 가능성에 초점을 두고 거기에서부터 내용의 장기적인 중요성을 물어야 한다는 것이다.

3) 지식의 다양화

다양한 지식이 존재하는 주제를 선택하는 것이 중요하다. 주제가 단지 협소한 지식을 필요로 하고 하나의 전문적인 학문이 그것을 위해 어느 정도 기여한다면, 다른 주제들이 우선되는 것이 좋다. 그래야만 독선을 방지하고 협소한 시각과 견해를 확대할 수 있는 기회를 가질 수 있다. 즉, 주제에 대한 지식이 다양해야 문제의 해결을 위한 제안과 관련하여 무지, 부족한 지식을 인식할 수 있다.

4) 행위의 잠재성

지속가능발전교육은 발전을 지향하는 교육이다. 그러므로 세계의 상태를 서술하고, 비판하는 것만을 기대하는 것이 아니라, 무엇을 다르게 할 수 있는지를 보여주는 것을 기대한다. 지속

가능발전이 공정한 세계를 지향한다면 연대의식이 중요하다. 그러므로 지속가능발전교육의 내용은 발전과정에 참여하는 방향에서 주제화하여야만 할 것이다. 행위의 잠재성이 많으면 많을수록 주제는 더 지속가능발전교육의 핵심에 접근하고 있는 것이다.

독일 주문화부장관협의회(KMK)와 유네스코 독일위원회(DUK)는 '학교에서의 지속가능발전교육 권고'(2007)에서 지속가능성의 많은 주제들 중에서 어떤 주제를 다루어야 하는 지를 결정할 때 고려해야할 기준으로 다음을 제시하고 있다.

- 지속가능발전 청사진을 지향하여야 한다.
- 지속가능발전교육 역량과 분명한 관련이 있어야 한다.
- 장기적으로 중요한 것이어야 한다.
- 학문, 연구, 정치에서의 폭넓고 다양한 인식에 기초하여야 한다.
- 학생에게 생활세계와의 관련성을 보여주고 지구적 관점을 가질 수 있도록 하여야한다.
- 개인 또는 공동체, 이해 관계자, 정치, 경제, 학문과 기술이 실행할 수 있는 가능성이 있어야 한다.
- 스스로 학습을 조직하고 관점을 변경하는데 유익한 소선들을 제공해야 한다.
- 학습자의 교육목표를 위해 중요하다는 것을 보여줘야 한다.
- 수업에서 습득될 수 있는 전문역량과 결합되어야 한다.

퀸츨리 다비드와 베르취(Künzli David & Bertschy, 2012: 45)는 지속가능발전교육의 주제를 선정하고 주제를 정리할 때 필요한 기준을 다음과 같이 제시한다.

주제선정의 기준:

- 지역적 사건과 지구적 사건 사이의 관계를 보여줘야 한다. 수업주제는 지역적이고 지구적인 차원을 연관성에서 보여주어야 한다. 주제는 자신의 결정이 지구적인 영향을 미친다는 것을 성찰할 수 있도록 해야 한다. 수업에서는 지역적 차원과 지구적 차원의 이해관계자 사이의 상호의존성이 명료하게 언급되어야 한다. -교수학적 원리: 관련되는 학습
- 오랜 기간에 걸친 변화를 다룰 수 있어야 한다(과거-현재-미래). 수업주제는 결정이 미래세대에게 미칠 영향과 관련되는지가 고려되어야 한다. 그에 부합하게 수업에서 과거 사건

들이 현재에 미친 영향이 드러나고 주제화되어야만 한다. 그때 특히 중요한 것은 자신의 미래와 사회의 미래에 대한 논쟁이다.- 교수학적 원리: 미래비전지향

- 사회문화적, 생태적, 경제적 차원의 상호관계, 사회전체의 이해관계와 다양한 이해관계자들의 이해관계와 이상(理想)을 강조해야 한다. 수업주제는 사회문화적, 경제적, 생태적 가치관의 영향 관계를 보여줄 수 있어야 한다. 수업에서 가치 있는 것은 개별적인 이해관계자의 가치관과 전체 사회적인 관심을 드러내고 그것들과의 연관성에서 주제화하는 것이다. 다양한 관점, 이해관계의 다양성, 그로 인한 갈등을 묘사하고, 공통성과 목표의 조화를 이끌어내는 것이 문제이다. 경제적인 관심의 사례에 기여하는 것이 사회문화적, 생태적인 요구들과 부딪칠 수도 있다. -교수학적 원리: 연결하는 학습

주제정리의 기준: 이 기준은 주제를 선택할 때 영향을 미치는 것이 아니라, 수업에서 주제를 정리할 때만 영향을 미친다(Künzli David, Bertschy & Di Giulio, 2010; Künzli David & Bertschy. 2012).

- 주요 이슈를 끄집어내고, 결정 또는 실행이 가져올 주요결과와 부수적인 결과(부작용)를 주제화하여야만 한다.
- 학습자의 실제 생활세계와의 관련성을 언급하여야만 한다. 학습자의 현재와 미래의 삶과 관계되는 지역적 차원에서 지구적 차원에 이르는 주제를 다루어야 한다.
- 선택된 소수의 사례들이 기본적인 통찰을 제공할 수 있어야만 한다. 즉, 사례들이 대표성을 갖고 다른 것에 전이될 수 있어야 한다.

위에서 언급된 내용 선정기준을 정리하면 다음과 같다.

첫째, 지역적 문제가 지구적 문제와의 영향관계를 드러내는 데 적합해야 한다.

둘째, 과거의 결정 혹은 사건이 현재에 영향을 미치고 있고, 현재의 결정 혹은 사건이 미래에 영향을 미칠 수 있는 다양한 상상을 가능하게 해야 한다.

셋째, 지속가능발전의 세 차원(생태적, 사회적, 경제적)을 드러내는 데 적합해야 한다.

넷째, 다양한 학문적 지식을 동원할 수 있는 것이어야 한다.

다섯째, 형성역량 습득에 기여할 수 있는 것이어야 한다.

그리고 이러한 선정기준에 의해 선정된 내용들을 수업에서 정리할 때는 다음과 같은 기준을 고려해야 한다.

첫째, 내용에 대한 결정과 태도방식이 가져올 수 있는 좋은 결과와 나쁜 결과를 주제화할 수 있어야 한다.

둘째, 학습자의 생활세계와 관련성을 갖고, 학생에게 현재의 중요성과 미래의 중요성을 명료하게 할 수 있어야 한다. 예를 들어 현재 학생이 물건을 소비하는 것이 생산과 운송수단에 영향을 미친다는 것, 미래에 성인이 되었을 때도 책임 있는 소비의 중요함을 일깨울 수 있어야 한다.

셋째, 선택된 내용은 다른 사례에도 적용될 수 있는 대표성이 있어야 한다.

나. 교수학적 원리

교수학적 원리는 수업행위를 이끄는 지침이다. 교사가 지속가능발전교육의 의미에서 수업을 계획하고 수행할 때 교수학적 원리는 무엇을 지향해야 하는지를 보여준다. 다음의 교수학적 원리는 2001년부터 2006년까지 스위스 정부와 베른 교육대학의 재정지원을 받아 베른 대학교 연구팀의 책임하에 수행된 "지속가능발전교육: 교수학적 구상과 학교에서의 실천"이라는 프로젝트의 한 부분으로 연구된 것이다. 이 프로젝트를 주도했던 퀸츨리 다비드와 베르취(Künzli David & Bertschy)는 지속가능발전교육의 교수학적 원리를 일반원리와 특수원리로 구분하면서, 일반원리와 특수원리가 지속가능발전교육에서 결합되어야 한다고 주장한다. 특수원리는 지속가능발전교육의 고유성을 보여주는 원리로 이해될 수 있다. 다음은 퀸츨리 다비드와 베르취(2008, 41-50; 2012, 42-44)가 제시한 교수학적 원리를 정리한 것이다.

〈표 2-9〉지속가능발전교육의 교수학적 원리

일반적인 교수학적 원리	특수한 교수학적 원리
실행과 성찰 지향	비전 지향
발견학습	연결된 학습
접근성	참여지향
형식학습과 사실적 학습의 결합	

출처: Künzli David & Bertschy, 2012: 42

1) 일반원리

지속가능발전교육의 교수학적 일반원리는 다른 교육영역에도 적용되는 것으로 지속가능발전교육을 위해 중요한 것을 선정한 것이다.

- **실행 및 성찰 지향**: 지식은 경험 그 자체에서 모습을 드러내는 것이 아니기 때문에 경험에 대한 성찰이 매우 중요하다. 수업에 참여하는 행위와 논쟁 그 자체가 목적이 되어서는 안 된다. 수업에서의 행위와 논쟁은 고무되고 장려되어야 하지만, 그것은 성찰을 통해 의식적이 되어야 한다. 예를 들어 사회적 능력 습득을 위해서 다양한 집단에 참여하게 하는 학습으로는 충분하지 않다. 집단 작업 활동의 경험을 통해서 친사회적 태도가 스스로 촉진되지는 않는다. 그럼에도 불구하고 구체적인 경험은 성찰의 토대를 제공한다. 행위단계와 성찰단계가 연이어 이루어져야 하는 이유가 여기에 있다. 성찰을 위해서 학습저널, 작업활동 뒤돌아보기, 학급회의와 같은 다양한 방법들이 활용될 수 있다. 주제와 관련된 행위와 논쟁은 학교 밖에서도 가능하다. 그러나 학교 밖의 학습장소는 질적으로 더 나은 학습과정이 가능할 때 방문하여야 한다. 이러한 학습경영에서 학생들은 부분적으로 지역 환경에서 영향을 미칠 수 있다: 예를 들어 학생들은 지역 프로젝트에 그들의 관점을 제시할 수 있고 참여할 수 있다(예: 마을의 시설 위치 바꾸기). 또는 직접 수업과정에서 구체적인 활동들(예: 지역 의원에게 교통소음 방지대책을 요구하는 편지쓰기)을 할 수 있다. 중요한 것은 이러한 아이디어가 항상 학생들로부터 나와야 한다는 것이다. 왜냐하면 지속가능발전교육은 학생들에게 주위환경을 어른(예: 교사)에 의해 주어진 방향으로 변화시키도록 요청하는 것이 아니기 때문이다.
- **발견하는 학습**: 수업은 관심을 깨우고 그럼으로써 학습을 자극할 수 있는 학습자에게 중요한 질문과 문제로부터 시작해야 한다. 수업은 구성주의의 입장에서 학습자가 자신의 책임하에 지식을 활성화하고(실행하고), 가설을 세우고 검증하는 것으로 이해된다. 학습자 스스로 지식을 구성하는 과정이라는 학습이해에 기초하고 있는 "발견하는 학습"은 "이미 존재하거나 실재적인 것"을 배우는 것이 아니라, 주관적이고 상호주관적인 인식의 구축을 말하는 것이다. 해결방안이 항상 분명하게 주어져 있고 학습자가 그것을 단지 수용해야 한다면, 이것은 모든 사람들이 함께 참여하여 이상적인 사회를 건설해 간다는 지속가능발전의 이념에 반한다. 구성주의 이론에 토대를 둔 지속가능발전교육에서의 학습은 다음과

같이 이해된다(Kurrat, 2002: 16).

- 적극적이고 구성적인 과정: 학습은 개인의 적극적인 참여로 일어나는 것이다.
- 스스로 조종하는 과정: 지식습득은 학습자에 의해 조정되고 통제된다.
- 상황적 과정: 지식의 발전은 항상 특수한 상황과 결합되어 있다. 이러한 상황 관련성은 개인에게 지식은 맥락에서 의미를 갖는다는 것과 발견된 지식을 다른 상황으로 전이하는 것에 문제가 있을 수 있다는 것을 포함한다. 그러므로 어떻게 전이 가능한 맥락이 형성될 수 있는가 하는 것이 중요하다.
- 사회적 과정: 지식은 사회적 협상과정에서 발전된다. 왜냐하면 개인은 고립되는 것이 아니라, 사회문화적 환경과 결합되어 있고 그러한 영향에 노출되어 있기 때문이다.

• **접근성**: 교수학적 원리로서 접근성은 다음과 같은 질문이 핵심이다. 학습자가 이것을 이해하고 깨달을 수 있도록 어떻게 주변의 것을 수업내용으로 제공할 수 있는가? 교사는 학습자의 현재와 미래를 위해 학습내용을 개척해야만 한다. 즉, 학습된 것은 학습자의 현재 삶과 미래의 삶을 위해서 의미가 있어야 한다. 이러한 접근이 성공적이기 위해서 수업은 학생의 경험지평, 선지식, 가치와 결합되어야만 한다. 이것은 수업이 학생의 경험으로부터 전개되어야 함을 의미한다. 경험은 주제와 관련 있는 이해관계자를 직접 견학하는 것처럼 직집직인 것도 있지만, 매세를 통해 중재될 수도 있다. 중요한 것은 중새가 마음에 나가가는 것이어야 한다는 것이다. 수업이 어떤 경험에서 시작된다면, 이 경험에 대한 상반되는 입장도 드러내야 한다. 예를 들어 가족들의 소비태도는 학급 학생들이 미래를 위해 기대하는 태도와 다를 수 있다.

• **형식적 학습과 사실적 학습의 결합**: 수업을 통해 학생들이 습득해야하는 형식적 학습목표로서 사회적 영역, 개인적영역, 방법적 영역에서의 역량(형성역량)은 영역별로 분리된 수업과정에서 습득되는 것이 아니라, 사실적인 주제(사실관련 학습)와 논쟁하는 가운데서 습득되는 것이다. 사회적, 개인적, 방법적 영역에서 능력과 숙련성은 항상 구체적인 학습내용을 다루는 상황에서 습득되는 것이다. 즉, 학습은 항상 특정한 내용과 결합되어 있는 것이다. 예를 들어 결정과정에 참여하는 능력은 구체적인 학습내용을 필요로 하는 것이지, 임의적인 내용으로 훈련되는 것은 아니다. 이러한 능력은 예를 들어 '놀이터 만들기'와 같은 주제의 역할놀이에서 연습될 수 있다. 이때 중요한 것은 역할놀이가 사회적인 영역에서의 상위의 목표를 고려해서 성찰되는 것이다. 수업에서 사회적, 자기관련, 방법지향적인 능력 습득은 사실과 관련된 학습의 차원이 통합적으로 고려되어야만 한다. **사실관련 학습**

은 항상 사회적인 맥락에서 특수한 교수-학습방법들을 갖고 행해지기 때문에 교사가 이러한 맥락과 방법들의 투입을 학습목표를 설정할 때 함께 고려할 수 있고 그것을 의식적으로 계획에 포함시킬 때, 그리고 이러한 의미에서 사회적, 개인적, 방법적 학습을 사실관련 학습과 결합할 때 의미가 있다.

2) 특수원리

- **비전지향**: 수업은 기대된 사회발전의 미래를 지향해야지 재앙과 같은 부정적인 미래를 지향해서는 안된다. 지속가능발전은 우리가 희망하는 미래를 실현해가는 과정이다. 지속가능발전에는 이미 이상적인 미래상이 포함되어 있다. 즉, 발전방향으로서 인간들의 좋은 삶이 실현된 미래사회 비전을 포함하고 있다. 그러므로 근본적인 질문은 "우리가 지금 당면한 문제가 무엇이고 이것을 어떻게 해결할 수 있는가?"가 아니라, "우리는 어떤 미래를 기대하고 그것을 어떻게 실현될 수 있는가?"라는 것이다. 이것은 오늘날의 문제가 비전과의 관계에서 논의되어야 한다는 것을 의미한다.
- 연결하는 학습: '지역적-지구적 사건의 연결', '환경-경제-사회문화적 관점의 연결', '현재-미래'의 연결이 수업에서 명료하게 일어나야하고 안내되어야 한다. 학습에서 주제에 대한 다양한 관점들이 드러나고 결합되어야 한다. 즉, 수업 주제는 다양한 관점(이해당사자, 전문가)에서 조명되고, 다양한 관점들이 서로 결합되어야 한다. 수업은 교과전공지식을 전달하기보다 연결하는 사고를 장려하는 것이 중요하다. 현재-미래의 연결: 우리의 결정은 현재와 미래의 세대를 이해서 무엇을 의미하나? 생태적, 경제적, 사회적 차원의 연결: 우리의 결정이 경제적, 생태적, 사회문화적 전체사회적인 가치와 조화를 이루고 있나? 어떤 특정한 이해당사자들의 관심이 작용하고 있나? '지역적-지구적 차원의 연결: 우리의 결정이 내 주위 사람, 다른 나라 사람에게 어떤 의미가 있나? 이러한 학습은 쓰레기를 줍는 활동에 참여하는 참가자의 의식을 일깨우는 데 기여한다.
- 참여지향: 학생이 결정과정에 참여하여야 한다. 가능한 한 모든 인간 내지는 인간집단이 사회발전과정에 참여하는 것이 지속가능성 이념의 기본원칙이다. 그러므로 성장세대는 사회발전과정에 적극적으로 참여할 수 있는 능력을 갖추어야 한다. 그것을 위해 필수적인 능력들은 성찰을 동반한 참여경험을 통해 구축되어야만 한다. 이때 강조되어야 하는 것은 수업에서의 참여경험들이 간단하게 사회발전과정에의 참여로 전이될 수 없다는 것이다.

중요한 것은 학생들이 결정과정에 함께 참여하여 확정하고, 책임을 떠맡는 명료하고, 의무적인 구조, 규칙, 기대와 의무이다. 지속가능발전교육을 계획하고 수행할 때 중요한 것은 어디에서 어떻게 학생들이 수업에 함께 참여하고 결정에 함께 참여할 수 있는가이다. 학생의 참여는 단순히 의견을 경청하기부터 함께 결정하기 또는 스스로 결정하기까지 다양하고 다양한 영역과 관계한다. 예를 들어 무엇을 배우는가, 어떻게 배우는가, 얼마동안 배우는가, 누구와 배우는가? 이때 참여가 단순히 사회적 차원으로 축소되는 것은 경계해야 한다.

지금까지 살펴본 것을 통해 지속가능발전교육 내용 선정과 교수학적 원리는 학생들이 우리가 살고 있는 세계를 생태적 차원, 경제적 차원, 사회적 차원의 관련성에서 더 잘 이해하고 지속가능발전에 참여할 수 있는 능력을 기르는데 기여해야한다.

제3장

지속가능발전교육 해외 사례: 독일

1. 지속가능발전교육의 전개
2. 학교에서의 지속가능발전교육 프로그램: BLK-Programm “21”, Transfer-21
3. 대학에서의 지속가능발전교육
4. 지속가능발전교육 지역센터(RCE) 운영사례

제3장

지속가능발전교육 해외 사례: 독일

1 지속가능발전교육의 전개

가. 지속가능발전: 독일 정책의 기본원리

독일 연방정부는 리우회의에서 결정된 사항을 이행하기 위하여 1994년 기본법(Grundgesetz) 제20a에서 국가가 미래의 세대를 위한 책임에서 자연적 삶의 토대를 보호하여야 한다는 것을 확정하였고, 같은 해에 '의제21'을 "현재와 미래의 정책을 위한 근본적인 지향점"으로 천명하였다(Bundestagsdrucksache 12/8451). 또한 2002년까지 국가차원의 지속가능발전전략을 수립하기로 한 합의사항을 이행하기 위하여 2002년 『지속가능발전전략 Perspektiven für Deutschland. Unsere Strategie füe eine nachhaltige Entwicklung』을 수립하였고, 여기에서 지속가능발전은 모든 영역에서 과제로서 고려되어야 할 "독일 정책의 근본원리"로 천명되었다(Bundesregierung, 2002: 1). 2004년에는 『지속가능발전전략-후속보고서 Fortschrittsbericht 2004. Perspektiven für Deutschland. Unsere Strategie füe eine nachhaltige Entwicklung』를 통해 지속가능발전전략에 대한 모니터링을 실시하였고, 2005년에는 『지속가능발전지침서 2005 Wegweiser Nachhaltigkeit 2005』를 통하여 2002년의 『지속가능발전전략』을 계속 발전시켰다. 2005년 연방의회는 4년마다 『독일 지속가능발전전략 후속보고서』를, 2년마다 『독일의 지속가능발전. 지표보고서 Nachhaltige Entwicklung in Deutchland. Indikatorenbericht』를 발간하기로 합의하였다. 이러한 결정에 따라 『독일의 지속가능발전. 지표보고서』는 2006년, 2008년, 2010년, 2012년, 2014년,

2016년에 발간되었고, 『국가 지속가능발전전략-후속보고서 Fortschrittsbericht zur nationalen Nachhaltigkeitsstrategie für ein nachhaltiges Deutschland』는 2008년, 2012, 2016년에 발간되었다. 2008년 보고서는 지속가능발전 전략 앞에 '국가'라는 표현을 첨가함으로써 지속가능발전이 모든 독일 정책의 근본원리임을 보다 강조하고 있다: "지속가능발전의 기본사상은 연방정부 정책의 기본원리"로서 "삶의 토대를 유지하길 원한다면, 우리의 결정은 경제, 환경, 사회적 관점에서, 그리고 지구적 관점에서 타당하여만 한다."(Bundesregierung, 2008: 11) 『지속가능발전전략-후속보고서』는 2016년부터 '지속가능발전목표를 성취하기 위한 독일의 기여'라는 장(제3장)을 삽입하는 등 UN의 지속가능발전 의제2030을 국가적으로 실행하기 위한 근본적인 틀로서 사용되고 있다. 보고서 제목에서도 '후속보고서'를 삭제하고 '국가'라는 표현대신 '독일'이란 표현을 사용하여 『독일 지속가능발전전략』2016 개정판으로 발간하였다. 그렇다고 해서 지속가능발전 전략이 "완전히 새로운 전략"으로 대체된 것이 아니라, "오히려 지금까지의 전략을 더 발전시킨 것"으로 "지금까지 주로 국가에 초점은 둔 전략이 더 강력하게 국제적인 관점에 의해 보완된 것이다."(Bundesregierung, 2016: 26) 이러한 변화에 따라 2002년 『지속가능발전전략』에서 제시한 21개의 지표에 의해 작성되던 『지표보고서』도 2016년부터 지속가능발전목표 17개를 지표로 사용하고 있다.

지속가능한 독일을 위한 발전전략이 계속적으로 보완되고 있다는 점에서 볼 때, 독일 지속가능발전 정책의 근간은 2002년의 『지속가능발전전략』이라고 할 수 있다. 여기에는 독일이 도달하고자 하는 미래사회의 모습이 제시되어 있다. 미래의 독일은 경제적으로 성취가 가능하고, 사회적으로 공정하고, 생태적으로 조화로운 발전을 통하여 1)세대 간의 공정성, 2)삶의 질, 3)사회적 유대, 4)국제적 책임이 실현된 사회이다(정기섭, 2010c: 7). 여기에서 목표로 제시되고 있는 네 가지 범주는 지구적 차원의 지속가능발전이 추구하는 미래상으로부터 이끌어 낸 것으로 경제적, 사회적, 생태적 차원을 포괄하고 있다. 달리 말하면 각 차원에서 현세대와 미래세대의 욕구가 포괄적으로 반영되어 있다고 할 수 있다.

1)세대 간의 공정성은 세대를 초월하여 모든 인간이 자신의 상황에 따라 인간적인 삶을 향유할 수 있는 기회를 가져야 한다는 것이며, 2)삶의 질은 온전한 환경, 건강, 자기계발의 가능성, 만족스러운 노동, 적합한 거주 공간, 충분한 소득, 좋은 학교, 다양한 문화적 행사들이 제공되는 삶의 가치가 충만하고 안전한 도시를 포괄한다. 3)사회적 유대는 사회적으로 공정하고 경제적으로 성공적인 사회의 근본조건으로 빈곤과 사회적 소외를 예방하고 승자와 패자로 나뉘는 사회의 분열을 방지하고 모든 국민이 경제발전에 참여하고 사회적이고 정치적인 생활에 참여할

수 있는 지속가능발전의 사회적 차원이다. 4)국제적 책임은 지구적인 문제의 결과가 우리 모두에게 영향을 주기 때문에(예 환경문제), 그리고 지구의 어떤 국가도 혼자서 이러한 문제를 해결할 수 없기 때문에 하나의 세계에 대한 책임을 갖고 국가적으로 행위 하는 것이다(정기섭, 2010c: 7).

『지속가능발전전략』은 이러한 4개의 범주에서 도달하고자 하는 21개의 하위 목표를 설정하고 그 달성 여부를 확인할 수 있는 지표를 제시하고 있으며, 지속가능발전을 실현하기 위한 『전략』은 확정된 것이 아니라 당면하게 되는 문제에 따라 요구되는 지표들을 새롭게 수용하면서 지속적으로 형성되어가는 것이 특징이다. 이것은 지속가능발전이 완결된 것이 아니라 독일인을 포함한 지구시민 모두가 미래의 사회와 지구를 지향해가는 하나의 과정이기 때문이다. 이러한 의미에서 지속가능발전 개념은 “역동적이고 전체사회적인 개혁과정”(Bundesregierung, 2008: 11), "자연적 삶의 토대를 안전하게 하는 것, 경제적 경쟁능력을 유지하는 것, 노동, 소득, 삶의 기회를 공정하게 분배하는 것을 동급의 목표로 추구하는 국가와 사회의 현대화(Bundesregierung, 2002: 4)”, “현세대의 삶의 질을 안전하게 하고 미래세대가 그의 삶을 형성하기 위한 선택 가능성을 유지하도록 하는 지구적이고 사회적인 차원의 변모와 형성의 과정”(DUK/NK, 2008: 5)으로 서술된다.

『독일 지속가능발전 전략』(2002)에 제시된 21개의 지표

□ 세대 간의 공정성

1. 자원절약: 부족한 자원을 절약하고 효과적으로 사용하기
2. 기후보호: 온실가스 줄이기
3. 재생에너지: 미래지향적 에너지 공급 확대
4. 거주지 요구: 토지(빈 땅) 유지하기
5. 종다양성: 종유지하기-생명공간 보호하기
6. 국가채무: 채무 줄이기-새로운 상거래 공간 창출
7. 경제적 미래 대비: 좋은 투자조건 창출, 지속적인 복지 보장
8. 혁신: 새로운 혁신적 기술로 미래 만들기
9. 교육: 교육과 자격을 지속적으로 개선하기

□ 삶의 질

10. 경제적 복지: 환경친화적·사회 친화적으로 경제성과 증진하기
11. 이동성: 환경친화적으로 이동성(교통수단에 의한 이동)을 형성하기
12. 식량: 환경친화적으로 건강한 먹거리 생산하기
13. 공기의 질: 건강한 환경 유지하기
14. 건강: 건강한 생활
15. 범죄: 계속해서 개인을 더욱 안전하게 하기

□ 사회적 유대

16. 일자리: 일자리 수준 증가시키기
17. 가족에 대한 관점: 가정과 직업의 조화 개선하기(예: 육아시설)
18. 평등: 사회에서 평등 촉진하기
19. 외국 시민의 통합: 배제대신 통합하기

□ 국제적 책임

20. 발전협업: 지속가능발전을 세계적으로 지원하기
21. 시장개방: 개발도상국가의 무역기회 개선하기

독일의 지속가능발전전략의 핵심인 지속가능성 경영 기본 규칙 10가지(『독일 지속가능발전전략-후속보고서 2012』(Bundesregierung, 2012: 28)

1. 모든 세대는 자신의 과제를 스스로 해결하여 다음 세대에 부담을 주지 말아야 한다.
2. 재생 가능한 자연재화(예: 숲, 물고기)는 지속적으로 재생이 가능한 범위에서 이용되어야 한다.
3. 자원의 추출은 지속적으로 자연시스템(예: 기후, 숲, 대양)의 조정능력을 넘어서서는 안된다.

4. 인간의 건강을 위하여 위험과 대체할 수 없는 위협은 제거되어야 한다.
5. 기술발전과 국제 경쟁으로부터 야기된 구조변화는 경제적으로 성공적이고, 생태적, 사회적으로 조화롭게 형성되어야 한다. 이러한 목적을 위해 정치권은 경제성장, 높은 고용률, 사회적 유대, 환경보호가 협력적으로 이루어지도록 통합해야 한다.
6. 에너지와 천연자원 소비, 그리고 교통수송능력은 경제성장으로부터 분리되어야만 한다. 동시에 경제성장과 밀접하게 관련된 에너지, 천연자원, 교통수송능력 수요의 증가는 효율성을 통하여 보완되어야 한다. 그 때 연구와 개발을 통한 지식의 제공과 교육을 통한 지식의 전파는 핵심적인 역할을 한다.
7. 공공재정은 세대간의 공정성에 대하여 의무를 진다. 이것은 연방, 주, 지역을 통한 조정된 재정을 설계할 것을 요구한다.
8. 지속가능한 농업은 생산적으로 경쟁적이어야 할 뿐 아니라, 동시에 친환경적이어야 한다. 그리고 특유의 유용동물보존과 특히 건강상의 소비자 보호에 대한 요구를 유념해야만 한다.
9. 사회적 유대를 강화하기 위하여
   - 빈곤과 사회적 배제가 예방되어야 한다
   - 모든 시민계층은 경제발전에 참여할 수 있는 기회를 가져야 한다.
   - 인구변화에 대한 적응이 정치, 경제, 사회성과에서 이른 시기에 이루어져야 한다.
   - 모든 사람은 사회적, 정치적 삶에 참여하여야 한다.
10. 국제적인 기본조건들은 공동으로 형성하여 모든 국가의 사람들이 그들이 상상에 따라서 그리고 지역적 환경과의 조화에서 인간으로서 존엄한 삶을 살고, 경제적 발전에 참여할 수 있도록 한다. 환경과 발전은 하나의 통일을 이룬다. 지속가능한 글로벌 행위는 UN의 새천년목표에 방향을 맞춘다.

나. 패러다임의 전환: 환경교육에서 지속가능발전교육으로

독일에서 환경교육의 발달은 1970년대 중반부터 "시작기", 1980년대 중반부터 "확대기", 1980년대 말부터 "견고화기"로 나눌 수 있다(Lob, 1997: 30쪽 참조). 국제적인 환경교육운동의 탄생은 1972년 스톡홀름에서 '인간과 환경'을 주제로 개최된 유엔회의가 동인이 되었다고 할 수 있다. 이 회의에서 환경교육과 환경계몽이 환경보호와 환경개선에 대한 개인, 기업, 사회의 이해와 책임 의식의 태도를 촉진시키기 위한 조건이라는 인식을 공유하면서부터 환경교육을 실천에 옮기기 위한 국제적인 회의가 룽슈테트(Rungstedt: 덴마크)와 벨그라드(Belgrad: 당시의 유고슬라비아)에서 유네스코와 유엔환경계획(UNEP)에 의하여 개최되었다(Schneider, 1993: 6f.).

이러한 노력은 마침내 1977년 10월 구소련의 트빌리시(Tbilisi)에서 제1회 세계 환경교육회의 개최로 결실을 맺게 된다. 이 회의는 환경교육의 일반적인 목표와 전략을 제시함으로써 세계적으로 환경교육의 발달을 촉진시키는데 크게 기여한 것으로 인정받고 있다. 이 회의에서 환경교육은 형식적 비형식적 교육의 모든 수준, 모든 연령대에서 사람들을 사회에서의 적극적인 참여를 준비시키는 글로벌교육, 평생교육, 문제해결 교육의 필수적인 요소로 이해되면서 교육제도 개혁의 공통분모가 되어야 한다고 강조되었다. 참가자들은 환경교육이 교육의 윤리적인 기능을 회복할 수 있는 기회를 제공함으로써 교육시스템 개선에 크게 기여할 수 있을 것으로 기대하였다. 이 회의 결과 제시된 환경교육의 일반적인 목표는 다음과 같다.

> "환경교육의 근본적인 목표 중의 하나는 개인과 공동체가 생물학적, 물리학적, 사회적, 경제적, 문화적 요인들의 상호작용에서 기인하는 자연적인 그리고 인위적인 환경의 복잡성을 이해하도록 하는 것이다. 환경교육은 개인과 공동체가 환경문제를 예상하고 해결하고, 환경의 질을 관리하는 데 책임 있고 효과적인 방법에서 참여할 수 있는 지식, 가치, 태도, 실천적 능력을 습득할 수 있도록 하는 것이다."(UNESCO-Kommission der Bundesrepublik Deutschland, Österreichs und der Schweiz, 1979: 73-74)

환경교육은 환경의 복잡성을 이해하고, 환경문제를 해결하는데 책임의식을 갖고 적극적으로 참여할 수 있는 지식, 가치, 태도, 실천적 능력을 기르는 데 궁극적인 목표를 둔 실천지향적인 교육으로 이해된다. 이 회의 참가자들은 "추상적이고 분절적인 지식을 전달하는 전통적인 교육제도는 인간들이 현실의 변화와 증가하는 현실의 복잡성을 준비토록 하는데 실패하였다"(UNESCO-Kommission der Bundesrepublik Deutschland, Österreichs und der Schweiz, 1979: 158)고 지적하면서 환경교육을 우리가 직면하고 있는 환경적 문제해결이라는 관심에서 교육정책의 혁신을 위한 수단과 과제로 인식하였다: "환경교육은 많은 사람들이 열망하는 교육제도의 발전과 개혁을 위한 길을 열어놓음으로써 더 밀접하게 현 세계의 다양한 사회와 개인들의 사실적인 욕구들, 문제들, 경험들, 희망들과 관련된다."(UNESCO-Kommission der Bundesrepublik Deutschland, Österreichs und der Schweiz, 1979: 162)

독일은 트빌리시 환경교육회의에서의 권고를 실행에 옮기기 위하여 1978년 4월 뮌헨에서

'독일과 주변국가에서 환경교육의 과제'란 주제의 회의를 개최하였다. 이 회의에서 트빌리시 환경교육회의가 권고한 것처럼 개별교과로서의 "환경교육"이 아닌, 교과를 포괄하는 수업원리로서의 환경교육 전략을 수용하였다. 그 내용은 환경교육이 "모든 수업교과의 교수안과 지침에서 수업원리로서 명시되어야 할 것"과 "교과 교수안들을 조정하여 개별교과를 넘어서는 환경교육이 중점교과들에서 가능해야 한다"는 것이다(Fingerle, 1981: 151). 초등교육단계에서의 중점교과는 사회·자연과학 및 기술관련 교과수업(Sachunterricht)이고, 중등교육단계에서의 중점교과는 생물과 지리이며, 역사, 화학, 수학, 물리, 문학 등은 보완적인 교과로서 초교과적인 환경주제를 만들어 내기 위하여 정보제공기능을 수행해야 한다는 것이다(앞의 책, 같은 쪽). 사실 환경교육이 학교교육의 주제로 등장한 것은 이미 1971년 연방정부의 첫 환경프로그램을 통해서이다. 연방정부는 첫 환경프로그램에서 "환경 의식적 태도는 일반적 교육목표로서 모든 교육단계의 교수안에 수용되어야만 한다"라고 강조하였다(BLK, 1998: 10).

교과 포괄적인 환경교육의 원리는 1980년 주문화부장관협의회(KMK)가 '환경교육과 수업'에 관한 결정을 통하여 독일의 학교에서 환경교육이 모든 교수안에 의무적으로 수용되어야 할 것을 권고함으로써 재차 강조된다. 주문화부장관협의회는 이 결정에서 환경과의 관계가 개인과 인류의 생존을 위하여 주요한 문제가 되었기 때문에 학교의 과제는 "환경문제에 대한 의식을 야기하고 환경과의 책임 있는 교제를 위한 준비성을 촉신하고 학교를 졸업한 이후에도 영향을 미치는 환경의식적인 태도를 갖도록 교육하는 것"이라고 밝히고 있다(KMK, 1980: 1). 이러한 목표는 "교과를 포괄하는 수업형성에서 실현" 될 수 있으므로 환경교육은 "교과를 포괄하는 수업원리"로서 표현된다(KMK, 1980: 1).

1980년 주문화부장관협의회의 결정 이래로 학교교육에서 환경교육은 점차적으로 개별교과들의 교수안으로 수용·확산되어 1990년 초에는 환경교육이 미래를 위한 과제로서 "현대의 일반교육에서 포기할 수 없는 요소"로 인지되었다(BMBW, 1991: 41). 이러한 확산에도 불구하고 1980년대 말 "독일에서 환경교육을 위한 노력들의 현황"(Lob, 1987: 285~299)을 살펴보면, 학교에서의 환경교육이 생물, 화학, 지리와 같은 자연과학 교과에서는 근본적으로 정착된 반면, 비자연과학 교과, 특히 정신과학적 교과들에서는 더욱 확대되어야 한다는 것이 과제로서 제시되고 있다. 1980년대 중반부터 에센(Essen)대학교 환경교육센터(Zenralstelle für Umwelterziehung, ZUE)에서 학교에서의 환경교육을 촉진하기 위하여 "새로운 여정에 있는 환경교육"이라는 프로그램을 통하여 자연과학 교과 이외의 교과들에서 환경교육을 연구·보급하기 시작하였고, 1990년대 초반에야 비로소 학교 환경교육에서 생물·생태학적 그리고 지리학적 한계를 넘어서서 윤리적, 심미적, 역사적, 종교적, 음악적 관점을 포괄하는 실제적인 환경교육의 개요를 인식할 수 있게 되었다(Lob, 1997: 26).

학교에서 환경교육의 발달단계를 좀 더 구체적으로 살펴보면 다음과 같다(Lob, 1997: 30쪽 이하). 1975년경부터 "환경보호" 라는 주제가 학교에 도입되기 시작하였는데, 중등교육단계에서는 생물, 지리, 화학과 같은 자연과학 교과에서 상응하는 주제들을 다루고 초등교육단계에서는 사회·자연과학 및 기술관련 교과수업에서 다루었다. 이것은 그때까지의 교과내용에 환경에 관한 장이 추가된 형태였다. 내용은 주로 전통적인 주제인 물, 공기, 쓰레기이고 썩은 물에 떠 있는 죽은 물고기, 잔뜩 쌓여 있는 쓰레기 더미, 음울한 도시 위의 연기를 내뿜는 굴뚝같은 끔찍한 장면들을 그림과 글로 제시하면서 이에 대한 기술적인 해결을 포함 있었다. 1983/84년경부터 학교에서의 환경교육이 역사, 경제, 사회, 정치, 종교론, 독일어, 화학, 스포츠 등의 다양한 교과들로 확장되었고, 1988과 1991년에 에센에서 초등교육과 중등교육단계를 위한 환경교육학회가 개최되었다. 이 시기에는 일상에서의 소비태도, 휴가에서의 태도와 같은 윤리적 근본태도가 논의되었다. 수업에 있어서도 현장방문이나 프로젝트수업과 같은 방법들이 도입되었다.

1992년 리우회의를 기점으로 하여 환경교육은 지속가능발전교육의 구성부분으로 이해되는 전환점을 맞이하게 된다. 그때까지 환경교육은 "생태적 법칙성 아래서의 행위를 위한 준비성과 역량을 개발하는 목적"을 갖는 교육으로 정의되었다(Eulefeld & Kapune, 1979: 36). 즉, 환경교육의 목표는 환경파괴의 주범이 인간이고 환경파괴의 결과는 인간에게 되돌아온다는 것을 자각하도록 하여 환경보호를 위해 그에 알맞은 태도를 보이도록 하는 근본적이고 오랜 기간 지속되는 의식의 변화에 있었다. 1980년 주문화부장관협의회의 결정에서도 "인간은 다음 세대를 위한 책임에서 한편으로는 자연산물의 소유와 이용, 그리고 다른 한편으로는 자연 상태의 유지와 보호 사이의 균형을 보장하여야만 한다"라고 밝힘으로써 환경교육에서 생태적인 측면을 강조하고 있음을 확인할 수 있다. 또한 1992년 주문화부장관협의회 보고서 '독일 학교에서의 환경교육'에서도 여전히 학교에서 환경교육의 주요과제를 "우리 환경의 복잡한 관계성에 대한 통찰을 중재하고 자연과의 책임 있는 교제를 위한 준비성을 기르는 교육"으로 언급하고 있다(KMK, 1992: 11).

리우회의 이후 환경교육이 지속가능발전과 관련되어 자주 언급되고는 있지만 지속가능발전교육과 관련하여 파악되기 시작하는 것은 1997년에 발간된 연방정부의 『제1차 환경교육 보고서 Erster Bericht zur Umweltbildung』에서이다. 이 보고서는 1994년 6월 연방의회에서 정부는 임기동안 환경교육의 발전과 현황을 파악할 수 있는 보고서를 1회 제출할 것을 결정

(Bundestagsdrucksache 13/8878)한 것에 의하여 작성되었는데, 제Ⅲ장에서 “환경교육의 새로운 방향”을 언급하고 있다. 보고서에 의하면 1992년 리우 환경개발회의 이후 지속가능발전이 국가적 과제로 추진됨으로써 환경정책은 지속가능발전의 달성을 위한 공동의 전략적 연결고리이고, “환경교육은 지속가능발전교육의 필수적인 구성요소”이다(Bundestagsdrucksache 13/8878). 이 시기의 환경교육이 이전의 환경교육과 구분되고 있음은 1997년 발간된 책의 제목 『환경교육의 종말. 의제21 시대에 낡은 구상은 더 이상 설득력이 없다』(Häusler, 1997)이 잘 대변해 주고 있다. 1998년 6월의 연방의회 보고서에서도 “지금까지의 토론에서 지속가능한 미래 발전 정책의 근본토대로서 환경적 관점이 중심에 있었던 반면, 사회적, 경제적 차원이 소홀히 되었다”라고 평가하고 있다(Bundestagsdrucksache 13/11200, 16쪽).

지속가능발전교육이 환경교육을 포괄하는 미래교육의 방향임을 보다 구체적으로 명시하고 있는 것은 1998년 교육계획과 연구촉진을 위한 연방-주위원회(BLK)에서 발간한 『지속가능발전교육-기본방향 Bildung für nachhaltige Entwicklung - Orietierungsrahmen』이다. 이것은 독일에서 지속가능발전교육에 관한 전반적인 내용을 담고 있는 최초의 공식적인 간행물이라고 할 수 있다. 이 간행물은 “미래교육의 형성을 위한 사상적 토대, 이론적 윤곽, 지침”(BLK, 1998: 9)으로 표현되고 있으며 “미래교육의 근본적인 과제는 지속가능발전이 추구하는 사회를 실현하는 것”(서문)이라고 분명히 하면서 모든 교육영역이 지속가능발전교육으로 방향을 전환할 것을 촉구하고 있다. 여기에서 지속가능발전교육은 경제적, 생태적, 사회적, 문화적, 지구적 차원에서 요구되는 역량습득과 관련하여 다양한 교육(생태적 교육, 상호문화교육, 평화교육, 하나의 세계를 위한 교육, 기술적 그리고 정치적 교육 등)들이 결합된 “교육의 전체틀”(BLK, 1998: 25)로서 정의되고 환경교육은 지속가능발전교육의 “특별한 부문(Spezialdisziplin)”(BLK, 1998: 22)으로 규정된다.

이러한 흐름에서 연방의회는 2000년 5월 “지속가능발전교육”에 대한 의결에서 지속가능발전교육을 모든 교육영역에 정착시킬 것을 촉구하였다. 그를 위하여 ‘의제21’의 국가적 실행요소로서 BLK의 『지속가능발전교육-기본방향』을 실천에 옮기고, 특히 합의된 모델프로그램을 시작하고 주, 지역, 사회적 집단들과 함께 지속적인 실천을 위한 대책들을 마련할 것을 권고하였다(Bundestagsdrucksache 14/3319). 계속해서 BLK는 2001년 6월 12-13일 오스나브뤽(Osnabrück)에서 “미래 학습과 형성하기 -지속가능발전교육”이란 주제로 학술대회를 개최하고 지속가능발전교육의 전개와 실행에서 성취된 것들을 결산하고 계속발전을 위한 관점을 형성하고자 노력하였다(BLK, 2001).

2002년 연방교육연구부(BMBF)는 처음으로 『지속가능발전교육 연방정부보고서 Bericht der Bundesregierung zur Bildung für eine nachhaltige Entwicklung』를 발간하였는데, 이 보고서는 1977년 『환경교육에 대한 첫 번째 보고서』가 출판된 시기부터 2001년까지 지속가능발전교육의 전개 상태를 파악하고 있고 이전의 『연방정부 환경교육 보고서』를 대체하게 된다. 이것으로서 독일의 미래를 위한 교육의 무게중심이 환경교육에서 지속가능발전교육으로 완전히 이동하였음을 알 수 있다. 이 보고서는 지속가능발전교육과 환경교육의 관계를 다음과 같이 서술하고 있다: "지속가능발전교육은 환경교육 이상이다. 지속가능발전교육은 생태적, 경제적, 사회적 관점('지속가능성의 삼각형')을 통합하는 넓고 포괄적인 성향을 통해 환경교육과 구별된다."(BMBF, 2002: 4)

이러한 지속가능발전교육의 발전과정에서 학교에서의 지속가능발전교육을 명료하게 하기 위하여 1999년부터 2004년까지 BLK-Programm "21"이 수행되었는데, 지속가능발전교육 프로그램을 개발하고 협력학교에서 실행함으로써 학교에서의 지속가능발전교육을 보다 명료하게 하는 데 기여하였다. BLK-Programm "21"의 후속으로 2004년 8월부터 2008년 7월까지 4년간 수행된 'Transfer-21' 프로그램은 BLK-Programm "21"의 경험을 초등학교와 전일제학교를 포함해서 더 많은 학교들로 확대하고, 확대 보급할 수 있는 매개자 프로그램을 조직하고, 지속가능발전교육의 장에서 교사교육을 강화하고 지속적인 네트워크를 구축하고자 하였다(Programm Transfer-21, 2009: 13). 2003년 독일 유네스코위원회는 "함부르크 선언"(Hamburger Erklärung)을 채택하고 2004년 4월 UN 지속가능발전교육 10년을 실천하기 위한 국가위원회를 소집하였다. 2004년 7월 독일 연방의회는 지속적으로 유지 가능한 발전에 사회적으로 참여할 수 있는 행위역량을 갖춘 인간을 육성하기 위해 UN 지속가능발전교육 10년을 위한 실행계획을 개시하기로 의결하고, 2005년에 『독일을 위한 국가 실행계획』을 수립하였다. 국가실행계획은 UN의 지속가능발전교육 10년을 실천하기 위한 주요 목표를 독일의 모든 교육영역에서 지속가능발전의 사고를 정착시키는 것이라고 밝히고 있다. 『국가실행계획』(2005)에는 지속가능발전교육을 정착시키기 위한 많은 대책들이 들어 있다. 주문화부장관협의회(KMK)도 2007년 6월 '지속가능발전교육 10년'에 기여하고자 유네스코독일위원회와 함께 '학교에서의 지속가능발전교육'을 위한 권고를 의결하였다. 이 권고의 목적은 지속가능발전교육을 학교에 정착시키기 위한 것으로 글로벌화, 경제발전, 소비, 환경훼손, 인구구조의 변화, 건강과 사회와의 복잡한 관계를 학생들에게 수업을 통해 이해시키려는 데 있다(KMK/DUK, 2007). 이를 위하여 이 권고는 UN지속가능발전교육 10년의 목표를 상기시키면서 교사교육의 근본적인 중요성을 강조하고 있다. 교사양성과정에서 교사들은 지속가능발전의 주제를 내용적인 측면에서나 방법적인 측면에서 전문적으로 학교의 맥락에서 전달할 수 있는 역량을 습득해야 한다는 것이다(KMK/DUK, 2007). 2013년 9월 총선이후 기민당(CDU), 기사당(CSU), 사민당(SPD)은 연립정부를 구성하면서 "미래 독일 만들어가기"(Deutschland Zukuft gestalten)라는 연정계약서에 2013년 11월 서명하였다. 이것은 독일정부가 지속가능발전을 모든 정책의 기본원리로 삼고, 지속가능발전교육을 사회 각 분야에서 필요한 과제로 인식하고 있다는 예로 해석할 수 있다. 이러한 인식은 '지속가능발전교육 10년' 이후의 조치를 논의하는 과정에서도 잘 드러난다.

'지속가능발전교육 10년' 종료를 1년 앞둔 2013년 국가위원회는 정치, 교육, 학문, 매체, 경제, NGO의 지속가능발전교육 관계자들과 논의를 거쳐 2014년 이후의 지속가능발전교육 목표를 제안 하였다(DUK, 2013). 국가위원회의 제안은 2014년 이후에도 '지속가능발전교육 10년'을 위해 구축되어온 조직구조가 최적화된 형태로 계속해서 발전되어야 하고, 지속가능발전교육의 긍정적인 특징들이 계속해서 유지되어야 한다는 것이었다. 국가위원회는 지속가능발전을 위해서는 지속가능발전교육의 전략적 중요성이 정책수행자들과 일반대중에게 더욱 명료하게 되어야만 하고, 무엇보다도 형식적, 무형식적 교육의 모든 영역에 지속가능발전교육이 구조적으로 정착되어야 한다고 강조하였다. 즉, 다양한 교육영역에서의 다양한 활동들이 프로젝트 중심에서 교육영역별 특수성을 고려한 구조로 계속 발선뇌어야 한다는 것이다.

이러한 제안은 연방교육연구부와 유네스코 독일 위원회가 2015년 9월 29일에서 30일까지 본(Bonn)에서 '지속가능발전교육 10년' 종료를 위해 공동으로 개최한 국가회의에서 채택된 본-선언에 반영되었다. 국가회의는 2009년 유네스코 지속가능발전교육 세계대회가 개최되었던 본 국제회의센터에서 열렸는데, 약 500여명의 지속가능발전교육 전문가가 참여하여 독일에서 UN지속가능발전교육 10년 실행성과를 평가하고 향후 과제를 확고히 하였다. 본-선언에 따르면 '지속가능발전교육 10년'은 "지속가능발전교육을 독일 교육지형에 구조적으로 정착해 가는 길을 열었고, 그에 따르는 계획의 실행을 가시화하였다." 그리고 "지속가능발전교육 구상을 교육의 본질적인 구성부분으로 그리고 동시에 교육의 포괄적이고 체계적인 새로운 방향(Neuausrichung)으로 선명하게 하였고 그것을 잘 전달하였다."(DUK, 2016: 23). 그 외에도 '지속가능발전교육 10년'을 통해 지속가능발전교육 목표를 실현하기 위한 업무적인 참여와 무보수 명예직으로의 참여, 평가보고서, 네트워크가 대단히 활성화되었다고 평가하였다. 본-선언은 전지구적 지속가능발전교육 실행프로그램(GAP)의 실행을 지지하면서 '지속가능발전교육 10년'의 종료를 "교육시스템을 지속가능발전 요구에 맞추어가는 계속적인 공동작업을 위한 출발"이라고 확언하였다(DUK, 2016: 22). 이런 맥락에서 독일연방정부는 연방교육연구부의 책임하에 '지속가능발전교육 10년'의 후속 프로그램인 GAP를 이행하기 위한 작업을 착수하였다. 연방교육연구부는 지속가능발전교육을 구조적으로 정착시키기 위한 구체적인 조치들을 개발하고 2017년까지 지속가능발전교육 국가실행계획을 마련하기 위해 2015년 지속가능발전교육 국가플렛폼(Nationaler Plattform)과 위원회를 설치하였다. 국가 플렛폼은 GAP를 실행하기 위한 『지속가능발전교육 국가실행계획』을 2017년 6월 채택하였다. 『국가실행계획』의 포괄적인 목표는 지속가능발전교육을 독일 교육제도의 모든 영역(취학전 교육, 학교교육, 직업교육, 대학교육, 비형식적/무형식적 교육, 지역)에 정착시키는 것이다. 여기에는 130개의 단기, 중기, 장기목표와 349개의 구체적인 활동이 담겨 있다.

2 학교에서의 지속가능발전교육 프로그램: BLK-Programm "21", Transfer-21

– "형성역량(Gestaltungskompetenz)": 지속가능발전교육의 목표 –

1992년 리우회의 이후부터 지속가능발전이 독일 정책의 기본방향이 되어감에 따라 교육에서도 지속가능한 미래를 위한 교육적 구상이 종래의 환경교육에서 지속가능발전교육으로 전환되었음은 앞에서(Ⅱ장) 살펴보았다. 이러한 지속가능발전교육의 발전과정에서 1998년 BLK에 의하여 발간된 『지속가능발전교육-기본방향』은 유치원, 학교, 직업교육, 대학, 계속교육, 학교 밖의 교육에서 지속가능발전교육의 과제를 제시함으로써 연방정부와 주정부의 미래교육정책 개발을 위한 토대로서 작용하게 된다. 독일 연방 의회는 2000년 5월 '의제21'의 국가적 실행요소로서 BLK의 『지속가능발전교육 -기본방향』을 주, 지역, 사회적 집단들과 함께 실천에 옮길 것을 연방정부에 권고하였다(Bundestagsdrucksache 14/3319).

지속가능발전교육이 학교교육에서 보다 구체화 되고 명확하게 되는 것은 1999년 시작된 '교육계획 및 연구촉진을 위한 연방-주-위원회 프로그램 "21": 지속가능발전교육(BLK-Programm "21")'을 통해서이다. BLK-Programm "21"의 목표는 지속가능발전교육을 학교에 정착시키고, 학생들에게 "지속가능발전을 위한 형성역량"(Gestaltungskompetenz für nachhaltige Entwicklung)을 습득케 하는 것이다. 이 프로그램의 토대를 이루고 있는 것은 1999년 BLK에 의해 출판된 『지속가능발전교육. 게하르트 데 한과 도로테 하렌베르크에 의한 프로그램 평가 Bildung für Nachhaltige Entwicklung. Gutachten zum Programm von Gerhard de Haan und Dorthee Harenberg』이다. 평가는 1998년 5월부터 1999년2월까지 베를린대학의 데 한 교수와 그의 동료에 의해 수행된 연방교육연구부의 연구용역과제로 학교에서 실행될 수 있는 지속가능발전교육 촉진프로그램을 개발하기 위한 것이 목적이었다. 여기에서 "지속가능발전을 위한 형성역량"을 지속가능발전교육의 학습목표로, 그리고 세 가지 모듈(간학문적 지식, 참여적 학습, 혁신적 구조)을 수업 및 조직의 원리로 제시하였다.

BLK-Programm "21"은 1999년 8월 1일부터 2004년 7월 31일까지 5년간 진행되었는데 15개 주에서 200여개 학교가 참여하였다. 프로그램은 중등교육 Ⅰ단계와 Ⅱ단계를 대상으로 한 것이었으며 자유 베를린대학교 교육학미래연구소(Institut für Erziehungswissenschaftliche Zukunftsforschung)에서 주도하였다. 초등학교도 협력학교차원에서 소수 참여하였으며 학교 밖의 공·사립 기관과 단체들이 협력적인 관계에서 참여하였다. 이 프로그램의 목적은 학교의 정규활동에 지속가능발전교육을 정착시키는 것과 학생들에게 '형성역량'을 습득토록 하는 것이었다. 이를 위하여 위에서 언급한 촉진프로그램의 세 가지 모듈을 다시 각 4~5개의 내용영역으로 나누어 총 13개의 내용영역(간학문적 지식: 1.지구적 변화의 신드롬, 2.지속가능한 독일, 3.환경과 발전, 4.지속가능한 발전의 맥락에서 이동성에 대한 욕구, 5.지속가능성의 생태적 측면에서 중점 주제인 건강, 참여적 학습: 6.도시의 미래: 지속가능한 도시 함께 만들기, 7.지속가능발전 학습장으로서의 지역, 8.지역 의제21의 틀에서 참여, 9.지속가능지표들의 평가에 참여, 혁신적 구조: 10. 학교프로필 "지속가능한 발전", 11.학교에서의 지속가능성 감사, 12.경제학과 생태학 사이의 학생회사들, 13. 외부의 협동의 새로운 형태들)을 만들었고 참여한 각 주가 그 중에서 원하는 것을 선택하게 하여 28개의 학교군이 형성되었다. 28개 학교군이 선택한 내용적 측면은 지속가능성 평가, 학교기업, 지역의제21에 참여, 신드롬들, 지속가능한 도시, 지속가능한 지역, 환경과 발전, 지속가능발전 학교의 특성, 지속가능한 독일, 외부와 새로운 형태의 협력, 건강, 지속가능발전지표였다(BLK, 2005).

이 프로그램에서 촉진된 간학문적 지식은 지속가능발전교육이 하나의 전문교과에 의하여 이루어지는 것이 아니라 간학문적인 협조에 의하여 이루어지는 것을 말한다. 참여적 학습은 지속가능발전은 이미 '의제21'에서 제시한 것처럼 다양한 개인과 집단들 간의 협동적 실천에 의하여 가능하다는 것을 말하며, 혁신적 구조는 학교 밖의 기관, 단체들과 협조적인 관계를 유지하고 지속가능발전의 관점에서 학교 구조를 혁신하는 것을 말한다(물 절약하기, 쓰레기 줄이기, 에너지 절약하기 등). BLK-Programm "21"의 후속으로 'Transfer-21' 프로그램이 2004년 8월부터 2008년 7월까지 4년간 수행되었다. 이 프로그램의 목적은 BLK-Programm "21"의 경험을 초등학교와 전일제학교를 포함해서 더 많은 학교들로 확대하고, 확대 보급할 수 있는 매개자 프로그램을 조직하고, 지속가능발전교육의 장에서 교사교육을 강화하고 지속적인 네트워크를 구축하는 것이었다(Programm Transfer-21, 2009: 13).

두 프로그램에서 지속가능발전교육의 목표로 제시되고 있는 것은 "형성역량"의 습득이다. 형성역량이란 "지속가능발전에 관한 지식을 적용하여 지속가능하지 않은 발전의 문제를 인식" 할 수 있고(Programm Transfer-21 Koordinierungsstelle FU Berlin, 2007: 12) "적극적으로 참여하여 지속가능발전의 의미에서 인간 사회의 미래를 변경하고 만들어 갈수 있는 앞을 향해 나아가는 능력이다"(BLK, 1999: 62). 지속가능발전이 완결된 것이 아니라 과정이라는 점에서 "형성역량"은 앞으로 당면하게 될 수 있는 새로운 경제적, 사회적, 환경적 영역에서의 문제들을 지구적 관점에서 해결하기 위해 요구되는 다양한 능력들을 포괄하는 개념이라고 할 수 있다. 앞에서 언급한 KMK와 DUK의 2007년 '권고'에서도 형성역량은 "생태적, 경제적, 사회적 발전을 그들의 상호의존성에 대한 현재분석과 미래연구로부터 결과를 이끌어 내고, 그것에 근거해서 결정을 하고, 공동으로 그리고 정치적으로 실행할 수 있는" 능력을 의미한다.

이러한 능력은 다시 다음과 같은 10개의 부분역량으로 세분화된다(Programm Transfer-21 Koordinierungsstelle FU Berlin, 2007: 12; BLK, 2005: 21-22). 즉, 형성역량은 부분역량들을 대표하는 개념인 것이다. ①세계 개방적이고 새로운 관점들을 통합하면서 지식 구축하기 ②미래를 계획하는 영역에서 앞을 내다보면서 사고하고 행위 하기 ③문제해결을 위해 간학문적 지식을 습득하고 실행하기 ④다른 사람과 공동으로 계획하고 행위할 줄 알기 ⑤결정과정에 참여할 줄 알기 ⑥적극적이 되도록 다른 사람에게 동기를 부여할 수 있기 ⑦자신이 추구하는 상과 타인이 추구하는 상을 성찰할 수 있기 ⑧독자적으로 계획하고 행위 할 줄 알기 ⑨소외된 자를 위해 감정을 공유하고 연대의식을 보여줄 줄 알기 ⑩적극적이 되도록 스스로에게 동기 부여할 줄 알기

『중등교육 Ⅰ단계에서 지속가능발전교육을 위한 안내서 Orientierungshilfe. Bildung für nachhaltige Entwicklung in der Sekundarstufe I』(2007)에 의하면 형성역량의 부분역량들은

OECD 역량범주(2005)에 다음과 같이 해당된다(Programm Transfer-21 Koordinierungsstelle FU Berlin, 2007: 16).

OECD 역량 범주		형성역량(부분역량)
상호작용적으로 도구를 활용하는 능력	• 언어, 상징, 텍스트를 상호작용적으로 활용하는 능력 • 지식과 정보를 상호작용적으로 활용하는 능력 • 기술을 상호작용적으로 활용하는 능력	①②③
사회적 이질집단에서 상호작용하는 능력	• 다른 사람과의 관계를 잘 유지하는 능력 • 협업능력 • 갈등을 관리하고 해결하는 능력	④⑤⑥
자율적으로 행위하기	• 넓은 시각에서 행위하는 능력 • 삶의 계획과 개인적인 과제를 설정하고 실행하는 능력 • 자신의 권리, 관심, 한계와 요구를 옹호하고 주장하는 능력	⑦⑧⑨⑩

중등학교 졸업장을 받는 수준에서 도달하여야 하는 형성역량의 역량별 목표는 다음과 같이 제시되고 있다(Programm Transfer-21 Koordinierungsstelle FU Berlin, 2007: 23-28).

역량
① 세계 개방적이고 새로운 관점들을 통합하면서 지식 구축하기 학생들은 ...
• 국가정책과 시민사회에서 결정자의 지속가능발전에 대한 접근과 구상을 열거한다.
• 관점에 근거해서 지구적이고 지역적인 지속가능발전에 관한 다양한 인식방식과 지식형태(예: 학문적 지식, 전수된 지식, 일상적 지식)를 제시한다.
• 관점을 지지하는 정보에 근거해서 지속가능한(지속가능하지 않은) 형성의 필요성과 행위 모범들을 평가한다.
• 문화적이고 생태적인 영역에서 다양성을 서술하고 평가한다.

② 미래를 계획하는 영역에서 앞을 내다보면서 사고하고 행위하기 학생들은 ...
• 지속가능하지 않은 발전의 문제들을 분석하고 가능한 지속가능발전을 예측하기 위하여 -자신들의 생활현실에 적합한- 미래 연구방법들(예: 시나리오 테크닉, 계획놀이, 미래공작소)을 안다.
• 지속가능한 발전을 위한 미래연구의 결과를 생태계, 사회적 공정성, 경제적 발전, 정치적 행위와의 관계에서 평가하고 이용한다.

③ 문제해결을 위해 간학문적 지식을 습득하고 실행하기 학생들은 ...
• 생물권(생물이 생존할 수 있는 범위)의 구성, 기능, 발달을 서술하고 설명한다.
• 지속가능하지 않은 지구적 발전을 보여주기 위하여 연관체계를 서술하고 설명한다.
• 지속가능성의 포괄적인 구안들(예: 강력한 지속가능성과 약한 지속가능성)을 제시하고 이것이 미래 발전에 미칠 결과를 분석한다.
• 기술, 경제, 무역, 이동성, 토지이용, 건축과 거주, 소비, 여가 영역에서의 지속가능성 구안들을 개별적인 사례에 의거해서 제시한다.
• 지속가능발전지표를 서술하고 설명한다(예: 지표문과 감사절차).
• 지구화의 측면들 그리고 상이한 발전단계에 있는 국가들의 발전가능성을 서술하고 평가한다.
• 재생가능한 그리고 재생가능하지 않은 자원의 차이와 그 이용을 서술하고 평가한다(예: 관리를 통해 계속 사용 가능한 천연자원, 화석 에너지 사용).
• 사회적 공정성의 구안들과 비전들을 서술하고 평가한다.
• 기본적인 인권과 국제법상의 협정을 제시하고, 그것의 개인적이고 지구적인 중요성을 평가할 수 있다.
• 생태, 경제, 정치, 갈등, 빈곤, 폭력의 상호의존성을 역사적인 원인과 현재의 결과에서 분석하고 평가한다.

④ 다른 사람과 공동으로 계획을 수립하고 행위할 수 있다. 학생들은 ...
• 집단 활동에서 지속가능성에 대한 다른 관점들을 그 배경에서 열거하고 분석한다. 그리고 이러한 연관성에서 논점을 민주적으로 해결할 수 있다.
• 차별의 선입견, 적대 이미지, 형태들을 서술하고 이것에 대한 공동의 대응 방법을 제시한다.
• 인권침해의 사회적, 경제적, 정치적 원인들을 열거하고, 공동으로 인권보호를 위한 가능성을 찾아내고, 인권을 위한 참여형태들을 대상과 상황에 적합하게 제시할 수 있다.
• 미래에 대한 준비와 지구적 연관성의 의미에서 연대행위의 형태들을 계획할 수 있고, 이것을 어떤 사례에서 실천할 수 있다.

⑤ 결정과정에 참여할 줄 알기 학생들은 ···
• 인류와 자연을 위한 연대와 미래준비를 공동체와 사회의 과제로서 서술할 수 있다.
• 지속가능발전을 위한 행위전략들을 발전시킬 때 어떻게 협력적으로 문제해결이 실현될 수 있는지를 일목요연하게 설명할 수 있다.
• 규범적이고 정치적인 차이들이 있을 때 지속가능발전의 목표와 진행에 관한 타협이 어떻게 이루어지는지를 탐구하고 증명할 수 있다(예를 들어 계획놀이의 형태에서).
• 지속가능발전(지속가능하지 않은 발전)에 관한 물음과 관련된 의견의 다양성과 갈등을 구성적으로 극복할 수 있다.

⑥ 다른 사람이 적극적이 되도록 고무할 줄 알기(동기부여할 줄 알기) 학생들은 …
• 지속가능성의 맥락에서 자신의 그리고 공동의 성공적인 학습방향을 서술할 수 있고, 이것이 앞으로의 학습에서 어떻게 사용될 수 있는지를 설명할 수 있다.
• 민주적인 결정과정과 지속가능한 행위에 참여하기 위한 개인적인 동기와 공동체적인 동기를 서술할 수 있다.
• 연대행동(예: 빈곤, 차별, 환경위기에 대항하는)을 위한 공동의 참여 형태를 서술하고 판단할 수 있다.

⑦ 자신이 추구하는 상과 다른 사람이 추구하는 상을 성찰할 수 있기 학생들은 ...
• 지속가능한 소비, 환경 및 사회 친화적인 이동성과 여가시간형성, 그리고 건강을 안전하게하고 촉진하는 생활방식을 서술할 수 있다.
• 생산품의 생산과 소비 기준을 생태적, 경제적, 사회적 관점에서 인식하고 논할 수 있다.
• 자신의 생활스타일, 타인의 생활스타일, 그리고 사회의 생활스타일 배경과 형태, 그리고 그러한 생활스타일이 타인의 생활 및 노동 상황, 생태계에 미치는 영향을 탐구하고 판단할 수 있다.
⑧ 독자적으로 계획하고 행위할 줄 알기 학생들은 ...
• 자신들 개인의 권리, 요구, 관심을 인식하고 논할 수 있고, 지속가능발전의 목표 그리고 타인의 권리를 배경으로 그것의 한계를 서술할 수 있다. 그리고 미래세대의 권리를 옹호하는 가능성들을 열거할 수 있다.
• 지속가능성 프로젝트 수행을 통해 독자적으로 계획하고 수행하는 자신의 경험들을 증명할 수 있다.
• 지속가능성의 관점에서 자신의 생활계획을 수립하고, 이 개인적인 프로젝트를 어떻게 실행할 것인지 서술할 수 있다.

⑨ 소외된 자를 위한 공감과 연대의식을 보여줄 줄 알기 학생들은 …
• 지속가능발전을 위한 개인적, 사회적, 경제적, 정치적 책임의 형태들을 서술하고 판단할 수 있다.
• 가난한 사람들, 궁핍한 사람들, 억압받는 사람들, 공동체에 대한 공감과 연대의식이 어떻게 실행될 수 있는지를 묘사할 수 있다.
• 자연을 위한 공감을 수강대상의 특성에 맞게 표현하는 가능성을 기술할 수 있고 다양한 제안들을 자신의 행위가능성들과 관련하여 평가할 수 있다.

⑩ 적극적이 되도록 스스로에게 동기를 부여할 줄 알기 학생들은 …
• 딜레마, 불확실, 열린 상황들을 자신들이 어떻게 대하는지를 서술하고 평가할 수 있다.
• 민주적인 결정과정과 지속가능한 행위에 참여하는 자신들의 동기를 서술할 수 있다.
• 지속가능한 경제 및 생활형태들에 참여하도록 스스로에게 동기를 부여할 수 있다.

BLK-Programm "21" 이후 "형성역량"은 지속가능발전교육의 목표로 인식되고 있으며, 연방정부는 BLk-Programm "21"에서 생산된 결과들을 학교시스템에 정착시키기 위하여 노력하고 있다. 2000년 5월 연방의회에서 "지속가능발전교육"을 의결하면서 모든 정부가 임기동안 1회 『환경교육보고서』 대신 『지속가능발전교육보고서』를 제출하도록 하여(Bundesdrucksache 14/3319) 2002년부터 지속가능발전교육의 진행 상태를 점검하기 위해 발간하고 있는 『지속가능발전교육 연방정부 보고서 Bericht der Bundesregierung zur Bildung für eine nachhaltige Entwicklung』에서 이러한 목표인식과 노력을 발견할 수 있다(현재까지 2002년, 2005년, 2009년, 2013년, 2017년에 발간되었음). 2009년에 발간된 보고서는 2002년 UN이 선포한 '지속가능발전교육 10년'을 중간 점검하는 차원의 보고서로 평가될 수 있다. 연방의회는 2004년 7월 2002년 요하네스버그 세계정상회의에서 결의된 실행계획과 UN '지속가능발전교육 10년' 선언을 실행에 옮기기 위하여 독일 지속가능발전교육의 기본틀이라고 할 수 있는 『지속가능발전교육 10년을 위한 국가실행계획 Nationaler Aktionsplan für Deutschland. UN-Dekade "Bildung für nachhaltige Entwicklung" 2005-2014』을 의결하였다. 이때 연방의회는 연방정부에 다음과 같은 내용을 촉구하였다.

> 주정부들과 함께 연방정부-주 모델프로그램인 'BLK-21'의 틀에서 산출된 혁신적인 수업자료들, 조직모델, 참여모델, 교육과정의 토대, 교사와 확대 보급할 수 있는 매개자들을 위한 계속교육 계획안과 같은 결과들이 폭넓게 작용하고 학교시스템에 정착되도록 애써야 한다. 이 목적을 위하여 연방정부는 주와 함께 2004년 6월 합의된 BLK-Programm "지속가능발전교육"을 위한 Transfer구상을 즉각 실행하여야 한다"(Bundestagsdrucksache 15/3472: 5).

『국가실행계획』(2005)은 독일에서 UN지속가능발전교육 10년의 주요목표들과 이를 성취하기 위한 프로젝트들을 제시하고 있다. 프로젝트의 실행자는 연방정부 부서, 주, 대학, 도시, 지역, 기관, 기업 등이다. 2005년 발간된 카탈로그 형식의 『국가실행계획』에는 60개의 실행프로젝트들이, 2008년 발간된 제2판에는 66개의 실행프로젝트들이 제시되어 있다. 66개의 실행프로젝트는 제1전략에 33개, 제2전략에 15개, 제3전략에 13개, 제4전략에 5개로 분류되어 있다.『국가실행계획』의 주요목적은 지속가능발전 사고(思考)를 독일 교육의 모든 영역에 정착시키는 것이다. 『국가실행계획』은 지속가능발전교육의 기본원리를 다음과 같이 소개하고 있다.

- 지속가능발전교육은 모든 사람에게 해당된다.
- 지속가능발전교육은 장기적이고 지속적인 과정이고 사회변화의 과정을 수용한다.
- 지속가능발전교육은 전 영역을 망라하는 과제이고 통합적인 기능을 갖는다.
- 지속가능발전교육은 인간의 생활세계를 개선하고자 한다.
- 지속가능발전교육은 개인적이고, 사회적이고, 경제적인 미래의 기회를 제공한다.
- 지속가능발전교육은 지구적 책임을 촉진한다.

『국가실행계획』은 목표달성을 위해 다음과 같은 전략적 목표를 제시하고 있다(DUK/NK, 2008: 11f.). 첫째, 지속가능발전을 위한 활동을 계발하고 서로 연결하며 좋은 실천적 활동들을 확대·보급한다. 둘째, 지속가능발전교육에 참여하고 있는 실행자(부서, 기관, 단체, 학교, 기업, 개인 등)들의 네트워크를 구축한다. 셋째, 지속가능발전교육에 대한 대중적 인식을 개선한다. 넷째, 국제적인 협력을 강화한다. 주정부는 『국가실행계획』에서 제시한 4대 전략에 따라 주 단위의 『실행계획』수립하고 이를 실천에 옮기고 있다. 2009년의 『지속가능발전교육 연방정부 보고서』는 이러한 목표들의 달성 성노를 섬검하고 있는 것이라고 할 수 있으며, 앞에서 언급한 Transfer-21도 『국가실행계획』에 제시되어 있는 60개의 프로젝트들 중 하나이다. UN의 '지속가능발전교육 세계10년' 선포의 배경은 리우회의에서 채택한 '의제21'을 전 지구적으로 책임 있게 실행하자는 것이다. 즉, 교육을 지속가능발전을 위한 핵심적 수단으로 인식하고 지속가능발전의 사상을 각국의 교육체제로 통합함으로써 지속가능발전을 지향하는 교육체제로 변모하도록 하는데 있다. 이러한 맥락에서 독일 주문화부장관협의회도 2007년 유네스코 독일위원회와 공동으로 지속가능발전교육을 학교에서 계속 강화하고 정착시킬 것을 권고하면서 교사교육의 근본적인 중요성을 주제화하였다(KMK/DUK, 2007). 또한 지속가능발전교육의 목표를 "학생들이 생태적으로 조화롭고 경제적으로 성취능력이 있고, 사회적으로 공정한 환경을 지구적 관점, 민주적 기본원리, 문화적 다양성을 고려하여 적극적으로 형성하는 능력을 갖도록 하는 것이다"라고 언급하였다(KMK/DUK, 2007). 이를 통하여 독일의 지속가능발전교육은 '의제21'에서 제시된 지속가능발전교육의 형식과 내용(현세대가 지속가능발전을 위해 극복해야할 문제영역으로 제시된 생태적, 경제적, 사회적 영역)을 충실하게 반영하고 있음을 확인할 수 있다. 이상에서 살펴본 것처럼 독일에서 지속가능발전교육이란 넓은 의미에서 '의제21'에 토대를 두고 지속가능한 발전이 추구하는 미래사회를 실현하는데 기여하는 교육으로 이해될 수 있다. 지속가능발전교육은 이전과는 다르게 변화해 가고 있는 인간 삶의 방식(국제화, 세계화, 지구화)과 자연의 파괴에 관계에 직면해서 교육이 나아가야할 새로운 방향을 제시하고 있는 것이다.

> 1987년 작성된 브룬트란트-보고서의 지속가능발전 구상에는 지금까지 산업사회적인 생활방식과 경제방식의 변함없는 지속은 미래의 지구에서 생태적 위기, 경제적 양극화, 사회적 불평등의 증가를 가져올 것이라는 인식이 깔려있다. 지금까지 산업사회 모델은 더 이상 지속가능한 것으로 유효하지 않기 때문에 미래 지향적이고 변화를 위한 열린 관점이 더욱 필요해 지고 있는데, 이 관점은 경제, 생태, 사회적인 것을 함께 사고할 수 있는 것을 특징으로 한다(DUK/NK, 2008: 5).

3 대학에서의 지속가능발전교육

가. 대학의 새로운 과제: 지속가능발전을 위한 대학교육

독일은 기본법(Grundgesetz)에서 미래세대를 위하여 자연적인 삶의 토대와 동물을 보호해야 함을 명시하고 있고(20a), 주 대학법에서도 미래세대를 위한 대학의 역할을 규정하고 있을 정도로 지속가능발전교육에 대한 관심이 높다.

> "대학은 연구와 교수를 통하여 인간적인 삶의 조건들과 환경조건들을 유지하고 개선하는데 기여한다. 대학은 사회와 환경에 대한 책임의식에서 대학의 연구결과들이 사용되었을 때 나타날 수 있는 결과들과 논쟁한다."(Berliner Hochschulgesetz, §4(2))

'의제21'의 제36장(36.3)은 지속가능발전을 위한 교육의 중요성과 관련하여 "교육은 지속가능발전의 촉진과 환경문제, 개발문제와 논쟁할 수 있는 더 나은 인간능력을 위하여 필수적인 조건이다"라고 강조하고 있다. 대학교육도 예외일 수 없는데, 특히 제35장(지속가능발전에 봉사하는 학문) 과 제36장(교육, 공공의식, 직업교육 촉진)을 통하여 지구적인 문제에 직면해서 요청되는 대학의 역할을 다음과 같이 추출할 수 있다.

첫째, 대학은 환경과 발전의 문제를 인식하고 지속가능발전에 대한 의식을 제고할 수 있도록 자연과학, 정신과학, 사회과학 등 학문 연구의 모든 영역에서 생태적, 경제적, 사회적 문제에 대하여 더 잘 이해할 수 있는 가장 유효한 학문적 지식들을 제공하고, 그를 통하여 윤리적 차원이 고려될 수 있도록 하여야한다.

둘째, 졸업 후에도 자신의 직업 분야에서 지속가능발전의 과정에 동참할 수 있도록 교사교육을 포함하는 직업교육과 계속교육을 통하여 지속가능발전에 대한 강력한 의식을 형성하여야 한다.

셋째, 환경과 발전의 문제를 극복하기 위하여 더욱 더 중요해 지는 학문의 기능에 직면해서 학문적인 인적 · 물적 인프라를 구축하고 강화하여야 한다.

이를 한마디로 요약하면, 학문을 통해 인류가 처한 위기 상황을 인식하게 하고, 효과적인 자원이용이나 새로운 발전방법에 내한 모색 등을 시노할 때 대학은 섬섬 더 숭요한 역할을 수행하게 될 것임으로 지속가능발전을 위해 극복해야할 생태, 경제, 사회문제들에 대한 간학문적인 연구를 지원하고, 이를 통하여 얻어진 새로운 지식을 교수를 통하여 확산하는 연구와 교수라는 대학 본연의 기능을 지속가능발전의 관점에서 정비하여야 한다는 것이다.

'의제21'을 대학 차원으로 이식하려는 첫 시도는 1994년 5월 제네바에서 개최되었던 유럽대학총장협회의(CRE)에서 결의한 COPERNICUS(Co-operation Programme in Europe for Research on Nature and Industry through Coordinated University Studies) 헌장이라고 할 수 있다. 유럽 35개 국가 500개 대학회원으로 구성된 유럽대학 총장협의회는 지속가능발전 원칙들을 대학에 통합시키기 위하여 COPERNICUS라고 명명된 프로그램을 공식화하였다. 이 프로그램은 '지속가능발전을 위한 유럽 대학 헌장(Charter)'으로 유럽 대학들 간에 네트워크를 구축하여 공동으로 지속가능발전을 촉진하는 것이 목적이다. 여기에서는 대학의 역할을 '의제21' 제35장에서 지속가능발전의 실행을 위한 학문의 중요성과 기여에 대해 언급한 것과 같은 맥락에서 "대학의 과제는 미래 시민을 양성하고, 기술, 자연과학, 정신과학, 사회과학을 포함하는 모든 연구영역에서 지식을 다루므로 환경의식을 형성하고 사회에서 환경윤리의 집행을 촉진하는 것"이라고 규정하고 있다(https://astaup.de/wp-content/uploads/archiv/dokumente/downloads/copernikus_dt.pdf).

COPERNICUS-헌장은 『우리 공동의 미래』와 리우회의 결과와의 연관성에서 "지속가능발전의 원칙들을 수행하기 위해서는 가치와 의식의 전환이 요구"되기 때문에 "미래의 결정 집행자들과 교사를 양성하는 대학에 특별한 중요성"을 부여하고 있다. COPERNICUS-헌장은 대학이 지속가능발전을 위하여 다음과 같은 10개의 행위원칙들을 실행할 것을 요구하고 있다. ① 기관의 의무: 대학은 교수와 연구에서 환경보호와 지속가능발전의 원칙과 실현을 위한 구체적인 의무를 가져야 한다. ② 환경윤리: 대학은 학자의 능력을 확장하고 환경이해를 중재하는 프로그램을 통하여 교수, 학생 그리고 대중에게 지속가능한 소비태도와 생태적인 생활스타일을 촉진하여야 한다. ③ 종사자의 계속교육: 대학은 종사자들이 업무를 환경에 대한 책임에서 수행할 수 있도록 직업교육, 계속교육참여를 환경관점을 고려하여 촉진하여야 한다. ④ 환경교육 프로그램: 대학은 전체영역에서 환경관점을 통합하고 강사와 연구자, 학생들을 위한 환경교육프로그램을 편성하여야 한다. 업무영역과 별개로 그들 모두는 환경과 발전의 지구적 도전을 인식하여야 한다. ⑤ 간학문성: 대학은 간학문적이고 전공포괄적인 양성프로그램과 연구프로그램을 지속가능발전과 관련하여 대학 본연의 임무로서 촉진하여야 한다. 대학은 부서들과 전공영역들 사이의 경쟁적 사고를 극복하도록 시도하여야 한다. ⑥ 지식이전: 대학은 유익한 정보를 제공하는 수업자료들을 만들고, 대중적인 강연을 조직하고, 계속교육프로그램을 제공하면서 문헌에서의 간극을 메우기 위한 노력을 촉진하여야 한다. ⑦ 관계망 형성: 대학은 연구와 교수에서 환경프로젝트를 공동으로 수행할 수 있도록 지역, 국가, 국제적 차원에서 환경전문가들의 간학문적 네트워크를 형성해야 한다. 그를 위하여 학생과 교수들의 이동성이 촉진되어야 한다. ⑧ 파트너관계 구축: 대학은 병렬적 접근방식, 전략, 실행계획을 개발하고 실천에 옮기기 위하여 사회의 다른 파트너들과 협력 관계를 구축하여야 한다. ⑨ 계속교육 프로그램의 지속: 대학은 다양한 대상 집단에 상응하는 환경-계속교육프로그램을 개발하여야 한다. ⑩ 기술이전: 대학은 친교육적이고, 혁신적인 기술과 진보적인 경영방법을 계속 제공하는 계속교육프로그램에 기여하여야 한다.

국제적 차원에서 지속가능발전을 위한 대학의 역할에 대한 논의의 정점은 1998년 10월 파리에서 개최되었던 UNESCO-세계대학회의라고 할 수 있다. 이 회의를 통하여 채택된 '21세기 대학교육을 위한 세계선언'(World declaration on higher education for the twenty-first century: vision and action)은 서문에서 "필요한 수의 잘 양성되고 직업적으로 자격 있는 인간이 배출되는 충분한 대학시설과 연구시설이 없이는 어떤 국가도 고유한 조건들에 정향된 지속가능발전을 보증할 수 없다...대학교육과 연구는 공동체와 국가가 문화적으로, 사회경제적으로, 환경적으로 적합한 발전을 하는데 가장 중요한 요소가 되었다"(http://www.unesco.org/education/educprog/wche/declaration_eng.htm)고 밝힘으로써 대학교육이 지속가능발전의 과제 수행을 위하여 새롭게 정비되어야 할 것을 촉구하였다. 여기에서도 교사교육을 포함한 대학의 모든 차원에서 교육개혁이 강조되었다. UN은 1996년부터 UN지속가능발전위원회(CSD)와 유네스코는 다양한 공식문건과 회의를 통해 '의제21'을 고등교육에서 실행하기 위한 노력을 진행해왔다. 유네스코가 주최한 세계대학회의는 지속가능발전을 위한 고등교육의 역할을 재차 강조하기 위한 것이었다 (Calder & Clugston, 2003).

대학에서의 지속가능발전과 관련된 국제적 차원의 또 다른 논의는 뤼네부르크 선언 (Lüneburg Declaration on Education for Sustainable Development)을 들 수 있다. 2001년 10월 8월에서 10일까지 제4차 COPERNICUS회의가 독일 뤼네부르크시에 소재한 로이파나 대학에서 '지속가능성을 위한 고등교육-지속가능발전 세계정상회의를 위하여'라는 주제로 열렸다. 국제대학협회(International Association of Universities, IAU), 지속가능한 미래를 위한 대학지도자협회(The University Leader for Sustainable Future, ULSF), COPERNICUS-CAMPUS(유럽대학협의회 프로그램), 유네스코가 후원한 이 회의에서는 2002년 요하네스버그에서 개최 예정인 지속가능발전 세계정상회의 준비를 위한 뤼네부르크-선언이 채택되었나. 이 선언은 지속가능발전과 학습사회 구축을 위한 대학의 책임을 강조하면서 상호문화적 학습의 기회를 확대하기 위한 국제적 협업의 필요성, 그에 맞는 대학들 간의 네트워크형성, 대학 밖의 기관들과의 파트너 관계 구축을 요구하였다. 무엇보다 교사교육의 정비에 특별한 의미를 부여하였다(http://www.lueneburg-declaration.de/).

2002년 8월 26부터 9월 4일까지 요하네스버그에서 개최된 지속가능발전 세계정상회의는 교육을 지속가능발전을 촉진하기 위한 "강력한 촉매"로서 그 중요성을 인식하고 '의제21'에 대한 지난 10년간의 실행실적을 반성적으로 평가하고 실행에 옮기기 위한 실행계획을 채택하였다. 요하네스버그 세계정상회의 기간 중인 9월 2일-3일 남아프리카공화국 교육부와 유네스코는 "지속가능한 미래를 위한 교육: 행동, 책무, 파트너십"이란 주제로 특별 행사를 주최하였다. 이 자리에서 유네스코는 뤼네부르크-선언을 토대로 '지속가능발전교육 10년'을 대학차원에서 수행하기 위한 '지속가능성을 위한 글로벌 고등교육 파트너십'(The Global Higher Education for Sustainability Partnership, GHESP)을 '의제21'을 수행하는 공식적 파트너십으로 발표하였다 (Calder & Clugston, 2003: 39). GHESP는 지속가능발전 과정에서 고등교육이 중심역할을 해야 한다고 인식하고, 지속가능발전교육을 고등교육기관에 정착시키고 활성화하려는 노력에서 2000년 4개의 조직이 결합하여 생겨났다. 4개의 조직은 COPERNICUS-CAMPUS, IAU, ULSF, UNESCO이다.

UN 지속가능발전교육 10년이 선포된 지 5년이 지난 2009년 3월 독일 본에서 '지속가능발전교육 세계대회'가 개최되어 지난 5년간의 실행에 대한 성과를 평가하고 후반기를 위한 실천방안을 본-선언으로 채택하였다. 주요내용은 각국 정부가 지속가능발전교육을 '새로운 교육의 방향'으로 인식하고 통합된 그리고 체계적인 계획을 통하여 지속가능발전의 물음이 모든 영역의 형식적, 무형식적, 비형식적 교육에 포함되는 것을 지원하자는 것이다. 특히 대학교육과 관련하여 눈에 띄는 것은 이를 위하여 교사교육, 교육영역에서의 지도급 인력의 계속교육, 교과과정과 교사교육프로그램의 개편을 통하여 지속가능발전교육을 직업 준비 프로그램뿐만 아니라, 직업을 동반하는 프로그램에 통합할 것을 촉구하고 있는 점이다. 또한 지금까지 국제적인 차원에서 지속가능발전을 위한 대학의 역할에서 강조되었던 것처럼 "고등교육시설과 연구네트워크의 연결을 통하여 지속가능발전교육을 위한 학문적 탁월성, 새로운 지식의 연구와 발전을 촉진하고 확대할 것. 대학의 핵심과제인 교수, 연구, 봉사는 지속가능발전교육에 대한 지구적이고 지역적인 지식을 강화하기 위하여 실행되어야만 할 것"을 재차 촉구하였다(http://www.esd-world-conference-2009.org/).

나. 독일 대학차원에서의 지속가능발전교육

지속가능발전을 위한 대학의 역할과 관련된 독일에서의 논의는 우선『지속가능발전교육-기본방향』(1998)에서 발견할 수 있다. 이 간행물은 1994년 30개 이상의 독일 대학이 서명한 CPERNICUS-헌장의 내용을 소개하면서, 지속가능발전을 위한 대학의 주요 과제를 제시하고 있다. 여기에서도 CPERNICUS-헌장을 인용하여 "지속가능발전 원칙들을 수행하기 위해서는 가치와 의식의 전환이 요구" 되고, 대학이 "미래의 결정 집행자와 교사를 양성하기 때문"에 대학은 "의제21에서 계획된 지속가능발전교육의 이상을 실천하는데 특별한 역할을 한다."(BLK, 1998: 55)고 강조되고 있다. 이 간행물에 의하면 대학은 최소한 연구와 교육, 대학경영, 교직원과 학생들의 행동방식 변화에서 지속가능발전의 모범을 보여야한다. 이와 관련하여 제시하고 있는 지속가능발전을 위한 대학의 주요과제는 다음과 같다(BLK, 1998: 57). 첫째, 사회가 새로운 지속가능발전 방향을 정립할 수 있도록 자연 및 기술과 관련된 학문이외에 문화, 사회, 정치,

경제와 관련된 학문들을 지금까지보다 더 강력하게 부각시켜 학문들이 공동으로 해결방법을 탐구하고 개발할 수 있도록 하여야만 한다(간학문성). 특히, 교사교육에서 지속가능발전 이념이 강력하게 정착되어야 한다. 둘째, 환경교육은 연구를 통한 근거구축을 요구한다. 환경교육 연구와 환경의식 연구는 그 때문에 한편으로는 인간의 행위가 자연체계에 주는 영향과 다른 한편으로는 자연체계의 변화가 인간사회에 주는 영향을 연구하는 "생태학적 미래연구"를 지향하여야 한다. 셋째, 연구와 교육은 그 본질상 국제적이지만, 지역적인 것과도 결합되어 있음을 제시하고 대학, 다른 연구기관들, 경제, 자치단체, 시민들 간 체계적인 지식 및 연구의 전이를 가능하게 해야 한다. 대학은 지속가능발전과 관련된 지식과 정보를 확산하고 지역의 기관들과 교육과 연구에서의 협력관계를 구축해야 한다. 넷째, 대학은 연구와 교육의 장소일 뿐만 아니라, 기술적이고 행정적인 거대 기업이다. 대학은 자원소비자이면서 쓰레기를 생산하고 유해물질을 방출한다. 그러므로 대학에서 사용하고 배출하는 재료의 흐름을 더 환경 친화적으로 조직할 수 있어야 한다. 다섯째, 체계적인 계속교육을 제공해야한다. 이것은 교육과 연구에서 형식과 방법들의 지속적인 계발을 요구하고, 대학에 종사하는 사람들의 계속교육을 필요로 한다.

2002년 『지속가능발전 전략』에서는 "지속가능발전교육의 근본적인 목표가 형성역량의 매개"에 있다고 언급하면서, 이러한 목표가 "모든 교육영역으로 통합될" 것을 권하고 있다. 이러한 맥락에서 지속가능발전을 위한 동력으로서 연구와 교수의 방향을 강조하는 대학개혁을 제안하고 있다(Bundesregierung, 2002: 269이하).

2005년 발표된 『국가실행계획』은 포괄적 관심사가 "지속가능발전 사상을 독일의 모든 교육영역에 정착시키는 것이다"(BMBF, 2005: 7)라고 밝히면서, UN지속가능발전교육10년의 주요 목표들과 이를 성취하기 위한 프로젝트들을 제시하고 있다. 여기에서 "대학에서의 지속가능발전교육 이상은 'UNI21' 연구의 토대 위에서 전개되며 실행된다."고 밝히면서, "교사 양성과정과 계속교육에 지속가능발전교육을 포함시키는 것"을 향후 10년간 성취해야할 부분 목표로 설정하고 있다(BMBF, 2005: 9). 이러한 언급을 통하여 2004년 발표된 'UNI21'이 독일 대학에서 지속가능발전교육의 이상을 실현하기 위한 토대가 되고 있음을 확인할 수 있다. 'UNI21'은 1992년 '의제21' 이후 독일 대학에서 지속가능발전과 관계된 활동들이 얼마나 이루어지고 있는지 앞에서 언급한 COPERNICUS-헌장의 10개 행위원칙을 근거로 반성하면서 지속가능한 발전을 위한 대학의 과제를 다음과 같이 제시하고 있다(BMBF, 2004: 32-33)

"대학은 다음을 통하여 지속가능발전에 기여할 수 있다.

- 다학문적 연구를 통한 새로운 지식의 일반화(학문적인 연구기능)
- 교육, 의식교육, 학문적인 계속교육을 통한 이 새로운 지식의 전달(지식전달기능)
- 연구결과의 전이와 소통을 통해 지식을 사회속으로 확대하는 것(학문과 사회에서 행위자로서의 기능)
- 습득된 지식을 의무와 지속가능한 행동방식을 통하여 자신의 기관에 적용하는 것(사회에서 모범자로서의 기능)"

연방 교육연구부(BMBF)에 의해 수행된 COPERNICUS-연구 "UNI21. 지속가능한 발전을 위한 대학교육"(2004)은 지속가능발전을 대학교육의 새로운 과제로 제시하였다. 이 연구는 어떻게 하면 대학에서 간학문적이고 협력적인 교육프로그램이 가장 잘 장려될 수 있을까? 어떻게 하면 그러한 프로그램의 네트워크가 잘 형성될 수 있을까? 어떻게 하면 대학의 교수자와 학생들이 빠르게 그들의 학문에 지속가능한 관점을 통합시킬 수 있을까?라는 문제를 가지고 접근하여 우수한 사례를 제시하고 있다(BMBF, 2004). 2017년 현재 UNI21은 지속가능성을 주제로 하는 독일 대학들 간의 경험교환과 네트워크를 강화해가는 대학플렛폼으로 COPERNICUS-CAMPUS의 운영주체이다.

주문화부장관협의회(KMK)는 2007년 6월유네스코 독일위원회와 함께 '학교에서의 지속가능발전교육 권고'를 의결하였다. 이 권고는 UN지속가능발전교육 10년의 목표를 상기시키면서 교사교육의 근본적인 중요성을 강조하고 있다. 교사양성과정에서 교사들은 지속가능발전의 주제를 내용적인 측면에서나 방법적인 측면에서 전문적으로 학교의 맥락에서 전달할 수 있는 역량을 습득해야 한다는 것이다(KMK/DUK, 2007). 2010년 독일 대학총장협의회(HRK)와 유네스코 독일위원회(DUK)는 대학이 지금까지보다 더 강력하게 지속가능발전의 이념을 추구하면서 "지속가능발전교육을 대학의 모든 활동영역에서 구성적 요소"로 만들 것을 촉구하는 선언을 발표하였다(HRK/DUK, 2010). 이러한 선언의 배경에는 유네스코 독일위원회 사무총장인 히르헤(Walter Hirche)가 '연방 교육, 연구 및 기술결과 평가 위원회'(Bundesausschuss für Bildung, Forschung und Technikfolgenabschätzung)에서 "지속가능발전교육이 아직도 교육현실의 곳곳에 (체계적으로) 정착하지 못했다"고 반성하면서 지속가능발전교육을 위한 교수안을 계속 개발하고 교사 양성과정을 바꿀 것을 촉구한 것에서 찾을 수 있다(https://www.unesco.de/4566.html). HRK와 DUK의 선언은 재차 "대학은 연구, 교수, 봉사라는 책임영역을 갖고 있는 학문시스템의 체계로서 사회의 미래지향적 발전에 기여할 책임이 있다"고 강조하였다. 그를 위해 대학은 1)연구와 지식의 전수에서 전문성을 전공을 넘어서 간학문적 관점들과 결합하여야 하고, 2)교수와 대학공부, 계속교육에서 학생들이 간학문적 연관성에서 지속가능발전의 문제를 인식하고 판단할 수 있도록 하는 지식과 역량을 촉진하여야 하며, 3)기관으로서 그 내부적인 업무방식과 처리과정이 지속가능성의 이상에 의거해야 한다는 것이다.

2010년부터 연방교육연구부는 학문과 대중의 대화가 가능하도록 하여 학문에 대한 대중의 관심을 강화하고 젊은이들이 학문적인 주제에 관심을 갖도록 매년 학문의 해(Wissenschaftsjahr)를 실시하고 있는데, 2012년을 "지구의 미래프로젝트"라는 모토하에 지속가능성 연구의 해로 지정하였다.

이미 UN지속가능발전교육 10년에 참여하면서 지속가능발전을 대학교육에 통합하려는 노력이이루어 졌고, 2010년 대학총장회의에서 채택한 "대학과 지속가능발전"에 관한 선언은 대학에서 지속가능발전을 수용하는 데 강한 영향력을 발휘하였다. 그리고 연방교육연구부가 2012년 "지구의 미래프로젝트"를 수행 하면서 출범시킨 "학문에서 지속가능성"(SISI: Sustainability in Science)이란 심포지엄은 독일 대학에서 지속가능발전을 이행하는 데 큰 전환을 가져왔다. SISI에는 학자, 교사, 학생, 지역과 기업대표, 대학행정의 대표가 참여하여 경험을 공유하면서 대학에서 지속기능발전을 지원하는 대책들을 다루었다. 심포지임은 정기적으로(2013년, 2014년, 2016년) 여러 도시에서 개최되며 다양한 실행자들이 그들의 경험을 교환하도록 하는 데 중점을 두고 있다. 이러한 일련의 과정에서 바덴-뷔르템베르크, 함부르크, 노르트라인-베스트팔렌, 작센-안할트, 슐레스비히-홀슈타인과 같은 주정부는 대학법에서 지속가능발전을 대학의 중심과제이자 책임으로 수용하였다. 2016년 11월에는 대학에서 지속가능발전을 촉진하고자 11개의 대학이 연방교육연구부의 지원을 받아 2018년 10월까지 100개의 대학 참여를 목표로 대학네트워크(HOCH-N: Hochschulnetzwerk)를 출범하였다. GAP를 실행에 옮기기 위한 『지속가능발전교육 국가실행계획』(2017)에서도 대학은 "UNESCO-GAP의 세 번째 실행영역(교육자와 트레이너의 역량개발)을 고려할 때 교육인력 및 교사양성을 위한 주요한 교육기관이다." 또한 대학은 "연구활동을 통하여 지속가능한 발전을 위해 필요한 지식과 혁신을 생산"(Nationale Plattform Bildung für nachhaltige Entwicklung, 2017: 51)하는 과제를 수행해야 한다고 강조하면서 대학에 지속가능발전교육을 정착시키려는 노력을 지속적으로 해 나가고 있다.

다. 대학에서 지속가능발전교육의 사례

1) 유럽 차원에서의 네트워크

유럽 차원에서 '의제21'을 대학에 이식하고자 했던 COPERNICUS-헌장에 2004년 1월 1일 현재 318개의 유럽대학이 서명을 하였고, 그 중 43개 대학이 독일 대학이었다(http://www.hochschulplattform-uni21.de/uni21_new/). 독일의 대학 중에서는 창립 멤버로 참여한 로이파나 대학과 올덴부르크 대학이 이 네트워크에서 현재까지도 적극적으로 활동하고 있는 것으로 보인다. 또한 2001년 4개국 9개 기관이 참여하여 시험적으로 e-learning강좌를 운영한 이후 2002년부터 현재까지 유지되고 있는 '지속가능발전에 관한 유럽 가상 세미나(European Virtual Seminar on Sustainable Development, EVS)'도 COPERNICUS의 맥락에서 이해될 수 있다(http://www.ou.nl/evs). 개설되는 코스의 주제는 유럽의 지속가능발전에 관계된 모든 주제이며, 목적은 유럽의 대학생들에게 지속가능발전에 대한 국제적이고 간학문적인 대화를 활성화시키고자 하는데 있다.

2) 지속가능발전교육 사례

2009년 발간된『독일 연방정부의 지속가능발전교육 보고서』는 2005년부터 2009년 초까지 독일 지속가능발전교육의 현황을 담고 있는데, 대학의 현황에 대해서는 "현재 수많은 대학에서 지속가능발전을 문제로 하는 학업 프로그램들이 개설되고 있다"라고 짧게만 언급하고 있다(BMBF, 2009: 19). 이러한 프로그램은 3개의 유형으로 구분되고 있는데, 지속가능성 관련 혹은 선택의무영역을 갖고 있는 특별한 모듈(54.6%), 지속가능성 교육과정(30.8%), 지속가능발전 주제와 관련된 개별적인 개설(14.2%)이 그것이다(BMBF, 2009: 19). 2017년 연방의회에 보고된 연방정부 지속가능발전교육 보고서에서는 2016년 지속가능발전교육 우수 프로젝트 인증 신청 현황을 교육영역별로 제시하고 있는데, 무형식적, 비형식적 교육영역 58%, 아동교육 영역 4%, 학교교육영역 14%, 직업교육영역 10%, 대학은 14%로 나타났다(Deutscher Bundestag, 2017: 16). 다음에서는 독일 대학에서의 지속가능발전교육 학위과정 사례를 살펴보기로 한다.

가. 아이히슈테트-인골슈타트 가톨릭 대학교(Katholische Universität Eichstätt-Ingolstadt)의 석사과정

이 대학은 바이에른 주에 있으며 2010년부터 지속가능발전을 대학의 청사진으로 설정하고 지속가능발전교육을 정착시키려는 노력을 하고 있다. 이러한 노력으로 2016년 유네스코로부터 모범적인 지속가능발전 학습 장소로 선정되었다. 대학의 홈페이지(http://www.ku.de/unsere-ku/nachhaltigehochschule/)에는 지속가능발전교육의 목표를 "미래의 결정 집행자들이 사회의 지속가능발전에 기여하기 위한 형성역량을 습득하는 것이다."라고 서술하고 있다. 이 대학의 석사과정에는 '지리학: 지속가능발전교육' 전공이 개설되어 있다(http://www.ku.de/mgf/geographie/didaktik/unsere-lehre/studiengaenge/master-bne/). 이 과정은 학사과정에서 지리학 또는 유사전공을 공부한 학생, 지리 또는 유사교과의 교사가 되기 위해 1차 국가시험을 합격한 학생, 복수전공으로 지리학 또는 유사전공을 공부한 학생이 입학할 수 있다. 졸업(학위취득)을 위해서는 의무모듈(65ECTS), 선택의무모듈(20ECTS), 선택모듈(5ECTS), 논문작성 및 졸업 콜로퀴엄(30ECTS)에서 총 120ECTS 점수가 필요하다. 1ECTS 점수에 해당되는 시간은 주마다 조금씩 다른데, 바이에른주의 경우는 30시간에 해당된다. 모듈의 ECTS 점수를 취득하기 위해서는 시험, 과제작성(글자 수가 주어짐), 과제발표 혹은 프로젝트를 수행해야 한다. 석사학위 교육내용은 사회학, 생물학, 심리학, 교과교수학, 교육학, 윤리학의 지식과 방법이 결합된 모듈에 의해 간학문적으로 구성되어 있다.

'지리학: 지속가능발전교육' 식사과정의 의무모듈은 나음과 같나.[6)]

모듈	ECTS
지속가능발전교육의 기초	10
발전문제와 지구적 학습	5
지형학 및 수리학적 환경진행과 자연위기	10
경제지리학: 공간 및 지역발전	5
지속가능발전교육의 이론적-윤리적 관점	5
지속가능한 발전-다양한 전공의 관점	5
지속가능발전교육 프로젝트세미나	5
지속가능발전교육-대규모세미나	10
지속가능발전교육-직업실습	10

※ ECTS: European Credit Transfer System

6) http://www.ku.de/fileadmin/1903/Rechtsabteilung/Studium_und_Lehre/Pr%C3%BCfungsordnungen/Master/Aenderung_PO_MA_Geographie__BNE_Senatsbeschluss_26.07.17_angenommene_Aenderungen.pdf

선택의무모듈에서 의무적으로 취득해야 하는 20ECTS점수 중 5ECTS는 다음의 세 모듈에서 취득해야만 한다.

모듈	ECTS
지리교수학	5
성인교육 및 계속교육의 교수학 및 방법학	5
교육학	5

그 외의 15 ECTS는 다음의 선택의무모듈에서 선택하여 이수하여야 한다.

모듈	ECTS
경영학에서 지속가능성과 기업경영	5
사회학	5
지리학 입문	5
지역 지리학	5
지속가능한 환경개발	5
자연위험의 손상분석 및 평가	5
기후학적 환경진행 및 자연위험	5
심화 지리정보 방법 및 통계방법	5
환경모니터링	5
응용지리학	5
교육학 기초 및 성인교육/계속교육의 이론	5
성인 및 계속교육의 교수 학습이론	5
성인 및 계속교육경영	5
성인 및 계속교육에 대한 특별한 교수학적-방법적 접근	5
성인 및 계속교육에서 경영	5
지속가능발전을 위한 기초 및 실천적 실행 사례	5
지속가능발전교육 능력중재를 위한 지속가능발전교육 가상경험 공간	5
인문지리학: 국제적 관광발전 및 계획	5
상호문화적, 국제적 사회봉사 및 철학	5
지속가능한 먹거리	5
학교 밖의 학습장소	5
경험사회학	5

선택모듈은 전체 제공된 모듈에서 지정되지 않은 것 중 5ECTS를 이수하면 된다. 평가는 시험, 약 18,000자의 과제+발표 또는 프로젝트 등으로 다양하게 이루어진다.

나. 로이파나 대학교(Leuphana-Universität Lüneburg)의 신입생 세미나와 부전공과정

니더작센(Niedersachsen)주 뤼네부르크시에 소재한 로이파나 대학은 고대 로마시대의 지명에서 유래하였으며, 1946년 교육대학(PH)으로 설립되었다. 1989년 종합대학교(Universität)가 되었다. 로이파나 대학은 입학 첫 학기(1학년 1학기)에 대학 전체 공통교육과정으로 *대학세미나*를 운영한 후, 2차 학기부터 전공 1개와 부전공 1개를 의무적으로 이수하도록 하고 있다. 학부를 졸업하기까지 총 180CP(Credit Point)[7)]를 획득하여야하는데, 1차 학기 대학 전체세미나(30CP), 전공(학위논문포함, 90CP), 부전공(30CP), 보충학습(30CP)에서 점수를 획득해야 한다(www.leuphana.de). 보충학습(Komplementärstudium)은 2차 학기부터 수강하게 되는데, 다음과 같은 네 개의 관점에서 이루어진다(https://www.leuphana.de/fileadmin/user_upload/Aktuell/files/Gazetten/Gazette_22_15_final.pdf).: ① 사회학적 관점 ② 정신과학적 관점 ③ 자연과학적 관점 ④ 간학문적·초학문적 관점. 이 관점들은 다시 3개의 접근방식(방법지향, 실천지향, 매체지향)에 의해 구체화된다. 결과적으로 4개의 관점과 3개의 접근방식이 결합되어 12개의 모듈이 만들어지고, 그 안에서 다양한 학문적 프로그램이 제공된다. *방법지향 모듈*은 네 개의 학문관점의 전문적인 방법에 대한 안내, 심화, 적용을 제공한다. *실천지향 모듈*에서는 프로젝트가 구안되고 수행된다. 구체적인 실천과 관계된 프로젝트에는 네 개의 학문프로그램의 주제영역들이 다루어진다. 이때 중심이 되는 것은 프로젝트와 실천연관에 대한 학문적인 성찰이다. *매체지향 모듈*에서는 4개의 학문적 관점의 교과들에서 특별하게 의미 있는 것 또는 현재의 문제를 성찰하고 재구성한다. 매체는 특히 텍스트, 사진(그림), 비언어적이고 시청각적인 사회적 커뮤니케이션의 전체 스펙트럼을 의미한다. 보충학습은 학생들이 다양한 학문프로그램들과 논쟁하는 것을 통해서 다양한 학문구조에 대한 이해와 간학문적·초학문적 문제해결 역량 습득을 목표로 하고 있다.

1학년 신입생(1차 학기) 전체를 대상으로 하는 *대학세미나*는 5개의 모듈로 구성되어 있다: ① '학문은 책임을 동반한다: 21세기의 책임 있는 지속가능한 행위'(10CP), ② '학문은 이해를

7) Leistungspoint(LP)라고도 하며, 수업을 포함하여 수업을 위해 필요로 하는 시간(수업준비와 수업 후 과제수행)으로 모듈별로 제공된다. 1CP는 25-30시간에 해당된다. 예를 들어 5CP는 125-150시간 부담이 요구되는 수준이라고 이해하면 된다.

가르친다'(5CP), ③ '학문은 방법을 사용한다 1'(5CP), ④ '학문은 방법을 사용한다2'(5CP), ⑤ '학문은 경계를 인식한다(전공소개)'(5CP). 특히, '학문은 책임을 동반한다' 모듈에서는 학생들이 지속가능한 발전, 구체적인 문제 상황, 개선가능성에 대해 토론을 할 수 있는 기회를 갖는다. 이때 이론 강의(주당 2시간), 튜터와 함께하는 탐구학습(주당 2시간), 프로젝트(주당 4시간)가 수업에서 병행되는데, 이를 통해 지속가능한 발전의 의미에서 현재와 미래를 형성하는 데 참여하는 사고방식과 역량을 발전시키고자 하고 있다. 이 모듈의 목표는 연관성을 이해하고 복잡성을 다룰 수 있고, 미래의 문제를 지각하고, 인식하고 판단할 수 있고, 관점변경, 대안적 사고, 창조성을 실제에 적용하고 반성하고, 스스로 형성하고 참여하는 것을 배운다. 이러한 대학세미나를 통해 학습한 것은 이후의 전공교과의 모든 수업에서 가능한 주제에 적용된다.

로이파나대학에는 부전공으로 '지속가능성인문학', '지속가능성자연과학'이 설치되어 있다. 두 부전공은 2018년 지속가능성학으로 통합될 예정이라고 한다. '지속가능성인문학'을 부전공으로 공부할 수 있는 주전공으로는 문화학, 정치학, 국민경제학, 경제정보학, 경제심리학, 기업경영학이 추천되고 있다. '지속가능성인문학' 모듈은 다음과 같다(정기섭, 2012).

〈표 3-1〉 지속가능인문학 모듈(총 30CP)

1차 학기	대학차원의 학기(대학 세미나)	
2차 학기	지속가능한 발전 주제에 대한 특수한 접근(5CP)	
3차 학기	복합체계분석(5CP)	
4차 학기	간학문적 · 초학문적 협동작업(5CP)	지속가능발전 관련 시나리오 개발: 미래연구의 방법(5CP)
5차 학기	미래형성하기: 초학문프로젝트 1 (5CP)	미래형성하기: 초학문프로젝트 2 (5CP)

※ CP: Credit Point

모듈	내용	강좌형태	성적산출	CP
지속가능한 발전 주제에 대한 특수한 접근	-지속가능발전에 대한 주제: 예)지속가능한 관광, 지속가능한 소비와 생물다양성, 지속가능발전의 맥락에서 함께 하는 반성	세미나 블럭세미나	프리젠테이션	5
복합체계분석	선택된 방법들의 세트로 지속가능성과 밀접한 관계가 있는 복합체계에 대한 체계적 분석	세미나	과제 + 프리젠테이션	5

지속가능발전 관련 시나리오 개발: 미래연구의 방법	미래연구를 위한 방법과 연구방식, 시나리오 개발 입문, 지속가능성과 밀접한 관계가 있는 시나리오 개발	세미나	과제 + 프리젠테이션	5
간학문적 · 초학문적 협동작업	지속가능한 발전의 맥락에서 지식일반화, 연구원리로서 간학문성과 초학문성, 간학문적 · 초학문적 협동작업에서의 이해, 지식통합, 간학문적 · 초학문적 협동경영	세미나	과제 + 프리젠테이션	5
미래형성하기: 초학무프로젝트 1	문제서술로부터 분석을 거쳐 미래형성까지: 프로젝트 계획과 실행	프로젝트세미나	과제 + 초록	5
미래형성하기: 초학문프로젝트 2	문제서술로부터 분석을 거쳐 미래형성까지: 프로젝트 계획과 실행	프로젝트세미나	프로젝트보고서	5

'지속가능성자연과학'을 부전공으로 공부하기 위해서는 주전공으로 문화학, 정치학, 국민경제학, 경제정보학, 경제심리학 전공이 추천된다. 의무모듈은 다음과 같다.

〈표 3-2〉 지속가능자연과학 의무모듈

<table>
<tr><th>학기</th><th colspan="3">의무모듈</th></tr>
<tr><td>1차 학기</td><td colspan="3">대학차원의 학기</td></tr>
<tr><td>2차 학기</td><td colspan="3">생물학의 기초(5CP)</td></tr>
<tr><td>3차 학기</td><td colspan="3">일반화학 및 무기화학(5CP)</td></tr>
<tr><td>4차 학기</td><td>환경시스템과 지속가능성(5CP)</td><td colspan="2">학문적인 자연보호(5CP)</td></tr>
<tr><td rowspan="2">5차 학기</td><td rowspan="2">간학문 · 초학문 프로젝트(5CP)</td><td rowspan="2">선택</td><td>생태계봉사활동(5CP)</td></tr>
<tr><td>홍수 및 해안보호(5CP)</td></tr>
</table>

학부과정에서의 초등학교, 하우프트슐레, 레알슐레 교원양성과정은 6학기로 구성되어 있으며, 제1전공+제2전공+교직을 공부해야한다. 제1전공과 제2전공은 규정에 의해 상호 가능한 것과 가능하지 않은 것으로 구분된다. 교직과정을 신청하기 위해서는 먼저 온라인(www.cct-germany.de)으로 교직적성검사를 해야 하며, 교직이수 과정은 다음처럼 구성되어 있다(Leuphana Universität, 2017).

〈표 3-3〉 교수-학습(교직)과정 일반모듈

<table>
<tr><td>6
학기</td><td></td><td rowspan="5"></td><td colspan="2">학위논문 작성</td><td rowspan="2">기초심리학</td><td colspan="2">이질성과
개성화</td></tr>
<tr><td>5
학기</td><td></td><td>경험과학적
교육연구방법</td><td>학교교육학</td><td colspan="2">보충학습</td></tr>
<tr><td>4
학기</td><td></td><td></td><td rowspan="4"></td><td>교수학과방법학</td><td colspan="2">학교실천연구 2</td></tr>
<tr><td>3
학기</td><td></td><td></td><td>교수학습심리학</td><td rowspan="2">SE
또는
LuK</td><td rowspan="2">학교
실천
연구1</td></tr>
<tr><td>2
학기</td><td></td><td></td><td>도야와교육</td></tr>
<tr><td>1
학기</td><td colspan="2">학문은 책임을 동반한다</td><td></td><td>학문은 방법을
사용한다</td><td colspan="2">학문은 이해를
가르친다</td></tr>
</table>

대학차원의 세미나(20 CP)/보충수업(5CP)
실습을 포함한 전문화과정(교직)(55CP)
제1수업교과(45CP)
제2수업교과(45CP)
학위 논문작성(10CP)

독일의 교원양성과정에서는 2개의 수업교과를 가르칠 수 있도록 양성되기 때문에 제1, 2수업교과를 이수한다. 실습을 포함한 전문화과정(교직)의 수업구성은 다음과 같다.

도야와 교육(5CP): 1×강의수업, 1×세미나

SE(스피치교육)/LuK(수업에서 정보 및 의사소통기술) (5CP): 2×세미나

학교실천연구1(5CP): 1×강의수업, 1×실습

학교실천연구2(5CP): 1×세미나, 1×실습

교수학습심리학(5CP): 1×강의수업, 1×세미나

교수학과방법학(5CP): 1 강의수업, 1 세미나

기초심리학(10CP): 4×강의수업, 1×세미나

이질성과개성화(5CP): 1×수업강의, 1×세미나

학교교육학(5CP): 1×강의수업, 1×세미나

경험과학적교육연구방법(5CP): 1×강의수업, 1×세미나

학부 교원양성과정의 초등학교, 레알슐레, 하우프트슐레 ‘사회·자연과학 및 기술관련 교과

수업(Sachunterricht)'은 독일 유네스코위원회에 의하여 'UN 지속가능발전교육 10년' 프로젝트로 선정되기도 하였다.

4 지속가능발전교육 지역 센터(RCE) 운영사례 -인터뷰-

가. 함부르크 RCE

함부르크 RCE는 정확하게 말하면 함부르크와 인근 지역에서 지속가능발전교육의 영역에서 활동하고 있는 기관, 조직, 개별적 실행자들이 함께하는 네트워크이다. 이 네트워크에는 함부르크 시와 뤼네부르크 시, 그리고 뤼벡 만(Rübecker Bucht)지역이 공동으로 참여하고 있다(이하 함부르크 RCE로 칭함). 세 지역의 조정자 역할을 하는 사무실은 함부르크 건축-직업교육센터(Ausbildungszentrum-Bau in Hamburg GmbH, AZB)에 있고, 센터장은 함부르크 응용학문대학(Hochschule für Angewandte Wissenschaften Hamburg, HAW)의 응용생활과학 연구소장이 맡고 있다.

다음은 AZB를 방문하여 RCE 담당자인 슈바르츠씨(Jens Schwarz)와 인터뷰한 내용이다(2010년 1월 6일). ◆연구자 ◇슈바르츠 씨

◆ 바쁘실 텐데 방문을 허락해 주셔서 감사합니다.

◇ 먼 곳에서 저희 기관을 방문해 주시니 영광입니다. 유럽 국가에서는 저희 기관을 방문한 적이 있지만 아시아에서는 처음인 것 같습니다. 음료수와 커피가 있는데, 드시겠습니까?(편안한 분위기에서 면담이 진행되었다)

◆ 함부르크 시와 두 지역이 함께 RCE를 구성하게 된 계기는 무엇입니까?

◇ (친절하게 컴퓨터의 홈페이지에 있는 지도를 보여주며) 지도를 보시면 함부르크는 엘베(Elbe)강이 관통하고 있고 뤼네부르크 시는 엘베강 주변에 놓여있습니다. 그리고 뤼벡 만은 주위가 바다입니다. 세 지역의 공통점은 물의 혜택을 누리면서 동시에 홍수, 해일, 고갈과 같은

물의 위협에 노출되어 있다는 것입니다. 그래서 기후변화에 대응하고자하는 공통적인 인식에서 세 지역이 공동으로 RCE 활동을 하게 된 것입니다.

◆ 그렇다면 함부르크 RCE가 활동의 목표로 삼는 것은 무엇입니까?

◇ (홍보 팸플릿을 보여주며) 여기에 있습니다. 이것을 나중에 참고하시길 바랍니다. (그가 오랫동안 대답 한 것을 홍보물에 있는 것으로 대체하면 다음과 같다. 참고로 그는 말을 세세하게 많이 하는 스타일이었다)

- 사람들이 건축영역에서, 여행영역에서, 사적 생활에서, 그리고 지역 행정기구에서 책임감을 갖고 자원을 대하는 것이다.
- 사회가 기후변화에 영향을 미치는 것에 대해 뚜렷한 의식을 갖는 것이다.
- 지속가능발전으로 이끄는 지식과 행위모범이 정규 학교교육과 직업교육의 확고한 구성요소가 되는 것이다. 그래서 학생, 직업인, 학습자가 지속가능발전에 관하여 배운 것을 자신들의 일상생활과 결합 하도록 하는 것이다.

(계속해서)

저희는 환경 친화적이고 에너지 절약적인 건축기술, 건축모형과 건축 재료에 많은 관심을 갖고 개발을 하고 있습니다. 즉, 미래를 위한 건축을 중요시하고 있습니다. 그리고 저희 센터에서 하는 것처럼 건축과 관련된 직업교육에서 학습자(학생, 성인: 계속교육)들이 그러한 것들을 습득하도록 함으로써 그들이 실제 현장에서 일을 하게 될 때, 그리고 그의 가정에서 생활하면서 배운 것들을 몸소 실천하도록 하는데 중점을 두고 있습니다. 이것이 지속가능발전에 대한 의식을 확대하는 것이고, 그러므로 지속가능발전교육의 중요한 부분이라고 생각됩니다(건축 관련 직업교육과 계속교육을 통하여 그 분야 종사자들이 미래에 대한 책임 의식을 갖고 일하기를 의도하는 것으로 보임).

◆ 그러니까 함부르크 RCE는 무엇보다 건축과 에너지 관련 주제에 중점을 두고 있군요?

◇그렇습니다.

◆ 시로부터 재정지원은 받습니까?

◇ 아닙니다. 잠깐만요... 아니, 저희 RCE에 속해있는 파트너들 중에서는 받는 단체도 있습니다. RCE는 프로젝트를 수행할 때 지원을 받습니다. 이것이 사실은 저희의 커다란 문제입니다. 시로부터 정기적인 지원을 받는 것이 아니니까 정기적인 사업을 계획할 수가 없지요. 함부르크 RCE에 참여하고 있는 기관과 단체들은 지속가능발전을 바라는 순수한 마음을 가지고 있다고 할 수 있습니다. 사실 함부르크 시와 RCE는 초기에 많은 접촉을 하고 대화를 나누었습니다. 시도 큰 관심을 가지고 있었습니다. 시로부터 지원을 받는 RCE가 되는 것을 지속적인 목표로 삼고 노력하고 있습니다.

◆ RCE 기관과 단체들 간 정기적인 모임은 있습니까?

◇저희도 노력하고 있습니다만, 자주 모이는 것은 어렵습니다. 조금 전에 말씀 드렸다시피 시로부터 RCE 활동을 위한 정기적인 예산이 책정되는 것이 아니니까 말이죠. 그렇지만 프로젝트를 수행하게 되면 해당 기관과 단체들은 자주 회합을 갖습니다. 각 기관과 단체들은 각자의 프로젝트를 수행하고 있고 함께 할 수 있는 프로젝트가 있을 때 공동으로 작업을 합니다.

◆ 최근의 활동은 어떤 것이 있습니까?

◇ 저희 센터에서 2009년 10월 28일부터 30일까지 '지속가능발전교육 유럽 메세'가 열렸습니다. 이번으로 3회째 열리는 것이었는데, 주제는 "재생에너지와 기후변화: 유럽학교와 대학을 위한 도전"이었습니다. 함부르크 RCE 산하에 있는 함부르크대학 응용학문대학의 응용생활과학센터와 미래건축센터(ZzB)에서 행사를 조직하였습니다.

그리고 2009년 7월 11일에는 함부르크-하부르크 공과대학(Technische Universität Hamburg-Harburg), AZB, 함부르크 RCE가 함께 Energy-Plus-House를 견학하였습니다. 지속가능발전교육은 혁신적 건축, 에너지, 생활 컨셉을 알도록 하고, 기존에 알고 있었던 것을 반성하는 것이기도 합니다.

◆ 특징적인 프로젝트를 소개해 주시겠습니까?

◇ 먼저 Build with CaRe를 들 수 있습니다. 이 프로젝트는 에너지효율적인 건축디자인을 목표로 하고 있습니다. 2008년에 시작해서 2011년에 끝나는 프로젝트인데, 북해 지역 5개국에서 18개의 단체가 참가하고 있습니다. 저희 AZB도 파트너로 참가하고 있습니다. 이 프로젝트는 건축 사업에 종사하는 사람, 건물을 이용하는 사람에게 패시브하우스(Passivhaus)가 더 이상 선

택이 아니라는 것을 배우도록 하는 것입니다. 그리고 2009년 3월 5일 함부르크에서 Build with CaRe 포럼이 개최되었습니다.

(홈페이지에서 연구자가 추가함)다른 프로젝트로는 INSPIRE가 있는데, 주된 목적은 환경의식을 촉진하기 위한 것으로 환경의식을 촉진하기 위한 주제들과 방법, 교육재료들이 부족하다고 보고, 환경의식을 촉진할 수 있는 재생에너지와 기후보호 같은 주제들은 연구·발굴하고 새로운 학습재료들을 개발하고 보급하는 것이다(특히 교사양성과정을 지원할 수 있는). 이 프로젝트는 함부르크 응용학문대학의 응용생활과학 연구소에서 수행하고 있다.

◆ 패시브하우스의 특징은 무엇인가요?

◇ 조금 있다 모형을 보여드리겠습니다. 패시브하우스는 보온과 냉방이 잘되는 자연친화적인 재료를 사용하여 환경 친화적이고 에너지 효율적인 자재들로 만들어진 하우스입니다. 즉 최대한 유해한 가스를 분출하지 않으면서 에너지를 절약하는 하우스라고 할 수 있죠.

◆ RCE 홍보는 어떻게 하고 있습니까?

◇ (∞모양의 특이한 명함을 보여주며) 홍보를 자주 많이 할 수는 없지만 명함처럼 간단한 것도 눈에 띄게 만들어서 관심을 갖도록 합니다. 그리고 행사 때 행사를 홍보하는 책갈피를 만들어 나누어주기도 합니다. 일반적인 것은 팸플릿이겠지요.

◆ RCE의 협력파트너는 어떠한 기관과 단체입니까?

◇ 리플릿 하단에 쓰여 있는 기관과 단체들입니다(건축, 에너지 기술 관련 기관과 단체들이 많았음, 대학포함)

◇ 인천 RCE의 활동이 무척 궁금합니다. 인천 RCE의 홈페이지가 있습니까?

◆ 홈페이지가 있습니다. 그런데 영문 홈페이지는 아직 마련하지 못했습니다. 귀국해서 RCE 아태총회에서 발표했던 내용을 보내드리겠습니다.

◇ 인천 RCE의 최근 활동에서 특징적인 것을 말씀해 주시겠습니까?

◆ 인천 RCE의 작년 중점사업은 몽골에 나무를 심는 것이었습니다. 학생들을 인솔해서 몽골에 가서 나무를 심는 프로젝트를 수행했습니다.

◇ 몽골까지요? 무슨 이유에서 이지요?

◆ 황사(사실 이 용어가 독일인들에게는 낯설어 설명하는데 무척 애를 먹었음)가 인천 시민의 건강과 농작물, 기계 등에 나쁜 영향을 미치기 때문이지요.

◇ 놀랍군요! 그런 문제가 있는지 상상을 못했습니다.

◆ 시간이 꽤 되었군요. 이만 끝내야 할 것 같습니다. 장시간 시간을 내주셔서 감사합니다.

◇ 저희 기관을 찾아 주셔서 영광입니다. 방명록에 서명을 남겨주시면 고맙겠습니다. 인천 RCE와 함께 일할 수 있는 기회가 있었으면 좋겠습니다.

◆ 같이 할 수 있는 일을 함께 찾아보기로 하죠. 앞으로 상호협력적인 관계를 유지했으면 좋겠습니다.

인터뷰 후에도 슈바르츠 씨는 "지속가능발전교육 유럽메세"가 열렸던 장소와 학생들이 직업교육을 받고 있는 현장, 그리고 에너지 효율적 건축이 무엇인지를 안내하며 보여주었다.

(AZB 건물: 함부르크 RCE 사무실)

(패시브하우스 모형)

나. 뉘른베르크 RCE

뉘른베르크(Nürnberg) RCE는 2008년 8월에 UN으로부터 승인을 받았으며, 바이에른 주에서는 뮌헨 RCE이 이어 두 번째의 RCE이다. 뮌헨 RCE가 주로 환경교육에 관심을 갖고 있다면, 뉘른베르크 RCE는 학교교육, 특히 교사양성과 계속교육에 주된 관심을 갖고 있다. 뉘른베르크 RCE는 "H46-미래학교사무실"(H46-Zukunftsangentur für Schule)(보통 H 46이라 칭함)에 있으며, 미래학교사무실과 밀접한 관계에서 활동을 하고 있다. "미래학교 사무실"은 1995년에 바이에른 주의 환경부로부터 "바이에른 주의 환경정류장"으로 인정받았던 기관으로, 구역과 지역의 지속가능발전에 관여하고 있기 때문에 RCE 네크워크와 긴밀하게 접촉하고 있다.

"미래학교사무실"은 2009년 10월부터 뉘른베르크 시의 조직 통합체인 "교육공공기관"(Pädagogische Dienste, PD)에 소속되어 있으며 시로부터 재정지원을 받는다. PD의 장은 연구자가 방문했던 "뉘른베르크 시립 교육기관"(Pädagogisches Institut der Stadt Nürnberg, PI) 장이 겸직하고 있다. 다음은 뉘른베르크 RCE를 방문하여 담당자인 베게(Stefan Bege) 박사, 뉘른베르크 시립교육기관 장인 옐레(Bernhard Jehle) 씨, 그리고 뉘른베르크 시립교육기관 상호문화교육 담당자인 리베로바(Diana Liberova) 여사와 면담한 내용을 정리한 것이다.

◆ 연구자 ◇ 세 명중(베게: B, 옐레: J, 리베로바: L) 한 사람

(2010년 1월 8일 베게 박사가 친절하게도 뉘른베르크 역에서 연구자를 마중하여 뉘른베르크 시립교육기관으로 안내하였다. 눈이 내리고 흐린 날씨였다. 시립교육기관에 도착하니 소장과 담당자가 연구자를 기다리고 있었으며, 기관은 생각보다 대규모였다. 각종 수업자료실, 도서실, 세미나 공간, 심리치료실, 상담실, 교수요원과 사무직원의 개인 사무실, 식당, 매점 등을 갖추고 있었다. 마중 나온 뉘른베르크 RCE의 담장자인 베게 박사도 "미래학교사무실"의 사업에 함께 관여하고 있기 때문에 세 사람은 친분이 있는 사이였다.)

◆ 날씨도 안 좋은데 역까지 마중을 나와 주셔서 고맙습니다. 제가 독일에서 공부를 했는데 뉘른베르크는 처음입니다. 도시가 참 아름답습니다.

◇(J) 멀리 인천에서 저희 기관을 방문해 주신 것을 환영합니다. 베게 박사는 인사를 나누셨을 것이고... 리베로바 여사를 소개합니다. 이곳에서 상호문화교육 업무를 담당하고 있습니다.

혹시 뉘른베르크에 대해 한국에 알려진 것이 있습니까?

◆ (곰곰이 생각하다) 2차 대전 후에 전범 재판이 열린 장소로 알려져 있습니다.

◇(J) 맞습니다. 유럽의 많은 도시들 중에서 왜 이곳에서 재판이 열렸는지 아십니까?

◆ 글쎄요...

◇(J) 지도를 펴보시면 이곳이 지리적으로 유럽의 중간 지점에 있습니다. 그래서 상징적으로 이곳에서 열린 것입니다. 그리고 뉘른베르크는 화가인 뒤러(Albrehct Dürer)의 고향이기도 합니다. 음료와 커피가 있는데, 드시겠습니까?

◆ 좋습니다. (그 후에도 이런 저런 이야기가 오고갔다).

◇(J) 인천 RCE는 홈페이지가 있습니까? 주로 무슨 활동을 하십니까?

◆ 홈페이지가 있습니다. 제가 명함에다 적어드리겠습니다. 그러나 아쉽게도 독일어와 그 외의 외국어 홈페이지는 없습니다. 돌아가면 하루 빨리 구축하도록 노력을 하겠습니다. 다양한 활동을 합니다만, 작년의 경우에 큰 사업은 몽골의 사막화 방지를 위해 나무를 심는 것이었습니다. 학생들도 함께 자발적으로 참여했습니다. (그러면서 황사 때문이라고 한참 설명해야 했다)

◇(L) 한국의 학생들이 학업성취도가 뛰어난 것으로 알고 있는데, 교사양성이나 교수법에서 특별한 것이 있나요? 나중에 인천 RCE를 방문하여 학교현장을 견학하고 싶습니다.

◆ (사실 특별한 것이 없어 당황했음) 독일과 다르게 대학교에 단과대학으로서 사범대학이 따로 있고, 4년 동안 집중적으로 교수법을 포함한 교육이론을 배웁니다. 한국의 학부모 교육열이 높은 것도 학생들의 학업성취도와 관계가 있을 것입니다. 한국의 학생들은 하루 종일 학교에 있거든요. (독일은 오후에는 학교수업이 없는 것이 일반적인 경향이었으나 최근에 전일제 학교가 증가하고 있음)

◆ 뉘른베르크 RCE의 주된 관심은 무엇입니까?

◇(B) 바이에른 주에는 RCE가 두 개가 있는데, 우리와 뮌헨입니다. 뮌헨의 경우에는 환경교육에 주된 관심을 갖고 있고, 저희는 학교교육에 주된 관심을 갖고 있습니다. 지속가능발전교육이 성공하기 위해서는 학교교육에 정착되어야 하고 특히 교사교육을 통하여 확산되어야 합니다. 그래서 이곳 시립교육기관에서 교사계속교육과 학부모 대상, 학생대상 프로그램에서 그러한 내용들을 다루고 있습니다.

◆ 사실은 제가 뮌헨 RCE도 방문을 하고 싶었는데, 출발 전에 메일 답도 없었고 여기서도 연락이 안 되네요.

◇(B) 지금 담당자인 쿠보른(Daniel Kuborn) 씨가 휴가 중일 것입니다.

◆ 다음에 기회가 되면 방문하지요.

◇(J) 우리 기관은 교사계속교육에 많은 관심을 갖고 있습니다. 특히 시립학교교사를 대상으로 말이죠. 저희 시에는 다른 시와는 구별되게 시립학교들이 꽤 있습니다.

◆ 교사교육 프로그램에는 어떤 것이 있는지 말씀해 주실 수 있나요?

◇(L) 예를 들어 치료교육적인 관점에서 몬테소리 교육과정이 몇 코스 있는데, 이를 마치면 자격증을 부여합니다. 그러면 그 교사는 자신이 속한 학교에서 동료 교사들을 대상으로 자신이 배운 내용을 수업할 수 있습니다. 몬테소리교육에서 강조하는 것이 스스로 무엇인가를 하는 것이니까 미래의 인간에게 요구되는 능력과 맥을 같이하는 것이라고 생각합니다.

◇(J) 혹시 개혁교육운동(Reformpädagogik)이라고 아십니까? 그런 맥락에서 이해를 하시면 됩니다.(그러면서 그는 개혁교육운동에 대해 설명을 하려고 했다).

◆ 예 잘 압니다. (연구자의 주된 관심영역이었기 때문에 흐름과 특징을 얘기 했더니 놀라는 모습이었다)

◆ 다른 코스들은 없나요?

◇(L) 나중에 프로그램 책자를 드리겠습니다. 생각나는대로 말씀 드리면 '지속가능학습 촉진하기(방법)', '학교에서 스트레스와 두려움'과 같은 포럼도 있고, 집단따돌림, 청소년의 심리적 문제 등 교육에서 문제되는 상황과 관련되는 코스들이 있습니다. 그리고 '외국인 학생의 체류상태와 학교에서의 성취', '상호문화적 대화' 등의 코스, '기후보호와 이동성', '기후보호와 옷', '기후보호와 식량' 등의 시리즈 코스도 있습니다. (나중에 프로그램 책자를 보니 많은 코스와 학술대회, 포럼이 담겨져 있었다.)

◆ 프로그램에 참여하고 싶은 교사나 학생, 일반인들은 수강료를 내나요?

◇ 시립학교 교사의 경우에는 모두 무료입니다. 학생, 일반인을 대상으로 하는 프로그램은 무료인 것도 있고 약간의 수강료를 받는 것도 있습니다.

◆ L여사는 상호문화교육 업무 담당자로 되어있는데, 뉘른베르크 시에서 상호문화교육의 중요성은 어떻게 인식하고 있습니까? 저희 인천도 외국인 노동자들이 많이 거주하고 있어서 관심이 있습니다.

◇(L) (옆방에 가서 프린터로 뉘른베르크 시의 외국인 거주 통계자료를 뽑아 가지고 오며) 보세요, 이주 외국인이 점점 늘어나고 있지 않습니까? 한국에서 온 분들도 많지는 않지만 있네요(56명). (그가 보여준 표에는 101개국에서 온 외국인 94,411명이 뉘른베르크에 거주하고 있었다). 다양한 문화와 인종이 공존하기 위해서는 상호문화교육이 강조되어야 합니다. 세계화와 더불어 앞으로 지구 전체가 관심을 가져야 할 문제이지요. 저도 어려서 독일로 이주해 온 외국인입니다.

◆ 중요성에 동의합니다. 저도 상호문화교육에 관심이 많고 한국에서도 지금 다문화교육이란 용어로 많은 세미나와 학술대회가 열리고 있습니다. 대화의 주제를 조금 바꾸어도 될까요? 혹시 RCE 사무실도 여기에 있습니까? RCE 관계 전문 인력은 몇 명이나 됩니까?

◇(B) RCE 사무실은 다른 곳에 따로 있습니다. 이곳이 역에서 접근이 용이해서 이리로 안내했습니다. 그리고 뉘른베르크 RCE는 역사가 짧아서 저를 포함해서 두 명의 담당자가 있습니다. 전화를 거셨을 때 저를 연결해준 그 여성분과 저입니다. 역할은 지속가능발전교육과 관련하여 활동하는 개인, 기관, 단체들의 네트워크를 구성하고 조정하는 것입니다.

◆ 혹시 특징적인 프로젝트를 하나 소개해 주실 수 있습니까?

◇(B) 예, "미래나침반"(Zukunftskompass)이란 프로젝트가 있습니다. (나중에 홈페이지를 들어가 보니 이 프로젝트는 바이에른 주 환경보건부(Bayerisches Staatsministerium für Umwelt und Gesundheit)의 지원을 받고 있었고, 유네스코 독일위원회가 인정한 유엔지속가능발전교육 공식 프로젝트였다).

이 프로젝트의 관심은 아동청소년들이 자신의 적성이나 흥미에 적합한 교육프로그램들을 찾아 자신들의 교육경력을 관리할 수 있도록 하는 것입니다. 그래서 인터넷포털(www.zukunftskompass.de)을 구축하고, 학교 밖에서 제공되는 다양한 교육적 코스들을 그곳으로 모은 것입니다. 학교 밖에서 교육코스를 운영하는 개인, 기관, 단체가 자신들이 제공하는 내용을 포털에 올리는 것입니다. 포털사이트에는 제공된 내용들이 아동청소년들이 쉽게 찾아갈 수 있도록 유목화 되어 있습니다. 그리고 아동청소년 자신이 이수한 코스들을 경력관리 할 수 있도록 하는 인터넷 공간을 부여하고 있습니다. 시와 인근 지역에서 선발되고 제공되고 있는 교육과 자격증을 위한 프로그램들이 나이에 맞게 전문적으로 정리되어 있어서 아동청소년들이 쉽게 선택할 수 있습니다. 이를 통해 성장세대인 아동청소년들에게 자립심과 책임의식을 촉진할 수 있고, 동시에 자신의 강점을 인식하고 이것을 토대로 자신의 직업적인 방향을 정하는 것을 지원하고자 하는 것입니다.

(홈페이지를 확인해 보니 이 프로젝트는 교사의 측면에서 학생이 관리해 놓은 경력을 토대로 학생을 더욱 잘 이해할 수 있어서 학생진로지도에 용이하고, 학부모 역시 자식에 대한 정보를 얻을 수 있는 장점을 가지고 있었다)

◇(L) 이제 저희 기관을 보여주고 싶은데요. 흥미가 있으십니까?

◆ 물론입니다.

기관을 둘러보면서 눈에 띄었던 것은 수업 공간(교실, 세미나실)에 있는 책상들이 언제든지 다른 형태의 수업 집단으로 쉽게 전환할 수 있도록 삼각형으로 된 책상을 붙여서 사각형 책상으로 이용하고 있다는 점과 교실의 벽면 모두에 레일을 통해 이동 가능한 화이트보드가 설치되어 어느 벽면에서나 사용가능하게 설계되어 있는 것이었다. 그리고 오래된 수업기기들을 버리지 않고 역사적 자료로 활용하고 있는 점이었다.

◆ 많은 것을 듣고 보았습니다. 금요일인데도 늦게까지 시간을 내주셔서 감사합니다.

◇(B/L) 인천 RCE와 꼭 함께 일을 하고 싶습니다. 기회가 된다면 인천도 방문을 하고 싶습니다. 올해 브라질에서 개최되는 세계대회에는 참석하십니까?

◆ 상호협력적인 관계를 유지하고 함께 할 수 있는 일들을 찾도록 하겠습니다. 기회가 되면 인천으로 초대를 하도록 하겠습니다. 그리고 세계대회 참석은 아직 불투명합니다.

◇ 한국의 학생들이 공부를 잘하니, 어떻게 가르치는지 궁금합니다. 교사교환 프로그램을 개발하는 것이 어떨까요?

◆ 돌아가면 논의해 보겠습니다. 인천도 명품 국제도시를 지향하고 있으니 뭔가 함께 할 수 있는 일이 분명 있을 것입니다.

(눈이 뉘른베르크에 도착했을 때보다 더 많이 내리고 있었다. 앞으로 협력관계가 유지되어 다시 만날 수 있기를 바라면서 그들과 작별 인사를 나누었다)

('미래나침반' 팸플릿)

(책상 활용 방법 안내도)

지금까지 살펴본 것처럼 독일의 지속가능발전교육은 연방차원, 주정부차원, 지역차원의 연계에서 일관성 있게 이루어지고 있다. 『국가지속가능발전전략』과 『지속가능발전교육 국가실행계획』을 토대로 주정부가 실행계획을 수립하고, 도시와 지역은 주정부가 수립한 실행계획의 틀에서 도시 내지 지역발전계획을 수립하고 네트워크를 구축하여 지속가능발전교육 활동을 전개해나가고 있다. 지속가능발전교육 국가위원회에서 소집하는 원탁회의(Runder Tisch)는 연방차원의 네트워크 사례라고 할 수 있다. 1년에 1회 소집되는 원탁회의는 지속가능발전교육의 맥락에서 활동하고 있는 단체의 대표들이 자신들의 프로그램, 계획 등 정보를 서로 교환하는 자리이다. 원탁회의는 일정표에 따라 1박 2일 또는 2박 3일로 진행이 되며 원탁회의 회원은 2년마다 새로 선발된다. 제1회 원탁회의는 2004년(11월 2일) 베를린에서 개최되었고, 그 후 2005년(11월 14일)에는 튀링엔(Thüringen)주의 에르푸르트(Erfurt), 2006년(11월 29-30일)에는 노르트라인-베스트팔렌(Nordrhein-Westfalen)주의 본(Bonn), 2007년(11월 27-28일)에는 바덴뷔르템-베르크(Baden-Württemberg)주의 슈트트가르트(Stuttgart), 2008년(11월 25-27일)에는 니더작센(Niedersachsen)주의 하노버(Hannover), 2009년(11월 12-13일)에는 바이에른(Bayern)주의 뮌헨(München)에서 개최되었다. '지속가능발전교육 10년'이 종료된 이후에도 지속가능성회의(Nachhaltigkeitskonferenz)는 원탁회의를 계속이어가기로 결정하였다(2015년 5월 20일).

원탁회의는 연방차원뿐만 아니라, 주정부차원, 지역/도시차원에도 다양하게 운영되고 있다.

예를 들어 하이델베르크 시의 경우 유치원, 주간아동보호시설, 학교, 대학교, 교육대학, 기업, 스포츠동아리, NGO, 공무원 등이 지속가능발전교육 프로젝트에 참여하고 있는데, 정기적으로 원탁회의를 갖고 경험을 공유하고 있다. 원탁회의뿐만 아니라, 포털사이트 구축, 정기적인 지속가능발전 도시축제 개최 등을 통해서도 경험의 공유와 연대를 위해 노력하고 있다. 『지속가능발전전략』과 『국가실행계획』이 각기 다른 영역에서의 수많은 조언과 경험자들의 의견교환을 통하여 탄생된 것이라는 점과 이것을 고정되고 확정된 규범적 지침으로 이해하는 것이 아니라, 발전가능성을 가진 지침으로 이해하고 있는 점은 경험의 교환과 공유가 지속가능발전을 위해 매우 중요하다고 인식하고 있기 때문이다.

특히 주목할 점은 지속가능발전교육을 미래교육의 방향으로 설정하고 교육의 모든 영역(취학전교육, 학교교육, 직업교육, 대학교육, 비형식적/무형식적 교육, 지역에서 이루어지는 교육)을 그에 맞게 지속적으로 개선해나가기 위해 연방정부, 주정부, 지역/도시가 『지속가능발전교육 국가실행계획』을 토대로 수립된 계획들을 정기적으로 모니터링하는 체계를 갖추고 있다는 것이다. 여기에서는 바덴-뷔르템베르크 주의 사례를 들면서 마무리하기로 한다. 2002년 바덴-뷔르템베르크 주정부는 독립적인 학문적 자문 자문위원회인 "지속가능발전자문위원회"(Nachhaltigkeitsbeirat der Landesregierung Baden-Württemberg, NBBW)를 설치하였다. 이 위원회는 2012년까지 존속되었고, 생태, 사회, 경제를 주제로 한 14개의 지속가능발전 보고서를 작성하였다. 현재는 학문, 경제, 다양한 단체들의 대표로 구성된 지속가능발전주정부자문위원회(Beirat der Lundesregierung für nachhaltige Entwicklung)로 운영되고 있다. 지속가능발전자문위원회는 2000년 주정부에서 채택한 '바덴-뷔르템베르크 주의 환경계획'이 잘 실행되고 있는지와 그 개선책을 비판적으로 검토하면서 주의 환경상태와 발전경향을 평가하고, 환경정책과 지속가능정책의 잘못된 개발 방지 및 극복의 가능성을 제시하고, 주의 지속가능발전전략을 위한 동인을 제공하는 것이 임무였다(https://www.nachhaltigkeitsstrategie.de/informieren/projekte-2007-2011/nbbw-nachhaltigkeitsbeirat-baden-wuerttemberg.html).

지속가능발전교육자문위원회는 2008년에 바덴-뷔르템베르크 주의 교육영역(취학전 교육, 학교교육, 대학, 직업교육, 학교 밖의 학습장소, 성인교육, 재단)에서의 지속가능발전교육 상태를 점검하는 평가서를 작성하였는데, 다음에서는 자문위원회가 주 정부에 요구·권유하는 내용을 요약하여 소개하기로 한다(NBBW, 2008). 이것은 바덴-뷔르템베르크 주의 지속가능발전교육의 현황을 간접적으로 파악하는 것을 가능하게 하고, 한국의 지속가능발전교육에도 많은 시사점을 포함하고 있다고 판단된다.

- 지속가능발전교육은 교육정책과 교육실천의 중점과제로 인식되어야만 하고 실행되어야만 한다. 그러므로 지속가능발전교육은 바덴-뷔르템베르크 주의 지속가능발전전략의 주요한 요소로서 이해되고 정착되어야만 한다.

- 지속가능발전교육은 학교를 위한 주제일 뿐만 아니라, 유치원, 계속교육, 대학, 기업과 같은 전체 생활영역과 학습영역을 위한 주제이다. 지속가능발전교육에 대한 관심을 일깨우는 것뿐만 아니라, 사람들의 관점과 태도에 영향을 주기위해서는 학교와 학교 밖 교육장소의 유기적 관계, 유치원에서부터 직업적 계속교육에 이르기까지 제공되는 학습프로그램의 연속성, 지속가능발전교육의 모든 교과와 학습형태에로의 통합이 이루어져야 한다.

- 지속가능발전교육은 환경교육, 자연교육 또는 자연보호교육 그 이상이다. 지속가능발전에서 생태학적 구성부분이 중요하다 하더라도 지속가능발전 주제는 경제와 사회의 중요성들 사이의, 인간의 개인적 요구와 사회적 요구 사이의 신중한 조화에 의하여, 빈곤과 부사이의 공정한 균형, 현세대와 미래세대 사이의 공정한 균형, 그리고 자연과 환경을 인간적인 발전을 위하여 활용하는 기본조건들 사이의 공정한 균형에 의하여 생기를 얻는다. 바덴-뷔르템베르크 주에서는 포괄적 의미의 지속가능발전교육이 좁은 범위에서 실행되었다고 할 수 있다.

- 그 때문에 바덴-뷔르템베르크 주는 UN지속가능발전교육10년의 틀에서 지속가능발전의 완전한 이해에 봉사하는 공적이고 사적인 활동들을 재정적, 조직적, 정신적으로 지원해야 한다. 이러한 토대를 "네트워크 지속가능발전 배우기"가 제공하고 있다. 앞으로 이러한 토대를 지역적으로 계속해서 확대하고 재정적으로 지원해야 한다.

- 주제영역인 '지속가능발전의 엔진으로서 교육과 지식'을 주의 지속가능발전전략으로 수용하는 것을 전적으로 환영한다. 무엇보다도 개별적인 프로젝트에서 행해지는 학습활동 역시 프로젝트가 끝난 후에도 계속 이어져야한다. 자문위원회는 모든 지속가능발전교육 프로젝트를 시행할 때 교육활동이 장기적으로 연속적으로 이루어지는 것에 유의해야 한다. 지속가능발전교육은 이미 용어에서 알 수 있듯이 활동의 지속성이 생명이다.

- 지속가능발전교육은 새로운 수업교과로 이해되거나 마찬가지로 다른 교육내용에 추가적으로 학교의 교수안에 수용되어서는 안된다. 오히려 모든 가능한 교과에 통합되고 다루어

지는 그때그때의 주제와 연결되는 것이 지속가능발전교육이 추구하는 바이다.

- 지속가능발전교육은 교사교육에 중점을 두어야만 한다. 지금 지속가능발전교육은 몇 몇 교육대학에서 실시되고 있고, 대학에서 직업학교와 김나지움 교과수업을 위한 교사양성에서는 적게 이루어지고 있다. 그러므로 지속가능발전자문위원회는 주정부에게 교사양성을 위한 커리큘럼을 손질하고 지속가능발전교육을 교과 선택과는 별도로 모든 교사양성과정에서 중요한 교수-학습영역으로 자리매김할 것을 요구한다.

- 지속가능발전교육 주제가 학교에서, 모든 학교유형에서 교과 특성에 맞는 커리큘럼으로 삽입되어야만 한다. 직업교수안, 계속교육프로그램, 교수안, 교육자료는 그러한 관점에서 검토되고 개선되어야만 한다.

- 지속가능발전교육이 지속적이고 통합적인 학교의 일상으로 결합될 수 있도록 모든 학교에서 지속가능발전교육 책임자를 임명할 것을 제안한다.

- 지속가능발전교육을 위한 뛰어난 수업자료들은 충분하다. 계속해서 수업자료를 생산해 내기보다는 기존의 수업자료를 구체적으로 사용가능한 것에 적용하여야 한다.

- 교사교육과 더불어 교사계속교육(연수)이 지속가능발전교육을 위해 중요하게 인식되어야만 한다. 모든 교과와 교과연합회를 위해 주정부가 1년에 1회 지속가능발전교육 연수 기회를 제공할 것을 요구한다.
- 학교가 지속가능발전교육의 가장 중요한 활동의 장소이긴 하지만 취학전 교육영역 또한 강력하게 주의를 기울여야만 한다. 왜냐하면 지속가능태도는 어린 시기에 배우고 습관화되기 때문이다. 그러므로 지속가능발전교육은 유치원교사양성과정에 도입되어야만 한다.

- 대학은 지속가능발전교육 실현을 위하여 특별한 역할을 한다. 대학에서는 교사를 양성하는 것뿐만 아니라 모든 학문적 직업에 종사할 후속 인력과 지도인력을 위한 기반을 제공한다. 그러므로 대학은 지금보다 더 강력하게 지속가능발전과 관련된 교육과정과 대학원 프로그램을 제공하고 간학문적 연구를 수행할 책임을 인식해야만 한다.

- 학교 밖의 학습 장소는 지속가능발전교육을 위하여 더 이용되어야 한다. 학교 안에서만 지속가능발전이 주제가 되는 것은 충분하지 않다. 중요한 것은 통합적 네트워크이다. 청소

년의 집, 청소년클럽, 여가시설, 학교 밖의 계속교육기관, 기업, 지원재단, 시민단체가 연결되는 통합적 네트워크가 중요하다. 바덴-뷔르템베르크 주는 이러한 네트워크를 조직적으로 그리고 재정적으로 지원해야 한다. 현재의 '네트워크 지속가능발전 학습하기'는 주차원에서 학교 밖에서의 지속가능발전교육을 조정하는 조정자로서의 기능을 넘겨받을 수 있다.

다음 장에서는 학교에서의 지속가능발전교육 실천사례를 소개하기로 한다. 소개되는 사례들은 앞에서(제2장)에서 살펴본 지속가능발전교육의 고유성과 그에 터한 주제선정 및 교수학의 원리를 적용한 것으로 볼 수 있는 참고적인 사례이다. 지속가능발전교육 자료들은 지역의 문제상황을 고려하여 특성에 맞게 개발하는 것이 무엇보다 중요하다. 그러므로 다음의 사례들은 완벽한 모범이 아니라, 수업에 활용되기 위해서는 교사들이 보완해야 하는 부분을 포함하고 있다. 이 사례들은 독일어권 국가의 교육 현장에서 실제로 실행되었거나 실행을 위한 가이드북에 제시된 것으로 지속가능발전교육 활동을 계획하고 전개할 때 참고자료로 활용될 수 있을 것으로 보인다.

제4장

학교에서의 지속가능발전교육 실천 사례

1. 초등학교에서 실행가능 한 '주제'
2. '사과'를 주제로 한 형성역량 습득
3. '사과'를 주제로 한 수업
4. '장난감'을 주제로 한 수업
5. 중등학교에서의 프로젝트-주제: '면-제3세계의 생산물'
6. 초·중등학교에서의 지속가능발전교육
7. 지속가능발전교육 프로젝트를 위한 체크리스트
8. 학교 일상에서 지속가능발전교육 행위영역

제4장

학교에서의 지속가능발전교육 실천 사례

1 초등학교 수업에서 실행가능 한 '주제'

독일 바덴-뷔르템베르크 주의 <문화청소년스포츠부 Ministerium für Kultus, Jugend und Sport>와 <환경기후에너지경제부 Ministerium für Umwelt, Klima und Ernergiewirtschaft>에서는 지속가능발전교육의 확산과 정착을 위해 지속가능성 학습 프로그램 시리즈를 발간하였다. 다음 내용은 시리즈 중 '모듈 7(지속가능발전과 학교기관)'에 제시된 초등학교 수업에서 가능한 지속가능발전교육 주제 예시이다(Handschuh/Jovanovic/Rajh/Schuldt, o.J.: 28쪽 이하). 하나의 주제를 생태, 경제, 사회적 관점에서 접근하고 있는 것을 확인할 수 있다.

주제: 건강한 먹거리와 페스트 푸드		
생태	경제	사회적
수출 생산품들	생산 조건들	아동 노동
환경 훼손	일자리	빈곤(가난해 짐)
생태 대차대조표	수송경로/교통부담	가족 구조의 변화
쓰레기 발생	생산국	아동 노동
대량 가축 사육	가격 형성	아동 노동
대지 개발	마케팅-전략	음식 문화의 상실
페스트 푸드의 재료 영양가 표시	산업화 = 일자리 폐쇄	페스트 푸드 체인점의 건축양식

주제: 주거

생태	경제	사회적
주거형태	주거상황	주거의 과거와 현재
공급/여가시간	일자리	세대별 주거
에너지, 물, 쓰레기	부동산경제	꿈의 하우스
건축 자재		

주제: 우리와 이웃

생태	경제	사회적
지역경관의 유형	관광여행	아동의 권리
지도를 제작하는 일	재산	가족구조

주제: 감자

생태	경제	사회적
재배/해충	가공	직접 출시
성장촉진		
종류의 다양성		

주제: 노동

생태	경제	사회적
일터	노동시간	가족노동
노동수단/노동도구(공구)	실업	아동 노동
일터로 가는 길	임금	노동 + 교육
물건 운송경로		자동화

주제: TV시청과 여가시간

생태	경제	사회적
환경 방송 프로그램	광고	신분(지위)상징 TV
에너지 사용	공적 + 사적	과거와 현재의 여가시간
소비욕구		가정-TV?

2 '사과'를 주제로 한 형성역량의 습득

이 사례는 스위스 정부와 베른 교육대학교에서 지원한 연구프로젝트 '초등학교에서의 지속가능발전교육'(2001-2007)의 연구자, 그리고 독일의 BLK-프로그램 Tranfer-21의 연구책임자가 협업한 결과물인 소책자에서 발췌한 것이다. 소책자의 제목은 『지속가능발전교육을 통하여 미래형성하는 것을 배우기』이며, 부제는 '초등학교의 수업변화를 위한 안내서'이다(Künzli David, Bertschy, de Haan & Plesse, o.J.). 이 사례는 초등학교 2,3학년 대상 수업에서 지속가능발전교육이 목표로 하는 형성역량이 어떻게 습득 가능한지를 보여주고 있다. 지속가능발전교육의 목표들은 Bertschy et al.(2007)의 역량모형과 de Haan(2008)의 역량모형에 근거를 두고 설정한 것이다. 아래의 글은 스위스 초등학교 2학년 학생들이 지속가능발전교육 수업에서 작성한 것으로 지속가능발전교육을 통해서 초등학교에서 무엇을 할 수 있는지를 잘 보여주고 있다. 즉, 주제와 관련된 이해관계자들의 서로 다른 관심을 보여주면서 그에 대한 해결책을 제시하고 있다. 지속가능발전교육은 주제와 관련된 이해관계자들의 관심과 그것을 통해 발생할 수 있는 생태, 사회, 경제적 문제를 이해하고, 해결할 수 있는 답을 찾아가는 과정에서 필요한 역량을 기르는 교육으로 이해된다.

사과 소비자, 농부, 사과나무는 동일한 관심을 갖고 있지 않다.

나는 사과나무입니다. 나의 나무왕관에는 동물들을 위한 자리가 있습니다. 많은 동물들이 이곳에 거주한다면, 나는 지루하지 않습니다. 유해한 동물들이 온다면 유익한 동물들도 저에게로 와야만 합니다. 나의 나무왕관에 농약이 뿌려지는 것은 좋지 않습니다. 인간들은 많은 동물들이 저에게 거주하는 것을 즐거워할 수 있습니다.

나는 사과를 사는 사람입니다. 나는 예쁘고 싱싱한 사과를 사고 싶습니다. 나는 흠집이 없는 사과를 사고 싶습니다. 나는 벌레구멍이 없는 사과를 사고 싶습니다. 나는 비싸지 않는 사과를 사고 싶습니다. 나는 스위스에서 재배한 사과를 사고 싶습니다.

나는 농부입니다. 내 사과나무에는 예쁜 사과들이 자랍니다. 나는 많은 사과를 팔고 싶습니다. 나는 돈을 벌어야만 합니다. 나는 벌레가 파먹은 사과를 잘 팔 수 없습니다. 나는 흠집이 있는 사과를 잘 팔 수 없습니다. 나는 소량의 농약을 사용할 것입니다.

우리는 모두에게 유익한 해답을 찾습니다. 농부는 많은 사과나무를 심습니다. 그는 하나의 사과나무를 잘 돌보지 않습니다. 이 사과나무는 곤충을 위한 것입니다. 농부는 다른 사과나무들에 생태적인 약제를 살포합니다. 농부는 보호시설을 위해 돈을 모읍니다. 무엇을 원하면 돈을 써야합니다. 보호시설은 하나의 카메라와 소음이 나는 기구입니다. 카메라가 유해한 동물을 발견하면 다른 시설이 소음을 냅니다. 유해한 동물은 도망갑니다. 유해한 동물은 잘 돌보지 않는 사과나무에서 살 수 있습니다.

"사과"를 주제로 한 수업의 구체적인 목표 (초등 2, 3학년)	선택된 부분역량들의 구체화	학생들은 수업이 끝날 때 무엇을 할 수 있어야 하나? 부분역량과의 관계
학생들은 지역에서 소비를 위한 결정이 지역, 그리고 지구적으로 영향을 미칠 수 있다는 것을 이해한다.	학생들은 지역적 차원, 국가적 차원, 지구적 차원에서의 결정들을 구분할 수 있고, 이러한 차원들이 서로 종속되어 있음을 알 수 있다.	학생들은 사회발전의 바람직한 목표이자 사회발전의 대안적 견해로서 지속가능성의 이념을 비판적으로 판단할 수 있다. 학생들은 지역적 맥락과 지평을 넘어서는 지각을 하고 결정을 할 때 지구적 관점을 반영할 수 있다. 부분역량 II: 세계 개방적 지각 부분역량 VI: 공정하고 연대적임
학생들은 사과 판매과정을 통한 수익의 분배를 고려하여 공정성에 대한 자신의 고유한 상상을 근거를 갖고 뒷받침할 수 있다. 학생들은 이 세계에 살고 있는 모든 사람들이 근본적인 요구들이 보장된 충족된 삶에 대한 동등한 권리를 갖고 있다는 것을 의식한다.	학생들은 다양한 공정성에 대한 상상들과 요구들의 정당성에 대해 토론할 수 있다.	
학생들은 사과생산과 사과판매의 다양한 방식들이 상이한 생태적, 경제적, 사회문화적 영향력(지구적 그리고	학생들은 관련 있는 지역적, 국가적, 지구적 차원에서의 생태적, 경제적, 사회문화적 매커니즘을 알고 그들의 상	학생들은 자신의 비전과 타인의 비전, 현재의 발전경향을 지속가능발전을 고려해서 판단할 수 있다. 학생들은 교과

"사과"를 주제로 한 수업의 구체적인 목표 (초등 2, 3학년)	선택된 부분역량들의 구체화	학생들은 수업이 끝날 때 무엇을 할 수 있어야 하나? 부분역량과의 관계
지역적)을 갖는다는 것은 인식한다.	호영향관계를 안다.	를 초월해서 지속가능하지 않은 문제들을 논의하고 그 영향을 이해할 수 있다. 부분역량 Ⅰ: 앞을 내다보며 사고하기 부분역량 Ⅶ: 생활스타일과 청사진(추구하는 미래)을 반성하기
학생들은 판매되는 사과의 서로 다른 생산지와 서로 다른 운송경로를 안다. 학생들은 왜 사과가 외국으로부터 수업되는지를 알고, 국내 내지는 외국에서 재배된 사과의 소비가 이해관계자 집단과 자연에 미치는 긍정적인 영향과 부정적인 영향을 안다.	학생들은 사회발전이 가져온 현재 경향의 원인을 알고, 그것이 다양한 이해관계자 집단, 자연환경, 전체사회에 줄 수 있는 장점과 단점을 토론할 수 있다.	
학생들은 사과의 소비, 생산(예를 들어 높은 가지 사과나무 재배와 낮은 가지 사과나무 재배) 그리고 사과판매와 관계된 다양한 이해관계자들의 관심을 안다. 그리고 이와 관련하여 모든 영역(생태적, 경제적, 사회문화적)과 모든 이해관계자 집단에게 장점만 되는 간단한 처방이 없다는 것도 안다. 학생들은 사과생산, 판매와 관련해서 어떤 상이한 이해관계들이 있는지 서술할 수 있다. 학생들은 상이한 이해관계를 언급하면서 생겨날 수 있는 갈등을 서술할 수 있다.	학생들은 지속가능성의 이념과 관련 있는 목표차원들 내에 그리고 그들 간에, 마찬가지로 사회적인 관심과 이해관계자의 특별한 관심 사이에 목표갈등과 목표조화(하모니)를 인식할 수 있다.	(계속) 학생들은 자신의 비전과 타인의 비전, 현재의 발전경향을 지속가능발전을 고려해서 판단할 수 있다. 학생들은 교과를 초월해서 지속가능하지 않은 문제들을 논의하고 그 영향을 이해할 수 있다. 부분역량 Ⅰ: 앞을 내다보며 사고하기 부분역량 Ⅶ: 생활스타일과 청사진(추구하는 미래)을 반성하기

"사과"를 주제로 한 수업의 구체적인 목표 (초등 2, 3학년)	선택된 부분역량들의 구체화	학생들은 수업이 끝날 때 무엇을 할 수 있어야 하나? 부분역량과의 관계
학생들은 사과생산과 관련한 결정이 (부분적으로 예상하지 못한) 부작용을 낳는다는 것을 안다.	학생들은 결정과 행동방식이 가져온 생태적, 경제적, 사회문화적 결과를 지역적 차원과 지구적 차원 그리고 미래세대를 고려하여 평가하고 판단할 수 있다.	
학생들은 사과생산, 사과판매 그리고 사과소비를 고려한 공정한 결정에 도달하기 위해서는 다양한 이해관계자들의 관점들이 모아져야만 한다는 것을 안다.	학생들은 지속가능한 발전을 고려한 근거있는 결정을 내리기 위해 왜 다양한 전문영역들의 지식과 다양한 이해관계자들의 관심들이 모아져야만 하는지를 이해한다.	학생들은 지속가능발전의 요구들을 충족시키는 불안전하고, 모순적이고 불완전한 지식에 근거한 결정을 할 수 있다. 부분역량 Ⅰ: 앞을 내다보면서 사고하기
학생들은 부분적으로 다른 관심을 가진 다양한 인간집단과 비인간적인 생물들이 사과나무에 의존한다는 것을 이해한다. 그리고 "좋은 사과"에 대한 질문이 이해관계에 따라 다르게 대답된다는 것을 안다. 학생들은 지식이 변할 수 있고 잠정적이라는 것 그리고 실수가 있을 수 있다는 것을 인식한다.	학생들은 진리와 지식의 시간적이고 전문적인 조건들을 인식하고, 이것들을 수용한다. 그리고 학생들은 인간들이 세계의 복잡성을 불가피하게 축소시키고 그때 다양한 관점들이 수용되고 있다는 것을 인식한다.	(계속) 학생들은 불확실하고 모순적이고 불완전한 지식의 조건하에서 지속가능발전의 요구들에 따르는(충족시키는) 근거있는 결정을 할 수 있다. 부분역량 Ⅰ: 앞을 내다보면서 사고하기
학생들은 그들 스스로 특정한 관점에서 세계를 관찰하고, 이 관점에서 판단한다(예.	학생들은 자신들의 고유한 지식의 범위를 평가할 수 있고, 자신의 관점을 다른 사람	

"사과"를 주제로 한 수업의 구체적인 목표 (초등 2, 3학년)	선택된 부분역량들의 구체화	학생들은 수업이 끝날 때 무엇을 할 수 있어야 하나? 부분역량과의 관계
사과를 살 때 무엇이 중요한지)는 것을 이해한다. 그리고 학생들은 이러한 관점을 다른 사람들의 관점들과 관련시키고 배경을 물을 수 있는 준비가 되어있다.	의 관점과 관련시키고 그 배경을 물을 준비가 되어 있다.	
학생들은 인간의 결정에 의해 영향을 받는 주제영역인 '사과'로부터 근본적인 측면을 안다(예를 들어 운송유형과 운송경로, 식물보호, 경작방법, 경작지).	학생들은 다양한 관점을 개인 혼자서 또는 공동으로 또는 제3자를 통해서 지속가능발전과 관련하여 정당한지 구별할 수 있다.	학생들은 어디에서 그리고 어느 정도로 그들 스스로 직접적 혹은 간접적으로 발전에 영향을 미칠 수 있는지 평가하고 실천할 수 있다. 부분역량 V: 계획하고 행하기
학생들은 스스로 사과의 소비자로서 지속가능한 내지는 지속가능하지 않은 발전과 다양한 이해관계자들에게 영향을 미칠 수 있다는 것을 안다.	학생들은 지속가능성의 방향에서 개인적 또는 집단적으로 사회적 발전을 조정하는 가능성을 안다.	(계속) 학생들은 어디에서 어느 정도 스스로 직접적 혹은 간접적으로 발전에 영향을 미칠 수 있는지를 평가할 수 있다. 부분역량 V: 계획하고 (실)행하기
학생들은 자신들의 고유한 바람과 관심을 생필품 소비를 고려하여 비판적으로 검토할 수 있다. 학생들은 사과소비자로서 자신들이 사과생산에 미치는 영향을 서술하고 평가할 수 있다. 즉, 학생들은 자신의 고유한 행위와 그의 가까운 주	학생들은 어디에서 그리고 어떤 방식에서 그들이 스스로 지속가능성의 방향에서 사회발전에 기여할 수 있는지를 판단할 수 있다. 그리고 학생들은 그것을 위한 시도가 의미 있는지 없는지를 판단하기 위해 그 가능한 영향력을 평가할 수 있다.	

“사과”를 주제로 한 수업의 구체적인 목표 (초등 2, 3학년)	선택된 부분역량들의 구체화	학생들은 수업이 끝날 때 무엇을 할 수 있어야 하나? 부분역량과의 관계
변(집, 학교, 지역)의 행위가 사과생산과 사과판매에 어떤 영향들을 주는지 평가를 할 수 있다.		
학생들은 전문가(예: 유기농업인, 사과사업자), 소비자들에게 목표에 맞는 자문을 구하면서 지식을 개척할 수 있고, 그렇게 얻은 지식을 통합하고 구체적인 구매결정을 위해 이용할 수 있다.	학생들은 지속가능발전의 다양한 측면들을 살펴보기 위해 다양한 전문영역들로부터 중요한 정보들을 찾을 수 있다.	학생들은 다양한 학문영역으로부터 목표지향적으로 지속가능발전의 영역의 정보를 수집할 수 있고, 지속가능발전의 의미에서 결정을 할 때 그 정보들을 효과적으로 사용할 수 있다. 부분역량 Ⅲ: 간학문적으로 작업하기
학생들은 자신의 미래상상과 다른 학생들의 미래상상으로부터 사과 소비와 생산을 고려하여 공통적인 상상을 발전시킬 수 있다.	학생들은 어떤 입장을 수용을 하는 것이 미래사회에 대한 개인적인 상상을 나타내는 것인지 표현할 수 있다. 그리고 학생들은 다른 사람의 상상들과 비교하여 이와 관련된 공통성과 차이를 조사하고 언급할 수 있다. 그리고 그상상을 비판적으로 질문할 수 있다.	학생들은 다른 사람들과 공동으로 지속가능발전과의 관계에서 비전을 작업해 낼 수 있고, 실행을 위한 단계를 수용할 수 있다. 부분역량 Ⅳ: 타협하고 협력하기 부분역량 Ⅴ: 계획하고 실행하기 부분역량 Ⅷ: 생활스타일과 청사진 반성하기
학생들은 자신들의 미래를 상상할 때 사과의 생산, 유통, 소비를 고려하여 자신의 관심을 다른 이해관계자들의 관심과 구분할 수 있다. 학생	학생들은 미래의 계획을 판단할 때 고유한 바람과 관심 그리고 다른 사람의 개인적 관심을 공동안녕과 구분할 수 있다.	

"사과"를 주제로 한 수업의 구체적인 목표 (초등 2, 3학년)	선택된 부분역량들의 구체화	학생들은 수업이 끝날 때 무엇을 할 수 있어야 하나? 부분역량과의 관계
들은 자신들의 미래상상에 모든 이해관계자 혹은 몇몇의 이해관계자들의 관심이 중점적으로 반영되고 있는지를 판단할 수 있다.		
학생들은 어떻게 집단에서 결정들이 이루어질 수 있는지 다양한 방법들을 안다. 그리고 집단에서 결정한 것들을 수용할 준비가 되어 있다.	학생들은 자신들의 고유한 관심과 목표들에 반하더라도 공동안녕을 위한 결정을 수용할 준비가 되어 있다.	학생들은 지속가능발전을 고려하여 다른 사람들과 합의하여 함께 결정할 수 있다. 부분역량Ⅳ: 이해하고 협력하기
학생들은 사과생산자, 사과소비자 그리고 비인간적인 생물들에게 모두 도움이 되는 해결책을 찾을 준비가 되어 있다.	학생들은 목표 및 관심갈등들을 의미 있게 다루기 위한 전략과 절차를 안다.	
학생들은 사과나무 가지를 높게 재배하는 방식과 낮게 재배하는 방식의 장점과 단점을 알고 집단에서 어떤 방식의 재배를 위해 무엇을 구입해야 하는지의 근거를 제시할 수 있다.	학생들은 다른 사람의 의견과 다르더라도 자신의 고유한 의견을 합의과정에서 근거를 제시하면서 구성할 준비가 되어 있고 그렇게 할 수 있다.	(계속) 학생들은 지속가능발전을 고려해서 다른 사람들과 함께 합의하여 결정할 수 있다. 부분역량Ⅳ: 이해하고 협력하기
학생들은 다른 아이들이 구입하기로 한 구체적인 결정에 대한 주장을 경청하고 자신의 주장을 그것과 대조시킬 수 있다.	학생들은 다른 사람들의 주장을 편견 없이 검토하고, 자신의 고유한 주장과 대조하고, 자신의 주장을 수정할 수 있는 준비가 되어 있다.	

3 '사과'를 주제로 한 수업

이 사례는 퀸츨리 다비드(Künzli David, 2007: 122 이하)의 연구프로젝트 일부이다. 이 프로젝트에는 스위스 베른(Bern) 주의 9개 학교 교사들과 졸로튠(Solothun) 주의 10개 학교 교사들이 참여하였다. '사과'를 주제로 한 수업은 하나의 유치원, 초등학교 1학년 1개 학급, 2학년 3개 학급, 4학년 1개 학급에서 이루어 졌다. 이 수업의 목표는'사과'를 주제로 다양한 관점들과 논쟁하면서 아이들이 주제영역 내에서 지식에 근거한 독자적인 결정을 할 수 있는 능력을 기르고 그와 결합된 행위의 다양한 영향들을 아는데 있다.

첫 번째 주제영역 **'사과 소비하기 1'**은 무엇보다도 아이들이 사과에 대한 다양한 구체적인 경험을 수단으로 주제에 접근할 수 있도록 하고, 아이들의 선지식을 파악하고 배경지식(예: 퇴비)을 습득하는 것이 문제이다. 두 번째 주제영역인 **'생활공간으로서 사과나무'**에서는 아이들이 생물학적 관점과 논쟁하고, 첫 이해관계자와 그의 관심을 알게 되었다(부분적으로 직접 만나기도 하면서). 그리고 특별한 질문(가지를 높게 하는 사과나무 재배방식과 낮게 하는 재배방식)과 관련하여 이해관계자들의 서로 다른 관심을 숙고하였다. 세 번째 주제영역인 **'생산하기, 거래하기, 가공하기, 소비하기'**는 아이들이 다른 이해관계자들을 알게 되는 것을 가능하게 하였고, 특히 사과의 다양한 생산지에 대한 논쟁 그리고 그와 관련된 수송, 저장, 가공에 대한 논쟁을 가능하게 하였다. 다양하게 주제화된 이해관계자들의 관심은 다양한 방식에서 서로 관련되도록 하였다. 주제영역 **'사과 소비하기 2'**는 주제의 결론이다. 수업 동안 탐구된 근거는 전문가 집단에 의해 다시 한 번 심화되었고, 학급에 소개되었다. <표 4-1>에서 왼쪽 칸은 수업에서 학습목표, 오른쪽 칸은 학습목표에 도달하기 위한 활동이다.

〈표 4-1〉 사과를 주제로 한 프로젝트

도달 목표	활동
사과 소비하기 1	
주제영역의 포괄적 상위 목표: 아이들은 사과라는 주제에서 소비자로서 일상적인 결정과 행위가 인간의 현재와 미래에 영향을 미친다는 것을 체험하고 이해한다.	

<table>
<tr><td colspan="2">사과 먹기/사과종류</td></tr>
<tr><td>아이들은 사과에 대한 감각적 인상을 말로 표현할 수 있다.
아이들은 다양한 종류의 사과 소비에서 개인적으로 선호하는 사과 종류를 안다.
아이들은 객관적 진리로서 ‘가장 좋은 사과’는 존재하지 않고 다양한 주관적인 진리들이 가능하다는 것을 인식한다.</td><td>주제에 대한 선지식을 말하고 관심을 명료하게 한다. 사과의 종류를 알게 된다. 사과에 대한 감각적 인상들을 수집한다(특히 맛이 좋은 것을 포함). 다양한 언어로 “사과”라는 개념을 알게 된다. 사과의 열매부분을 알게 된다. 자신이 좋아하는 사과를 결정한다.</td></tr>
<tr><td colspan="2">하나의 사과를 소유한다(모든 교사에 의해 수행되지는 않았음).</td></tr>
<tr><td>아이들은 사회적 환경에 영향을 줄 수 있다.
아이들은 함께 사는 데 필요한 규칙들을 공동으로, 그리고 다양한 관심들을 고려하여 발견하고 유지하고 변화된 요구들에 적응할 수 있다.
아이들은 자신들이 공동의 학급규칙에 영향을 줄 수 있다는 의식을 갖게하고, 함께 결정하는 권리(공동결정권리)를 행시히는 것올 배운다.</td><td>의미 있는 그리고 말도 안되는 명령을 따르도록 한 사과왕 발렌틴의 역사.
규칙들은 공동으로 만들어져야만 한다는 것에 대한 토론 -학급규칙 만들기</td></tr>
<tr><td colspan="2">사과를 가공하기(모든 교사에 의해 수행되지는 않았음)</td></tr>
<tr><td>아이들은 사과를 가공하는 것을 따라할 수 있고, 가공과정과 생산품을 말할 수 있다.
아이들은 사과를 포함한 다양한 생산품들을 인지한다. 아이들은 소비자로서의 역량을 습득한다.</td><td>사과디저트를 만든다. 사과가 들어있는 사과요리/생산품을 알게 된다.</td></tr>
<tr><td colspan="2">사과비전</td></tr>
<tr><td>아이들은 자신의 비전을 발전시킬 수 있고, 다른 비전을 지각하고 가치를 평가할 수 있다.</td><td>환상의 사과를 만들고 소개한다. 커다란 사과의 모습에 대한 비전을 명확히 표현하고 서로 소개한다. 비전을 다른 학급과 교환하고 ‘타인의’ 비전을 계속 발전시킨다.</td></tr>
</table>

학급에서의 오전 간식문화(모든 교사에 의해 수행되지는 않았음)	
아이들은 자신의 오전 간식습관을 지각한다. 아이들은 학급친구들의 오전 간식습관을 지각한다. 아이들은 자신들의 습관을 통해서 쓰레기, 건강 그리고 사회적, 경제적, 생태적 영향들을 지역적 그리고 지구적으로 생각한다.	"오전 간식 쓰레기"를 모으고 분류한다. 학교의 쓰레기 수집 시설, 건강, 경제, 사회적 측면(지역적-지구적)과 관련하여 반성, "오전간식 책임자"가 있는 오전간식 도입
(사과) 쓰레기 퇴비(모든 교사에 의해 수행되지는 않았음)	
아이들은 자연환경과 사회환경에 영향을 줄 수 있다. 아이들은 퇴비 만드는 과정을 따라할 수 있고, 이것을 말할 수 있고, 설명할 수 있고, 그것에 영향을 줄 수 있다. 아이들은 다른 학급과 공동으로 휴식시간 쓰레기 활용을 위한 비전을 발전시키고, 실행을 위한 절차를 착수할 수 있다.	주제 '퇴비'에 대한 다양한 과제들(퇴비 작업), 퇴비 상담자와의 작업(퇴비에 있는 동물들, 퇴비동물 순환), 학급이 퇴비 만들기 주제를 다른 학급들에게 계속 전파하려는 것과 같은 주도적인 일, 퇴비 땅에 사과씨 심기(그를 위한 비전 발전시키기)
생활공간으로서 사과나무	
주제영역의 포괄적 상위 목표: 아이들은 사건들(일어난 일들)이 서로 결합되어 있음을 알고, 자신들이 영향을 끼칠 수 있음을 실제적으로 평가할 수 있다. 아이들은 완전한 사과에 대한 자신들의 바람을 숙고할 준비성를 발전시킨다.	
씨에서 사과로	
아이들은 자연의 창조적 생명력에 대한 신뢰를 발전시키고 몰입하여 그들의 삶에 대해 신뢰할 수 있는 방향/관점을 갖는다. 아이들은 어떻게 사과 씨가 사과 열매가 되는지를 이해한다(그들은 자신들이 그를 통해 자연환경과 사회환경에 편입되어 있음을 체험할 수 있다). 아이들은 식물이 번식하기 위해서는 성장의 조건이 충족되어야만 한다는 것을 이해한다. 아이들은 하나의 식물종 성장이 다른 식물에	아이들 스스로 사과 씨에 대한 비전을 분명하게 하고, 성장의 과정을 추적하고 미래를 위한 비전을 발전시킨다; 비전: 미래의 인간* 식물의 성장 조건을 알게 된다, 꽃에서 열매로(성장단계)* 사과벌레의 성장, 유익한 곤충으로서(다른 동물들을 위한 먹이) 그리고 유해한 곤충으로서 벌레 생명체와의 관계에서 사과나무를 조사한다.*

게도 적용될 수 있지만, 항상 다른 식물종과 동일하지 않다는 것을 인식한다. 아이들은 어린 생명을 성장과 연결할 수 있고, 그를 통해 자신들의 발달을 지각한다.* 아이들은 미래에 대한 상상을 발전시킬 수 있고 표현할 수 있다. 아이들은 자신의 고유한 발달을 위한 비전과 미래에 대한 상상을 표현할 수 있다.	
생태계로서의 사과나무와 1년 동안의 사과나무	
아이들은 전문가에게 궁금한 것을 물어보고 그래서 얻은 정보들을 통합하고 사용하면서 지식을 습득하고 그것을 확대한다. 아이들은 이해관계가 다른 다양한 생명체가 사과나무(생활공간으로서)에 의존하고 있다는 것을 이해한다. 아이들은 자연은 외부의 영향과 방해 없이 균형을 이루어야 한다고 이해한다.* 아이들은 알이 나비가 되는 발달단계를 지각한다.* 아이들은 사과나무와 사과나무가 환경에 미치는 계절적인 영향을 의식적으로 지각하고 말하면서 사건들이 서로 결합되어 있다는 것을 안다.*	이해관계자인 '농부'에 대한 질문카타로그를 만든다(공동으로 질문을 선택한다: 종류의 다양성, 사과가격, 외국 또는 국내의 사과, 농약을 치는지 안치는지, 높은 가지재배인지 낮은 가지 재배인지) 농장으로의 견학: 특히 높은 가지 재배방식과 낮은 가지 재배방식과 관계된 이해당사자들의 이해관계를 알게 된다(수확한 사과 vs 떨어진 과일에 대해서도). 그리고 사과를 두 쪽 내기, 즙만들기, 농장에서의 다른 요소들을 알게된다. 다양한 이해관계자들(농부, 소비자, 나무[자연])의 관심(이해관계)을 알게 되고, 논의하고, 반성한다. 그리고 식물보호라는 주제에서 하나의 관계로 묶고, 다양한 이해관계자들을 위한 Win-win 해결책을 찾는다.* 사과나무의 다양한 동물들과 그들의 이해관계를 알게 된다: 먹이사슬.
높은 가지 재배나무와 낮은 가지 재배나무	
아이들은 높은 가지 사과나무 재배방식과 낮은 가지 재배방식의 장점과 단점을 알게 된다. 아이들은 재배방식결정이 서로 결합되어 있	높은 가지 재배방식과 낮은 가지 재배방식의 장점과 단점을 알게 된다(교사수업*, 농부들을 위한 질문지*), 결정의 근거를 제시할 수

다는 것을 알게 된다. 왜냐하면 아이들이 다양한 이해관계자들의 이해관계를 높은 가지 나무 재배와 낮은 가지 나무재배와 관련해서 지각하기 때문이다.	있다(어떤 주장이 무엇 때문에 나를 설득시키는가?), 학교정원을 위한 나무 선택
사과전시/사과의 밤*	
아이들은 공개적으로 전시회를 개최하면서 가치평가를 체험하고 자신들의 작업을 인정받는다. 아이들은 이 축제의 계획과 실행에 참여하고 그로부터 지금까지 습득한 지식을 정리하고 실천에 옮긴다.	부모들과의 사과 축제, 지금까지 작업을 통해 완성한 것을 전시: 사과의 밤을 위한 아이디어를 함께 수집하고 확정한다. 사과의 밤에 초대하기 위해 필요한 내용들을 모은다. 지금까지 배운 것에 대한 반성: 부모를 위한 과제를 작성한다(포스터의 형태로 실행) 학급에서 학부모의 밤 성찰
생산하기, 거래하기, 가공하기, 소비하기(나무에서 소비자에게로)	
주제영역의 포괄적 상위 목표: 아이들은 비판적으로 생산자, 판매자, 소비자, 환경의 다양한 이해관계를 지각하고, 이해하고, 판단한다.	
과일즙 생산*	
아이들은 사과가 즙이 되어가는 과정을 실천적인 사례에서 수행하고 생산 과정을 서술할 수 있다. 아이들은 이 농장에서 생산의 의미를 인지하고, 그것을 사회적, 생태적, 경제적 측면에 적용할 수 있다.	과즙이 생산되는 농장으로의 견학
저장*	
아이들은 사과를 저장하는 이상적인 조건들과 그 조건들이 미치는 영향을 인지한다.	냉장하우스 견학: 냉장하우스의 기능, 작업과정과 비중(사과 비즈니스에서)을 알게 된다, 냉장하우스 소유자의 관심
판매와 운송	
아이들은 다양한 종류의 사과 생산지를 인지한다.	사과에 붙어 있는 상표를 근거로 사과의 생산지를 결정한다, 사과가 생산된 생산지와 국가를 지도에서 찾는다.

<table>
<tr><td>아이들은 판매가 지구적, 지역적으로 그리고 세 관점(사회적, 생태적, 경제적)과 관련해서 어떤 영향을 미칠 수 있는지 안다.*
아이들은 다양한 사과의 서로 다른 운송경로를 알고 이것을 본보기로 보여줄 수 있다.</td><td>외국 사과와 국내 사과의 다양한 수송경로와 수송수단 그리고 판매경로(어떤 이해관계자들이 참여하는지)를 알게 된다.
수송과 관련하여 다양한 이해관계자들의 기능과 관심을 논의한다: 역할놀이(농부, 트럭 운전자, 배의 선장)의 활용*
국내 사과와 외국 사과 소비에 대한 장점과 단점을 탐구하고 구체적인 결정의 근거를 마련한다(토론).</td></tr>
<tr><td colspan="2" align="center">소비자*</td></tr>
<tr><td>아이들은 소비자들의 다양한 관심을 지각할 수 있고, 그를 통해 판매에서 많은 것들이 제공되는 것을 이해한다.
아이들은 소비태도의 사회적, 경제적, 생태적 영향을 인지한다.</td><td>소비자의 관심들을 알게 된다: 소비자 설문조사(질문지를 만든다), 평가하고 결론 도출, 이미 알게 된 지식들과 결합</td></tr>
<tr><td colspan="2" align="center">사과 소비하기 2(수업에 대한 끝내기 성찰)</td></tr>
<tr><td colspan="2">주제영역의 포괄적 상위 목표:
아이들은 사과 소비자로서 자신들이 영향을 미칠 수 있는 가능성을 지속가능발전과의 관계에서 실제적으로 평가하고 이용할 수 있다.</td></tr>
<tr><td>아이들은 시각화를 통해서 사건들과 생명체들이 서로 결합되어 있다는 말을 하고 체험한다.
아이들은 완전한 사과에 대한 자신들의 바람을 공동의 관심들과 지속가능발전의 목표들을 위해 보류할 수 있는 준비성을 발전시킨다.
아이들은 자신들이 사과 소비를 통해 미래에 함께 영향을 미친다는 것을 안다.
아이들은 모순적이고 불확실한 상황과 교제할 수 있다. 아이들은 이러한 조건들에서 스스로 구매를 결정할 수 있다.</td><td>우리는 공동으로 부분 주제들을 다시 한번 지속가능발전과의 관계에서 묶는다.
지금까지 개별 부분주제들의 심화(전문가 수준): 그룹 프리젠테이션*
황금사과 수수께끼: 아이들은 주제와 관련하여 전체 수업단위의 끝내기 성찰로서 우선적인 질문에 답한다(예: 나무를 심고 싶어 하는 사람이 있다. 높은 가지 나무 재배 또는 낮은 가지 나무재배 중에 무엇을 선택해야 할까? 왜 그럴까?).</td></tr>
</table>

*는 수행하지 않은 교사들도 있었음을 의미함

4 '장난감'을 주제로 한 수업

이 사례는 앞의 사례 2가 실려 있는 소책자(28쪽 이하)에서 발췌한 것이다.

문제제기: '좋은' 장난감이란?
대상: 초등학교 2, 3학년

학습목표
내용 내지는 주제(수업내용을 위한 정리 기준들 참조) 그리고 지속가능발전교육의 상위 목표들과의 논쟁에서 교사는 다음과 같은 학습목표를 명확하게 표현한다.

학생들은
.....장난감을 판단하는 개인적인 기준들을 의식하고 이 기준들의 근거를 제시할 수 있다.
.....장난감의 판매경로와 백화점의 영업 관심을 인지한다.
.....장난감을 결정할 수 있고 주어져 있는 기준들의 도움으로 선택의 근거를 제시할 수 있다.
.....장난감 판매부서 장의 관점을 수용할 수 있다.
.....중국 이주노동자의 상황과 관심을 알고 이 상황의 긍정적인 측면과 부정적인 측면을 제시할 수 있다.
.....자신들의 소비태도가 장난감 생산과 다양한 이해관계자들에게 미치는 영향을 인식하고 이것을 판단할 수 있다.
.....아동용 장난감에 대한 성인의 판단 기준을 인지한다.
.....아동용 장난감에 대한 성인 개인들의 판단 관점들을 수용할 수 있다.
.....무엇으로부터 플라스틱과 같은 인공물질이 만들어지는지 안다.
.....미래 계획들을 근거로 다양한 시각들이 있고 보편적인 대답들이 없다는 것을 인식한다.
.....다양한 이해관계자들 상호간의 관계를 제시할 수 있고 토론할 수 있다.
.....플라스틱 장난감 또는 나무장난감의 장점과 단점을 식별한다.
.....'좋은' 장난감의 보편적인 기준들이 없고, 이러한 기준이 다양한 관심과 시각에 종속되어 있음을 안다.
.....배운 것을 토대로 고유한 소비기준을 명확하게 표현하고 근거를 제시할 수 있다.

.....장난감 생산, 장난감 판매와 소비를 위한 비전을 발전시킬 수 있다.
.....장난감 주제에 대한 자신들의 지식을 "초콜릿으로 만든 부활절 토끼"란 주제로 전이할 수 있다.

이해관계자들이 함께한 사실분석

교사의 계획단계에서는 이해관계자들이 동반된 사실분석이 중요했다. 이해관계자가 동반된 사실분석은 교사가 주제의 다양한 관점들을 파악하는 부분이고, 학습목표 작성과 병행해서 이루어진다.

수업의 흐름

도입: 아이와 장난감

놀이/놀이하기의 의미: 둘러앉아서 하는 새로운 놀이를 도입한다. 언제 놀이에 대해 말할 수 있는지 토론한다. 아이들은 '놀이'개념을 명확하게 한다.
놀이의 다양한 종류들: 놀이의 다양한 종류를 알게 되고 구분한다. - 둥그렇게 앉아서 하는 놀이, 게임판 놀이, 장난감 놀이 등. 자신의 고유한 놀이태도와 다른 사람의 태도를 비교한다: 언제, 어떻게, 얼마나 자주, 누구와 나는 놀이를 하는가? 놀이 질문지에 답한다. 반성한다: 아이들 간의 유사성/차별성은 어디에 있는가? 놀이 시간을 비교한다. 20년 후의 놀이에 대해 토론한다: 우리가 더 이상 놀이를 할 수 없게 된다면, 무엇이 나에게 의미가 있을까? 20년 후에 나에게 의미가 있는 것은 무엇이어야 할까? 대화는 아이들을 통해서 이루어진다.
관계망 포스터의 첫 이해관계자: 이해관계자의 관심과 요구인 '아이'라고 쓴 카드를 붙인다.

백화점 장난감 코너

백화점 장난감 코너 견학을 준비한다: 아이들은 견학에서 무엇에 관심이 있는지, 무엇을 보고 싶은지를 개인적으로 서술한다. 학생들은 집단을 이루어 함께 점원과 인터뷰할 질문지를 만든다(특히, 장난감 판매의 기능과 관심이 문제가 될 수 있다. 그러나 아이들에게 특별한 흥미를 끄는 다른 영역도 문제이다). 전체회의에서 인터뷰질문들을 모아서 최종적으로 확정한다.
역할놀이를 통해 아이들은 장난감 코너 담당자와의 인터뷰 연습을 한다. 역할놀이에서 담당자의 입장이 되도록 노력하여 기대하는 것들/가설들을 작성한다.
장난감 코너로의 견학: 자기 자신의 요구들과의 논쟁. 집단들은 제공된 장난감들을 다양한 기준들을 갖고(하나의 작업 기록지를 갖고) 둘러본다: 나라면 무엇을 무조건 사려고 하고, 무엇 때문에? 나라면 무엇을 사지 않을 것이고, 무엇 때문에? 나라면 30 스위스 프랑 내지는 20유로로 무엇을 살 것이고, 무엇 때문에?
장난감 코너의 담당자와 인터뷰 실행(아이들은 담당자 앞에서 준비된 인터뷰 질문을 읽고 대답하는 것을 메모한다).

견학에 대한 평가: 아이들의 요구들 성찰-전체회의에서 토론: 너는 무엇을 알았니? 어떤 장난감이 우선적으로 선택되었고, 어떤 것이 거부되었니? 어떤 이유에서? 선택을 할 때 여자와 남자 간의 차이가 있니? 왜?
장난감 코너 담당자의 안내에 대한 평가, 관점교체(바꾸기) 연습: 인터뷰 상황 역할 놀이: 장난감 코너 담당자 역할하기. 어떤 새로운 지식을 얻었는지에 대한 토론, 기대한 것 중 어떤 기대가 증명되었거나 거부되었는지에 대한 토론.
관계망 포스터의 다른 이해관계자들: 관계망 포스터에는 새로운 이해관계자들(생산과 판매로부터)이 적힌 카드가 추가적으로 붙여진다: 이해관계자들 간의 상호의존성이 논의된다. 동일하고 모순되는 관심들이 화살표와 스마일 스티커로 표시된다.
견학과 새로운 지식에 대한 성찰: 성찰보고서를 작성한다(견학보고서): 나는 무엇을 배웠는가? 장난감을 결정하는 것이 나에게 어떻게 어렵고 어떻게 쉬웠나? 무엇 때문에? 견학은 맘에 들었나? 나는 무엇을 배웠나?
전체회의에서 지식의 교환

Made in China
중국에서의 장난감 생산: 교사는 중국의 노동조건에 대해 설명한다. 비디오 "중국에서의 장난감 생산": 이주노동자의 노동조건들, '공정하게 생산하자'는 활동. 읽기 판 "Made in China"를 읽는다. 집단에서, 이어서 전체회의에서 논의를 한다.
관계망 포스터에 다른 이해관계자들: 관계망 포스터는 새로운 이해관계자들(이주노동자, 장난감 공장)이 추가된다: 새로운 이해관계자들 간의 상호의존성이 논의된다. 동일하고 모순되는 관심들이 화살표와 스마일 스티커로 표시된다.

▷학습목표 컨트롤 “Made in China”
장면에 대한 성찰: 전체회의와 집단에서 토론: 이제 무엇을? 우리가 중국에서 만든 장난감을 더 이상 구입하지 않으면 어떻게 될까? 장점-단점. 우리는 ‘공정한 생산’이라는 상표가 붙은 장난감을 구입할 수 있는가? 행복을 위해 우리는 무엇이 필요한가? 미국의 아이들은(260유로 내지는 430 스위스 프랑을 매년 장난감을 위해 지출) 아프리카의 아이들(1유로 20센트 내지는 2 스위스 프랑을 매년 장난감을 위해 지출)보다 행복한가?

어떻게 어른들은 아이들의 장난감을 선택하니?
성인이 장난감을 구입하는 기준들과 관련된 기대/선지식: 역할놀이: 아이에게 장난감을 선물할 때 할아버지, 할머니, 부모님은 어떤 기준을 갖고 있을까? 역할놀이 평가, 부모와 조부모 등의 장난감 선택기준에 대한 성찰.
어른과의 인터뷰: 부모, 조부모와의 인터뷰를 그룹에서 준비한다. 아이들 각각 한 명의 성인과 인터뷰를 진행한다.
지식에 대한 반성: 개별 주인공들의 장난감 선택 기준을 리스트로 만들고 서로 대조되도록 한다. 전체회의에서 토론: 무엇이 눈에 띄나? 그것은 왜 그러한가? 우리는 무엇을 기대했나, 무엇이 우리를 놀라게 했나?
관계망 포스터에 다른 이해관계자: 장난감을 구입하는 어른의 역할과 관심들을 추가하고 다른 이해관세자들과의 관계를 화살표와 스마일 스티커로 설명한다.

플라스틱 장난감의 생산
플라스틱 입문: 읽기 텍스트, 작업기록지, 실험과 비디오 시퀀스를 갖고 플라스틱 주제를 파악한다. 플라스틱은 어떠한가? 플라스틱은 무엇인가? 플라스틱은 어디에서 오는가? 석유에서 장난감으로. ‘레고’를 예로 들어 플라스틱 장난감의 생산.
시퀀스의 평가: 전체회의와 집단에서 토론: 우리가 플라스틱 장난감을 더 이상 구입하지 않는다면, 무엇이 있을까? 더 이상 플라스틱 장난감이 없다면, 우리 아이들 방은 어떤 모습일까?
학습목표 컨트롤 “플라스틱”

장난감 수선하기, 다시 사용하기
견학 준비: 일자리를 구하고 있는 실업자들이 작업하고, 자격을 취득할 수 있는 장난감 리사이클링-작업장이 소개된다.
견학: 기관 안내. 그곳에서 아이들은 실업자가 무엇을 의미하는지를 경험하고, 수선되는

다양한 생산품들을 보고, 재료들이 모두 다 잘 수선되는 것은 아니고, 중고 장난감을 싼 가격에 구입할 수 있다는 것을 인식한다.
견학 평가: 견학에서 얻은 지식을 집단에서 토론. 학습저널: 아이들은 견학에서 얻은 가장 중요한 지식들을 설명하고, 이 기관에서 제공하는 것들의 장점과 단점을 백화점의 장난감 코너와 비교하여 서술한다.
관계망 포스터에 다른 이해관계자: 관계망 포스터에 '리사이클링기관'의 이해관계자를 추가. 이미 알려진 이해관계자와의 관계를 설명하고 토론한다.

최종관계망들과 전이
'플라스틱 장난감 -장점과 단점'이란 주제로 찬성-반대-역할놀이 준비(스위스 TV방송을 모델로): 아이들은 각 집단에서 다양한 역할(관계망 포스터에 있는 이해관계자들)을 준비한다. 플라스틱 장난감이 더 이상 팔리지 않는다면 개별 이해관계자들에게는 무엇을 의미하나?
집단 간의 찬성-반대-주장은 이어서 전체회의에서 비판적으로 토론되고 보완된다.
TV프로그램의 원리는 교사가 소개한다. 무대 위에서의 다양한 이해관계자들의 역할 배분, 'TV 스튜디오의 관객들'(무대에서의 역할을 배분받지 못한 아이들은 두 그룹으로 나누어지고 〔플라스틱 장난감에 대한 찬-반팀〕, 사회자에 의해 개입되는 적극적인 관객으로 투입된다)에게도 다양한 역할이 할당된다.
이러한 준비시퀀스의 중요한 인식들이 관계망 포스터에 그려진다.
역할놀이의 실행: 역할놀이는 부모와 친척들 앞에서 공연되고, 하나의 카메라로 촬영된다. 교사는 사회자의 역할을 수행한다. 교사와 친척들은 스스로 'TV 스튜디오 안의 관객'으로 토론에 참여한다.
역할놀이 공연에 대한 성찰: 이해관계자 역할을 맡은 각각의 아이는 후기를 말한다. 이해관계자로서 어떤 느낌이었는지. 나머지 학생들도 후기를 말한다. 어떤 주장이 어떤 이유에서 가장 인상적이었는지.
자신의 장난감 소비에 대한 개인적 성찰: 각각의 아이는 다음 장난감을 구입할 때 자신에게 무엇이 중요한지를 표현한다 -칠판에 그것을 적는다.
세 명의 아이들이 하나의 집단을 이루어 아이들이 제안한 장난감 구매를 위한 다양한 언급들을 협의하고, 그들을 위해 최선의 것을 선택하고, 학급 앞에서 그 근거를 제시한다.
이해관계자들의 관심들과 상호의존성 반복과 비전 작성: 집단에서 아이들은 반복과 심화로 다음과 같은 질문을 협의한다: "우리가 플라스틱 장난감을 포기한다면, 무엇이 있을까?"-"그것은 관계망 포스터에 거론된 이해관계자 개인들에게 무엇을 의미할까?" 전체회의에서 의견을 수집하고 토론한다.

동료와의 협업에서 아이들은 개별적인 이해관계자들과 관련하여 공정무역을 위한, 공정하고 적합한 생산을 위한 바람들과 규칙들을 카드에 작성한다. 전체회의에서 아이디어들을 교환하고, 필요하다면 논의한다. 작성한 카드들을 이해관계자 포스터에 있는 각 관계자에게 매단다.

지식의 전이: 집단에서 아이들은 '장난감'을 주제로 논쟁에서 획득한 지식들을 '초콜릿 토끼'라는 주제에 적용하는 시도를 한다: 첫 단계에서 중요한 이해관계자들과 그들의 협력 작용을 선정하고, 지식지도의 형태로(관계망 포스터의 원리에 따라) 확정한다. 각 집단은 그들의 지식 지도를 전체회의에서 소개한다. 이어서 질문에 대한 토론: "초콜릿 토끼가 더 이상 없다면 무엇이 있을까?"

학습과정에 대한 성찰: 아이들은 수업 과정에서 학습목표를 어느 정도 달성했는지 그들의 시각에서 질문지로 평가한다.

벽신문 만들기로 수업 종료: 아이들은 다음 두 개의 질문에 대한 벽신문을 만든다: '장난감' 주제에서 무엇이 최고로 마음에 들었나? 무엇을 안 것이 너에게 가장 중요한 것이었나?

수업과정에서 반복(되풀이 된 것)

집단 작업에서 서로 다른 것, 과제들의 분배, 결정에 이르는 형태, 결과의 질은 규칙적으로 논의되고 변화를 고려하여 성찰되었다. 학습과정은 규칙적으로 수업노트를 통해 성찰되었다. 모든 학생은 수업 진행과정에서 자신이 가장 좋아하는 장난감을 소개하였다. 그리고 왜 그런 지에 대한 근거를 제시하였다. 발표의 질은 이어지는 전체회의에서 논의되었다. 수업 진행과정에서 규칙적으로 사회놀이들이 행해졌다. 이 놀이들은 그때마다 아이가 설명하였고, 이끌었다. 놀이들 그 자체, 마찬가지로 아이의 놀이 이끎 도 그때마다 논의되었다.

5 중등학교에서의 프로젝트 – 주제: '면–제3세계의 생산물'

(http://www.transfer-21.de/indexfbd5.html?p=42)

이 사례는 BLK-Programm "21"에 참여하였던 학교에서 개발한 56개의 사례 중 하나이다. 이 사례는 독일 작센-안할트(Sachsen-Anhalt) 주의 남동쪽에 위치한 볼펜(Wolfen)시 소재 중등학교 'Am Nordpark'에서 2000년 11월 2주간 범교과적 수업프로젝트로 수행되었던 것이다. 2001년에는 1주로 축소하여 실시되었다. 이 프로젝트에는 수학, 가정경제, 예술, 지리, 화학, 독일어, 생물, 영어, 경제, 음악 교사와 8학년 학생들이 참여하였다. 'Am Nordpark'학교는 1970, 1980년대의 콘크리트 건물지역 한 가운데에 위치하고 있었다. 프로젝트가 수행될 당시 학교 주변 환경은 대량의 주민이 다른 곳으로 이주하여 빈집들이 많고, 여가를 즐길 수 있도록 제공되는 것이 많지 않으며, 실업률이 평균보다 높았다. 이 학교에는 촉진단계인 5,6학년, 중등학교과정인 7-9학년 그리고 레알슐레 과정이 설치되어 있다. 7-9학년 영어, 수학, 독일어, 물리수업은 학생의 성취능력에 따라 구분되는 코스(A,B)로 운영되고 있다. 기술, 가정경제, 제2외국어, 선택의무수업과 스포츠는 학급이 아닌 학습 집단으로 수업이 운영되고 있다.

10명의 교사가 연구모임에 참여하여 설문조사를 통해 학생들의 관심이 높은 제3세계의 문제를 주제로 선정하였다. *제3세계*라는 표현은 다음과 같은 이유에서 사용하였다.

첫째, 운영되고 있는 "제3세계 가게"가 학교 협력자로서 지구적인 관계에서 학생들에게 명백하게 공감될 수 있을 것이기 때문이었다.

둘째, "하나의 세계"라는 표현은 이 프로젝트가 기여하고자 하는 질적 발전을 나타낸다.

8학년 대상으로 2주에 걸친 프로젝트 작업을 하게 된 이유는 다음과 같다.

첫째, 학생들은 촉진단계와 그 이후의 중등교육과정에서 이루어진 활동을 통해 집단작업, 협업, 자유작업, 브레인스토밍, 마인드맵과 같은 수업방법을 적용할 수 있는 능력을 갖추고 있다.

둘째, 예술, 독일어, 지리, 화학, 경제 교과들은 주제와 밀접하게 관련된 내용을 교과별 기본지침에 포함하고 있다.

셋째, 한 주 이상 실행하는 프로젝트는 학교조직과 수업조직의 면에서 시험, 실습, 의무프로젝트 주간 등이 포함되어 있는 8학년에 가장 잘 통합될 수 있었다.

이 사례는 BLK-Programm “21”-지속가능발전교육 3개의 모듈 중 모듈1 “간학문적 지식”에 속하고, 모든 형태의 일반학교 7, 8, 9학년에서 실행될 수 있음을 염두에 두고 구안된 것이다. 다음의 <표 4-2>는 BLK-Programm “21”의 모듈과 내용영역 중 이 사례가 어느 모듈과 내용영역에 속하는지를 보여준다(이 책 제3장 참고).

〈표 4-2〉 **모듈과 세트에 대한 개요**

모듈1 간학문적 지식	지구적 변화의 신드롬
	지속가능한 독일
	환경과 발전
	이동성과 지속가능성
	건강과 지속가능성
모듈2 참여적 학습	지속가능한 도시 만들기에 동참
	지속가능한 지역 만들기에 동참
	지역 의제에 참여
	지속가능성 지표 개발
모듈3 혁신적 구조	학교특성 “지속가능한 발전”
	학교에서 지속가능성 검사
	학교회사와 지속가능한 경제
	외무와 협력의 새로운 형태

이 사례는 “면-제3세계의 생산물”이란 하나의 주제가 어떻게 거의 모든 수업교과의 기본계획과 관계될 수 있는지를 보여준다. 그리고 이 사례는 다른 주제를 계획하고 실행해 가는 데 있어 기본 토대를 제공한다. 이 사례는 지속가능발전의 관점에서 “면-제3세계의 생산물”을 고려하여 학생과 교사들에게 다음과 같은 의미 있는 생활주변의 구체적인 문제를 다룬다.

- 원료의 출처,
- 생산국들의 사회적, 경제적, 생태적 상황,
- 가공과정이 끼치는 영향,
- 운반, 세척, 쓰레기처리로 인해 야기되는 결과들

생산물 분석에서 건강 측면이 간접적으로 다루어진다면, 섬유제품의 유해물질 방출 또는 섬유제품의 화학적 변화에 대해 토론할 때는 직접적인 접근이 제공된다. 거주공간의 질에 대한 고찰과 판단은 학생들에게 생산국의 생활상황을 환기시키기에 대단히 좋은 접근이다. 생활상황을 비교 할 때 복잡한 환경과 관련된 건강위기들이 주제화될 수 있다. 다음 <표 4-3>은 주제와 교육과정의 관련성을 보여주는 것이다.

〈표 4-3〉 주제와 교육과정의 관련성

교과	기본계획-범위	수업주제
지리	인간은 자신의 생활공간을 다르게 만든다. (지침 26쪽 이하 참조)	동양에서 검은아프리카(사하라사막 남쪽)에서 교과를 포괄하는 주제 "불평등한 하나의 세계"
예술	다채로운 색 만들기	옷감에 그림그리기
화학	금속수산화물(26쪽) 소금(27쪽) 석회분제거(33쪽) 비누, 알칼리소금(39쪽)	- 기름과 가성소다액으로 비누 만들기 - 비누의 PH평가 - 표백 - 염색 - 세척제 - 물의 세기
독일어-변형 A	논리적으로 주장하기(28쪽)	- 유행상표, "우리학교에서의 유행"에 대한 인터뷰
독일어-변형 B	논리적으로 주장하기	토크쇼
생물	현미경으로 관찰하기	- 목화재배와 다양한 재료에서의 사용
영어	문장이해하기, 대화, 말하기, 생산적 활동(22/23 쪽) 지역연구(27쪽)	- 레비 스트로스(Levi Strauss)에 관한 이야기 - 진(Jeans)의 역사 - 진의 콜라쥬
경제	- 시장, 사용자와 환경(26쪽) - 경제적인 행위와 생태적인 책임(30쪽 이하) - 쓰레기통에 버리는 것과 버려진 것의 사용가치(진가)(28쪽 이하)	섬유 목걸이
가정경제	가정에서 옷감 관리(17쪽)	빨래 관리
음악	주제6: 팝뮤직(31쪽) - 불평등한 세계	재즈 만들기 : 노동가(근로의 노래), Spirituals, 가스펠송

- **주제의 세분화**

학생들이 주제에 강력하게 동의하는 것은 매우 중요하였다. 왜냐하면 그러한 주제는 학생들의 관심을 일깨우고 동시에 그들에게 의미 있는 내용으로 익숙해질 수 있었기 때문이다. 물론 주요주제인 "면-제3세계의 생산물"은 주어져 있는 것이었다. 학생들은 다음과 같은 문제에 흥미를 갖고 있었다.

- 목화가 어디에서 자라는가?
- 어떻게 재배되는가?
- 목화를 어떻게 이용되는가?
- 제3세계의 사람들은 어떻게 살고 있나?

교과담당 교사들은 이러한 관점들을 직접적인 수업준비에 이용할 수 있었다. 학급에서 브레인스토밍을 통해 흥미 있는 문제들과 질문들이 걸러졌고, 동시에 개별적인 부분과제들이 겹쳐지는 것을 피할 수 있었다.

수업은 다음과 같이 계획되었다.

〈표 4-4〉 수업계획

주제영역	시간
견학	
브레나(Brehna)에 있는 청소(정화)기업 방문	1일
비터펠트(Bitterfeld)에 있는 화학정화 시설	3시간
볼펜(Wolfen)에 있는 제3세계-가게 방문	3시간
드레스덴(Dresden)에 있는 위생박물관 방문	1일
2주간의 프로젝트 수업	
지리	
동양 검은 아프리카	2×6시간
예술	
옷감에 그림그리기 목화로 장식용 꽃 만들기	6시간

화학 4시간
비누 만들기
옷감 채색하기

독일어 4시간
개념설명
교육사 논리적으로 말하기
인터뷰
논쟁

생물 2시간
현미경으로 관찰하기
게시판 만들기

영어 4시간
레비 스트로스(Levie Strauss)에 관한 이야기
남부국가들에서 살기(영화)

경제 2시간
섬유사슬[8])에서의 생태적, 건강 및 사회적 문제

가정경제 5시간
옷감 관리

음악 2시간
노래들-노예

수학 3시간
재배지를 다이어그램의 형태로 보여주기

8) 목화재배에서 면 생산품 폐지까지 일련의 과정

지리

목화 재배와 개발도상국 사람들의 생활조건

내용-문제제기

지리에서 '면-제3세계의 생산물' 주제는 재배, 개발도상국 사람들의 생활 조건과 독일 사람들의 생활조건을 비교하는 관점에서 다루어진다.

학생들은 여러 주 전에 주제에 친숙하게 되었다. 수업 전단계로서 학생들은 브레인스토밍을 통해서 6시간씩 2일에 다룰 수업 주제인 내용들을 선정하였다.

학생들은 다음과 같은 문제를 의미 있게 인식하였다.

- 면이란 무엇인가? 목화는 어떤 재배조건이 필요한가? 어디에서 목화가 재배되는가?
- 개발도상국이란 무엇인가? 거기에서는 어떤 문제들이 해결되어야 하나? 개방도상국은 지원이 필요한가?
- 개발도상국에 대한 상세한 연구! 독일과 비교!
- 개발도상국 사람들의 생활조건들(주거조건, 일과, 먹거리 등)
- 어떻게 다른 학급 학생들이 우리의 경험들을 이용할 수 있나?

방법역량들

- 지도로 작업하기
- 통계로 작업하기
- 공간적-지리적 비교
- 정보조달
- 연관적 사고
- 문제토론

수업진행

첫째 날(6 시간)

1. 4명의 학생으로 구성된 그룹에서 **시작/ 동기부여(약 30분):**

토론, 추정, 문제파악, 과제를 인식한다.

보조수단: 목화꽃, 염소표백제가 담긴 병, 목화수확/가공 그림들, 면으로 된 옷감이 보조수단으로 바닥에 널려있고 학생들을 주제로 안내한다. 꽃으로부터 어떻게 진이 되는가? 학생들은 염소표백제의 냄새를 맡아보는 것과 같은 추정으로 이것에 대해 말했다. 목화

수확/목화가공에서 열악한 노동조건들에 관한 그림도 학생들이 주제에 찬성하는데 기여한다.

2. 모둠작업

모둠 I: 목화의 재배조건

1. 목화란 무엇인가?
2. 목화가 성장하기 위해서는 어떤 재배조건이 필수적인가?
3. 탐구하는 과정에서 목화재배를 위한 다양한 외적 조건들(기온, 습도, 토양, 빛 등)을 서술하고 결과를 기록하라!
4. 탐구과정을 프로젝트에 따라서 계속 수행하고 그에 관하여 동료학생들에게 보고하라!

탐구과정에서 학생들은 번호가 매겨진 다양한 식물 껍데기, 옥토(부식토), 10개의 목화씨앗을 받았다. 그것을 가지고 학생들은 스스로 시뮬레이션 된 다양한 조건들을 발전시켰다. 예를 들면,

1. 많은 습기, 모래토양, 많이 따듯한 온도
2. 습기 전혀 없음, 부식토, 낮은 온도 등
3. 빛이 필요 없음

학생들은 작은 카드에 시뮬레이션 한 조건들을 정리하였다.

모둠 II: 생태적 목화재배

1. 생태적 목화재배란 무엇인가?
2. 지구 대부분의 나라에서 생태적 목화 재배과정을 서술하라!
3. 재래식 재배와 비-생태적 재배를 비교하라!
4. 어떤 과정에서 건강에 해로운 재료들이 투입되는가?
5. 건강에 해로운 재료들은 인간에게 어떤 위험을 주는가?
6. 결과를 적합한 양식으로 표현하라!

모둠 III: 목화 재배 지역

1. 지구의 어디에서 목화가 재배되는가?
2. 볼 수 있는 형태로 목화를 생산하는 주요 국가를 제시하라!
3. 어떤 목화 생산국이 독일 섬유산업에 특히 중요한가?
4. 지구의 어떤 국가에서 목화재배가 가능한지 “규칙”을 찾아라!

모둠 IV: 목화 생산물의 장거리 여행

1. 네가 구입할 수 있는 진/티셔츠가 어떤 경로를 거쳐 가게에 까지 왔는지 조사하라?
2. 다른 해결책을 찾아라!
3. 옷이 더 이상 필요하지 않다면 무슨 일이 생길까?
4. 결과를 시각적으로 제시할 수 있는 방법을 선택하라!

자료들은 학생들이 사용할 수 있도록 책, 복사 등으로 제공된다. 색연필, 풀, 포스터 등 필요한 재료들은 이미 학생들이 학교에 가져다놓았다!

모둠 V: 학습프로그램

(PC에서 작업을 잘 하는 학생들과 2일에 걸친 작업)

이 모둠의 학생들은 카드함 카드에 적혀 있는 기존 학습프로그램 정보를 현실에 맞게 바꾸고 보완하는 일을 하였다. 이 방법은 얼마나 빨리 정보들이 낡은 것이 될 수 있는지 그리고 최근의 발전을 명료하게 보여주기 위해 선택되었다. 이 작업의 결과는 다른 모둠 혹은 후속 학년들이 이용 가능하도록 하였다. 주어져 있는 재료들은 이집트와 나일강에 관한 것이었다. 학생들은 교사가 지정한 페이지의 수치자료를 새롭게 기술하고, 그것에 부합하게 기존의 카드, 표 또는 삽화를 보충하는 작업을 하였다. 이어서 카드함 카드에 기록된 프로그램을 정리하였다. 우선 정보들을 제공하고 페이지의 마지막에 이집트에 대한 실문을 작성하였다. 다음 페이지의 상단에서 답을 발견할 수 있도록 하였다. 이 프로그램은 전체 83개의 카드함 카드로 구성되었다.

3. 발표/일일 평가를 위한 준비

둘째 날(6 시간)

1. 시작/ 동기부여

둥그렇게 앉음, 토론/추정, 과제파악, 보조수단: 개발도상국과 산업국가들 그림(아이들의 상황, 아프리카에 있는 시골초등학교 등)

2. 모둠작업 (4-6명 규모)

모둠 I

1. 한 아프리카 마을의 주거상황과 여러분 주거상황을 비교하라!
2, 이러한 국가의 생활상황을 여러분의 동료학생에게 알릴 수 있는 형태를 선택하라!

모둠 II

1. 부키나 파소(아프리카)에 있는 한 부인의 일과를 독일 부인의 일과와 대조하라!
2. 여러분 가정에서의 경험을 이용하라!
3. 시각적인 제작 형태를 선택하라!

모둠 III

1. 산업국가란 무엇인가? 개발도상국가란 무엇인가?
2. 제3세계 국가들의 문제를 제시하라!
3. 어떻게 이런 국가들을 도울 수 있는가?
4. 결과를 시각적으로 제시하라!

모둠 IV

1. 개발도상국인 이집트를 산업국가인 독일과 비교하라!
2. 위치, 크기, 인구, 인구밀도, 기후, 식물, 토지이용, 산업, 농업, 교육 등과 같은 실태를 구분하라!
3. 이집트에게 목화와 나일강이 갖는 의미를 서술하라!
4. 결과를 시각적으로 제시하라!

모둠 V

첫째 날을 볼 것

평가

모둠 작업에서 실질적인 내용과 실행구안, 그리고 질이 상이한 포스터/벽신문이 만들어졌다. 실천적인 활동들(첫 날 모둠I)은 학업성취가 낮은 학생들에게 먼저 제공되었다. 내용적으로 어려운 주제(생태적 목화재배)를 다루는 것은 학생들의 목표 있는 선택을 필요로 한다. 이집트에 대한 학습프로그램은 정서법과 추후에 수정되어야만 했던 외적 형태에서 여러 번의 오류를 다루었다. 교사를 위한 프로그램 열람은 "미래를 위한 상호교수", E-mail: agentur@intel-lehren.net, link Geografie를 통해서 가능하다.

학급의 모든 결과들은 프로젝트 마지막 날 발표를 통해 8학년 학생, 교사, 학부모에게 소개되었다. 포스터는 스쿨하우스 꾸미기를 위해 사용되었다. 학습프로그램은 지리수업 활동의 독자적인 학생활동 구성부분이다.

2번에 걸친 6시간의 지리수업에서 필수적인 것은 집중력을 잃지 않도록 학생들을 항상 격려하는 것이다. 마찬가지로 학생들이 스스로 시간을 조직하고 계속해서 프로젝트 작업을 하는 것이 필수적이다. 하나의 수업교과 내에서 하나의 주제를 3시간 작업하도록 계획하는 것을 대안으로 생각할 수 있다. 학생집단의 상이한 작업속도를 고려하여 추가적인 지형카드, 수수께끼 등의 재료를 준비하는 것이 유익하다.

독일어 변형-A

논리적으로 주장하기, 메이커 옷에 대한 찬성과 반대

내용-문제제기

논리적 주장을 통해 학생들은 문제의 실상을 다양한 관점에서 관찰할 수 있다는 것과 자신들 스스로 의견과 주장을 적절하게 표명하여야 한다는 것을 인식해야한다. '목화'라는 주제에 접근하기 위해 시작 단계에서 하나의 시가 이용되어야 한다. 이 주제는 논리적 주장하기에 속한다. 토론에서 '유행상표' 문제에 대한 찬반이 신중히 고려되어야 한다. '우리학교에서의 유행'이란 주제로 수행된 인터뷰가 결론을 형성한다.

수업의 진행

주제	경과(진행)	목표
첫 시간: 시 예시 "잡동사니들의 얘기"	- 둥그렇게 앉아서 함께 시를 낭독한다. - 개념들 설명 - "나"에서 "우리"로 라는 시를 함께 낭독한다.	- 자신의 소비태도에 대해 숙고하기 - 자신을 위한 결론도출하기 - '유행'이란 주제에 대한 호기심 일깨우기
두 번째와 세 번째 시간: 학생의 경험영역에서 "옷장에서 흔적 찾기"	시작단계로서 "당신의 옷장에서 발견여행"(학급에서 토론) 상이한 과제를 수행하는 4개의 학생모둠으로 나눔: 모둠1 - 논리적 주장들을 늘어 놓으면서 사안 파악하기, 그 때 한 부분 및 여러 부분의 주장들이 이용되어야만 했다 예) 왜 너는 메이커 옷을 입니? 메이커 있는 물건을 소유하면 사람들이 더 인정해 주나?	학급 및 학교에서 인터뷰 형태의 의견조사가 마지막에 수행된다. 하나의 실태에 대한 논리적 주장 찾기

	모둠 2 - 장점과 관계되는 질문하기(찬성-질문) 예) 상표를 위해 더 많은 돈을 지출하는 것에 대해 무엇이라고 두둔합니까?	의견들을 지지하고 증명한다.
	모둠3 단점과 관계되는 정반대의 주장들을 질문하기(반대-질문) 예) 무엇 때문에 비싼 옷을 위해 돈을 지출합니까?	반대되는 의견을 사실적으로 시각적으로 논리적으로 제시한다.
	모둠4 결정하는 질문, 근거를 가진 개인적인 결정 예) 입지 않는 옷을 옷장에 놔두는 것이 의미 있다고 여깁니까?	개인적인 결정들은 이해가 될 수 있도록 근거가 있어야만 한다.
	4개의 모둠 작업 모두가 학급에서 평가되고, 그에 이어서 학급에서 패션-테스트가 실행되었다.	
네 번째 시간:	학급에서 두 개의 설문지 작성 1) 교사와 학생 대상의 설문지 완성 2) 3명의 학생 대상으로 인터뷰 수행 3) 패션-테스트 평가	인터뷰 하기 (학생 + 교사)

학생대상 인터뷰 질문 중에서

1) 유행상표에서 특별한 것이 무엇이라고 생각합니까?

2) 메이커 상품을 가지면 더 존경 받을 것이라고 믿습니까?

3) 가장 좋아하는 옷은 어떤 것입니까? 그 이유는 무엇입니까?

학급에서 패션-테스트를 위한 질문지의 일부분

1) 매달 용돈에서 얼마를 옷을 사는 데 씁니까?

a) 약 절반

b) 절반보다 적게

c) 약 3/4

2) 얼마나 자주 새 옷을 구입합니까?

a) 1년에 여러번

b) 2~3주 마다

c) 매주

3) 평균적으로 얼마나 오랫동안 하나의 옷을 입습니까?

a) 1년에서 2년까지

b) 2년 이상

c) 2개월

4) 만약 부모가 자식들에게 희망하는 모든 상표를 충족시켜 준다면, 그것은 ......

평가

결과로서 우리는 우리가 평가한 패션-테스트와 '유행'을 주제로 우리학교 카탈로그를 제작 할 수 있었다. 우리는 4시간보다 더 많은 시간을 사용했더라면 좋았을 것이다. 왜냐하면 '현대 매체'라는 코스의 도움으로 상응하는 기술을 효과적으로 투입했다면이 확실히 더 나았을 것이었기 때문이다. 예를 들어 인터뷰를 촬영하여 작은 영상으로 제작했더라면 더 좋았을 것이다.

경제

섬유 사슬, 재배에서 낡은 재료 처리까지

내용-문제제기

경제교과에서 프로젝트 참여자들은 목화재배의 중요성과 '섬유 사슬'에서 그 역할을 조사한다. 즉, 섬유사슬은 목화 재배에서 생산-사용-생산물(낡은 면 옷) 폐품 처리까지 일련의 과정을 말한다.

학습목표

- 학생들은 목화식물에 관한 지식을 심화한다. 학생들은 목화식물이 옷감 생산을 위한 원자재라는 것은 인식한다.
- 학생들은 목화의 재배, 수확, 가공에 관한 지식을 강화한다.

- 학생들은 '섬유사슬'을 통해 목화 재배에서부터 면 옷감의 처리까지에 대해 알게된다. 그때 그들은 인도를 목화재배의 나라로 알게된다.
- 학생들은 목화재배가 결과적으로 가져오는 생태적인 문제를 인식하고 그를 위한 비판적인 입장을 수용한다. 동시에 학생들은 인간의 건강에 미치는 영향을 인식한다.
- 사례를 통해 학생들은 어떤 사회적 문제(아동노동, 낮은 임금, 열악한 노동조건)가 존재하는지를 알게 된다.
- 학생들은 '섬유사슬'에서 생태적, 사회적, 건강문제를 정리할 수 있다. 학생들은 텍스트 재료와 영상재료를 평가할 수 있는 능력을 갖추어야 한다. 학생들은 포스터 제작을 위한 아이디어를 발전시키고 스스로 작업한다.

수업진행

첫 시간에 학생들은 '유행이 죄악일 수 있는가?'라는 제목의 영화를 관람한다.

교사는 주제와 영화로 학생을 안내한다.

다음과 같은 과제를 수행하는 3개의 모둠이 만들어 진다:

모둠1: 영화에서 목화를 재배하고 가공할 때 어떤 생태적인 문제가 발생했나?

모둠2: 영화에서 목화를 재배하고 가공할 때 어떤 건강상의 문제가 발생했나?

모둠3: 영화에서 어떤 사회적 문제가 제시되었나?

학생들은 자신들에게 주어진 과제에 따라 메모를 한다. 이어서 메모들을 모은다.

작업 모둠은 학생들의 관심 정도에 따라 만들어 진다. 학생들이 자발적으로 모둠을 만드는 데 어려움이 있다면 교사가 모둠을 결정할 수 있다. 학생들은 텍스트와 영상자료를 평가한다. 학생들은 그것을 위해 스스로 주제에 맞는 포스터를 제작한다. 교사는 보조원을 배치하고 정보자료를 사용한다.

평가

얻어진 지식이 요약되어 있는 포스터는 마지막에 발표하는데 사용한다. 생태적, 건강상의, 사회적 문제는 그림과 텍스트를 통해 명료하게 되고 동시에 비판적인 대상이 된다. 계속해서 목화를 더 건강하고 더 생태적으로 재배하고 가공할 수 있는 대안이 제시된다. 무엇보다도 제3세계에서 낮은 임금이 비판적으로 주시된다. 제작된 포스터는 다른 학생들을 위한 정보로도 기여하므로 교실 또는 학교하우스에 걸어놓는다.

6 초·중등학교에서의 지속가능발전교육

다음은 éduation 21의 홈페이지(http://www.education21.ch/de/education21)에서 소개하고 있는 스위스 초·중등학교에서 지속가능발전교육 사례이다. éduation 21은 스위스의 지속가능발전교육 역량 및 직무역량 국가센터이다. 이 센터는 주정부, 연방정부, 시민단체의 위탁으로 지속가능발전교육을 학교에 정착시키는 과제를 수행하고 있다. 교사, 교장, 교감, 학교관계자들에게 지속가능발전교육 관련 학습자료 제공, 상담, 프로젝트 재정지원을 하고 있으며, 교육대학 그리고 그 외의 교원양성기관과 협력하여 교사 계속교육을 지원하고 있다. 스위스는 26개의 주정부(Kanton)로 구성되어 있다. 스위스의 학교교육은 무상이며, 의무교육은 중등교육 Ⅰ단계까지 9년이다. 일반적으로(대부분의 주에서) 초등교육 6년, 중등교육 Ⅰ단계 3년, 중등교육 Ⅱ단계 3~4년이며, 중등교육 Ⅱ단계는 김나지움, 전문중등학교(FMS), 직업기초교육으로 구분된다. 중등교육 Ⅰ단계 졸업생의 90%가 중등교육 Ⅱ단계로 진학하고, 그 중 2/3(70-80%)가 직업기초교육과정으로 진학한다. 직업기초교육과정은 독일과 마찬가지로 직업학교에서 이론과 일반교육을 받고, 현장에서 실습하는 이원체제이다. 중등교육 Ⅰ단계 졸업생의 1/3(20~30%)은 Ⅱ단계의 김나지움 또는 전문중등학교로 진학한다. 김나지움은 대학교 진학을 준비는 학생들이 입학하며, 전문중등학교는 건강, 복지, 교육 등 특정 분야의 직업을 준비하는 전문대학(Fachhochschule)에 진학하고자 하는 학생이 입학한다(https://www.swissinfo.ch/ger/bildungssystem/28982132).

아이들과 철학하기

돌맹이가 행복할까?

(http://www.education21.ch/sites/default/files/uploads/pdf-d/schule/Philoskids_DE_V2.pdf)

개요

주제: 아이들과 철학하기
유형 : 교육학적 방법
시간 : 장면 당 20분
학년: 1-9학년
학교: Erlen 종합학교
참여자 수 : 6-10명의 소그룹
지역: 취리히(Zürich) 주의 딜스도르프(Dielsdorf)

지속가능발전교육 역량
- 비판적-구성적 사고
- 교유한 가치 및 낯선 가치 반성하기
- 관점 바꾸기

수업계획

교과영역: 자연, 인간, 사회

역량영역 11: “학생들은 철학적 물음을 제기하고 그 것에 대해 깊게 생각하고 기본경험들, 가치, 규범들을 탐색하고 반성할 수 있다”

범교과적 역량

개인적 역량: 자기성찰, 자주성

사회적 역량: 대화 및 협업능력, 갈등관리 능력, 다양성과의 교제

방법적 역량: 언어능력

요약

토끼들이 악몽을 꾸나요? 숲은 얼마나 많은 나무들을 필요로 하나요? 무한은 얼마나 계속되나요? Erlen 종합학교 학생들은 교사들과 철학하기를 할 때 이러한 그리고 유사한 질문들을 다룬다. 아이들과 철학하기는 아이들과 대화에서 그들의 질문과 인식노력을 진지하게 수용하고 촉진하는 교육적 기본태도이다. 이러한 방법을 통해서 학생들은 자신들의 고유한 사고를 형성하고 근거를 짓고 다른 관점을 경청하고 수용하도록 격려된다. 그것을 통해 자존감이 향상된다 -자신의 고유한 사고의 가치를 인식한다. 학생들은 강제 없이 근거들을 서로 논의하는 것을 배운다. 즉, 어떻게 고유한 오성을 사용하고 자기 자신과 그리고 타인과 비판적으로 논의하는지를 배운다. 철학하기는 상대방에 대한 존중, 개방성, 관용을 배우기 위한 수단이고, 민주주의에 대한 이해를 구축하는 데 기여하고 지속가능발전교육을 촉진하는 방법이다.

특별한 강조점
- 자유로운 발언: 학생은 자신이 생각하는 것을 평가 받지 않고 말할 수 있다. 그들의 사고는 맞고 틀린 것이 없는 가치 있는 것이다.
- 서로 존중하는 대화문화 촉진하기
- 스스로 사고하기, 함께 사고하고 발전시키기

학습목표

- 언어역량의 촉진: 대화규칙과 소통 연습, 경청하기, 주제에서 벗어나지 않기, 진술에 대한 근거 제시하기, 견해에 대해 질문하기.
- 자기반성과 독자적인 사고의 촉진: 학생들은 자신들의 고유한 느낌과 사고를 지각하고 이것을 상황에 맞게 표현한다.
- 사회역량의 촉진

프로세트 신행

Erlen 종합학교 아이들은 긴 시간에 걸쳐 일주일에 한 번 철학하기를 위해 만났다. 주제들은 부분적으로 학교 현안과 관계가 있었고, 관계가 없을 수도 있었다. 하나의 철학적인 질문이 여러 번의 대화에서 중심이 되었다. 철학적 대화는 다음과 같은 4단계로 분류되었다.

1. 문제 지향적 접근: 선택된 물음을 토론하기 위하여 예를 들어 역사 또는 그림이 첫 시작으로 적당하다.
2. 첫 번째 논의 단계: 아이들은 문제/질문에 대한 상상을 발전시킨다. 아이들은 선택된 질문에 대해 자신들이 스스로 발견한 것과 의견을 의식하고 이것을 작성한다. 아이들은 가능한 아이디어, 생각나는 것, 가정들을 분명하게 말한다.
3. 두 번째 논의 단계: 언급된 아이디어들, 생각들, 가정들을 검토한다. 맨 처음의 주관직 사고방식을 아이들은 다른 사람들과의 대화에서 객관화하려는 시도를 한다.
4. 아이들은 습득한 지식을 수집하여 선택된 질문을 명료하게 해명한다.

시간 간격을 두고 메타대화(Metagespräch)에서 대화문화, 규칙, 적용된 구조와 방법(예: 사고도구)이 얘기되고 반성되었다. 그를 통하여 이러한 것이 아이들에 의해 심화되었고 목록이 만들어질 수 있었다. 대화를 위해 대화규칙들을 시각화하고 아이들에게 대화의 방향을 제공하는 카드가 유용하다.
진행되는 동안 교사는 철학적 대화의 사회자이고 탐구과정을 구조화할 때 도움을 준다. 대화에서 학생들의 진행과정을 더 잘 공감할 수 있고, 그로부터 다음 모임을 위한 가능한 질문들을 도출해 내기 위하여 (학습목표/평가를 위한) 대화가 기록되었다.

구체적인 결과 및 영향

철학하기에 참여한 학생들은 호기심이 많아 졌고, 더 탐구를 하는 것이 일반적으로 관찰되었다. 철학하기의 핵심은 아이들의 모든 생각이 가치가 있다는 것이다. 이것은 낮은 자존감을 가지고 있는 아이가 점점 더 집단에 참여하는 결과를 가져왔다. 아이들의 주의력 역시 긍정적으로 변하였다.

éducation21의 견해

<아이들과 철학하기>라는 방법을 통해 아이들이 지속가능한 발전의 의미에서 현재와 미래를 적극적으로 책임 있게 형성하는 역량이 습득되었다. 유치원에서 지속가능성을 주제로 다루기 위해서는 복잡성을 단순화하는 것이 필요하다. 예를 들어 "무엇이 쓰레기를 쓰레기로 만들어요?" "공정성이 무엇이에요?" "포기가 무엇이에요?"와 같은 질문들을 통해 비판적이고 반성적인 사고를 배우고 연습할 수 있을 것이다. 그를 통하여 가치와 규범이 탐구되고 아이들은 사물에 대해 숙고하고 자신의 의견을 형성한다.

교사와의 인터뷰에서

"내 의견을 형성하기 위해서 나는 생각하는 것을 배워야만 한다 - 탐구하는 것을 배워야만 한다." "지속가능발전교육의 최고의 목표는 의견을 형성할 수 있는 것이고, 정확하게 그것을 위해서 이러한 과정이 필요한 것이다."(Erlen 종합학교 초등단계 선생님의 인터뷰에서, 2017년 10월)

스마트폰과 아동의 권리
-금의 흔적을 찾아서-

(http://www.education21.ch/sites/default/files/uploads/pdf-d/praxisbeispiele/telephone_portable_DE.pdf)

개요

주제: 소비, 아동의 권리, 환경
유형: 기술직업교육센터에서 수업과 워크숍
시간 : 2시간 강의 + 워크숍
학년: 8학년
장소: 제네바(Genf) 주의 Grand Lancy

지속가능발전교육 역량

자신의 가치와 타인의 가치를 반성하기
재량권을 갖고 책임 있는 행위하기
관점 바꾸기

요약

'인간의 땅' Terre des Hommes 이라 불리는 스위스 아동구호단체의 "스마트폰과 아동의 권리: 금의 흔적을 찾아서" 프로그램은 Lancy에 소재한 11개 학교에서 1,700명 학생들에 의해 수행되었다. 예를 들어 En-Sauvy(GE)의 8학년 학생들이 그로부터 수익을 얻을 수 있었다. 이 프로그램은 주제인 스마트폰을 소비, 아동권리, 그리고 환경에 미치는 영향과 결합하여 의식을 증진하기 위한 활동이었다. 수업은 기술직업교육센터 방문을 통하여 심화되었다. 그곳에서 학생들은 직업교육생이 이끄는 스마트폰 워크숍에 참여하였다.

특별한 강조점

일상적인 물품의 가치에 대한 의식을 강화하기: 구성 부품들, 귀중한 천연자원들, 금 추출의 과정 등.

"스마트폰-사용"을 예로 자신의 행위를 비판적으로 탐구하기: 리사이클링, 수리해서 사용하는지?

다른 학교들과의 교류 및 이용 가능성, 다양한 직업교육과정 관람 등

학습목표

학습목표는 무엇보다도 범교과적인 영역에 그리고 횡단적인 역량들에 놓여있다. 의견을 형성하고 상이한 견해들을 서로 제시하고, 우리의 행위결과들이 환경에 미치는 영향에 대해 숙고하는 것이 문제이다(예: 금 채취시의 벌목, 수은오염). 마찬가지로 경제적, 사회적 관점도 포함하는 것이 문제이다(예: 세계의 다른 지역에서 스마트폰의 사용, 아동 노동). 제공되는 것은 학생들을 비판적 반성으로 이끌고 그들이 성숙한 시민과 소비자로서 그의 책임을 지각하도록 격려하는 것이다.

프로젝트의 진행

2번의 수업이 진행되고 두 부분으로 나누어진다: 1. 스마트폰의 사용에 대한 원탁토론. 구조를 이해하기 위해 스마트폰을 개별부품들로 분리하기(구성부품들, 환경에 미치는 영향 등) 2. 아동권리와의 관계에 대한 토론; 스마트폰의 생산, 이용, 리사이클링, 버림을 게임판을 갖고 하는 게임. 금의 생산주기, 금채취의 조건에 대한 토론, 학생들이 아동 금 채취자의 역할하기: 아동 금채취자는 무슨 권리가 있는가? 사람들은 무엇을 할 수 있나? 등

- 프로젝트의 계속으로 8학년 학생들이 기술직업학교 학습자들의 교실을 방문하였다. 그곳에서 학생들은 스마트폰의 다양한 구성요소를 주제로 한 워크숍에 참석할 수 있었다.
- 뿐만 아니라 En-Sauvy학교에서 지속가능발전과 스마트폰-수집활동을 위한 축제가 조직되었다.

구체적인 결과 및 영향들

제공한 것은 흥미로운 토론을 자극하였고 비판적인 탐구를 촉진하였다: 학생들은 여기저기에서 혹은 다양한 연령집단에서의 스마트폰 사용에 대한 생각을 하였다. 학생들은 많은 국가에서 스마트폰이 '생존도구'이지 '사치품'이 아니라는 것을 알게 되었다. 이 주제는 아이들의 집으로 전달되었다: 모든 학생들을 통해 정보지가 보내졌고, 낡은 스마트폰 수집과 축제에 참여할 것을 가정에 청하였다. 그래서 전체 학교뿐만 아니라 가정과 주변지역이 프로젝트에 포함되었다. 그밖에도 지역과의 관계, Lancy에 있는 모든 학교 모든 학년 들 사이의 관계가 형성되었다. 특히, 기술 직업교육센터와의 관계가 형성되었다. 그곳에서 어린 학생들은 다양한 직업교육 과정을 관람하였고, 나이가 든 학생들은 자신들의 지식을 관심 있는 8학년 학생들에게 전해주었다. 그 결과 이 만남에 참여한 모두가 이익을 얻을 수 있었다. 이 프로젝트는 학교 일상에 아주 잘 통합될 수 있었다. 특히 지속가능발전 축제를 통하여.

지속가능발전교육과의 결합

제공한 것은 여러 관점에서 지속가능발전교육의 실행을 지원한다: 한편으로는 학생들에게 비판적인 사고와 관점의 변화를 촉진하고, 다른 한편으로는 자신의 고유한 소비와 행위에 대해 숙고하도록 고무하고 고유한 행위재량권을 이용하도록 초대한다. 학생들은 구별되는 가치태도와 관점들을 의식하고 자신의 행위가 가까운 주위뿐만 아니라 그를 넘어서 영향을 끼친다는 것을 인식한다. 이 프로그램은 스마트폰 사용이 환경에 어떠한 결과를 가져오는지를 보여주고 경제적, 사회적 관점에서 주제를 다루는 것을 가능하게 한다.

추천

"인간은 그러한 프로그램들로부터 이익을 얻을 수밖에 없다. 그러한 프로그램들은 아이들에게 항상 좋게 받아들여진다!" "주제가 프로그램과 정확하게 일치하지 않을지라도 언제나 범교과적인 역량들과 일반교육적인 지식을 촉진하고 학생의 선지식과 결합된 반성을 고무할 수 있다." "항상 활동들을 심화할 수 있고, 수업의 한 부분에 제한되더라도 그것은 항상 매우 흥미롭다!" (2016년 2월)

7 지속가능발전교육 프로젝트를 위한 체크리스트

이 사례는 2004년 8월부터 2008년 7월까지 독일의 14개 주 10%이상의 학교가 참여한 Tranfer-21의 결과물로, 교사가 지속가능발전교육 프로젝트를 진행하고자 할 때 사용할 수 있는 체크리스트이다. 이 체크리스트는 수행하고자 하는 프로젝트가 얼마나 지속가능발전교육의 기준을 충족하고 있는지를 확인하는 데 도움을 준다(Programm Transfer-21, o.J.: 25-26). 체크 결과 일치가 많게 나타나면, 그 프로젝트는 지속가능발전교육 사상에 부합하는 것으로 판정할 수 있다. 일치가 적게 나타나면, 그 프로젝트는 다시 검토될 필요가 있다.

1. 주제선택에 대한 검토			
	일치	부분 일치	불일치
지역적 또는 지구적 문제 상황			
장기적인 중요성			
폭넓고 세분화된 지식에 근거함			
충분한 실행 가능성들			

2. 목표(부분역량)와의 조화 검토			
	일치	부분 일치	불일치
세계 개방적이고 새로운 관점들을 통합하면서 지식을 구축한다.			
앞을 내다보는 사고와 행위를 할 수 있다.			
간 학문적인 지식을 습득하고 실행할 수 있다.			
다른 사람과 공동으로 계획하고 실행할 수 있다.			
결정과정에 참여할 수 있다.			

적극적이 되도록 다른 사람에게 동기를 부여할 수 있다.			
자신의 청사진과 타인의 청사진 성찰할 수 있다.			
독자적으로 계획하고 실행할 수 있다.			
감정을 공유하고 연대의식을 보여준다.			
적극적이 되도록 스스로에게 동기를 부여할 수 있다.			

3. 방법 검토			
	일치	부분 일치	불일치
현실과 가까운 문제들			
습득한 지식의 적용			
습득한 지식을 다른 맥락에 적용			
다양한 관점에서 문제를 바라보기			
협력적 문제해결			
자기주도적 학습			
행위지향적 학습			
프로젝트 학습			
초 교과적인 학습			
간 학문적 학습			
서비스 러닝			
형성역량 습득을 고려한 다양한 방법들			

다음 체크리스트는 앞의 사례처럼 주제선정, 역량습득, 방법 측면에서 수업이 지속가능발전교육의 기준을 충족하고 있는지 판정하는 데 도움을 준다. 제2장에서 다루었던 지속가능발전교육의 기본원리가 주제선택과 방법적인 검토의 기준으로 앞의 체크리스트보다 좀 더 세밀하게 서술되어 있다. 사례에서 제시되고 있는 역량들은 베르취 외의 역량 모형(Bertschy et al., 2007)과 데 하안의 역량모형(de Haan, 2008)에 근거를 두고 있다. 두 사례는 근본적으로 지속가능발전교육의 기본원리를 반영하고 있다. 이 체크리스트는 이번 장의 사례 2와 사례 4가 소개된 소책자에서 발췌한 것이다(46-48쪽). 의견에서 매우, 중간, 약간은 적합 정도를 나타낸다.

수업준비 체크리스트

1. 주제는 다음의 기준에 의해 선정되었는가?	의견		
	매우	중간	약간
주제가 지역적 또는 지구적 문제 상황을 포함하고 있는가?			
주제가 장기적인 중요성을 갖는가? 변하는 요구들에 근거해서 변화들이 제시되는가?			
주제에서 사회문화적, 생태적, 경제적 차원이 드러나는가?			
주제가 넓고 세분화된 지식에 근거하는가?			
결정의 주요결과와 기대하지 않았던 결과가 주제화되는가?			
주제가 현재와 미래의 의미를 드러내는가?			
근본적인 통찰을 보여주고 새로운 상황에 전이되는가?			

2. 수업과정에서 다음의 지속가능발전교육 역량들이 길러지는가?	부분역량들	의견		
		매우	중간	약간
학생들은 지속가능성의 이념을 사회적 발전의 희망적인 목표로 그리고 사회발전의 대안적인 의견으로 비판적으로 판단할 수 있다. 학생들은 어떤 결정할 때 지역적인 맥락과 지평을 넘어서는 지각을 갖고 지구적인 관점을 수용할 수 있다.	부분역량 II: 세계 개방적 지각 부분역량 VI: 공정하고 연대적이기			
학생들은 자신의 비전과 타인의 비전을, 그리고 현재의 발전경향을 지속가능발전을 고려하여 판단할 수 있다. 학생들은 교과를 초월하여 지속가능한 발전을 저해하는 문제들을 논의할 수 있고 그러한 문제들이 미치는 영향을 이해할 수 있다.	부분역량 I: 앞을 내다보며 사고하기 부분역량 VII: 생활스타일과 청사진(추구하는 삶의 모습) 반성하기			
학생들은 불확실하고 모순적이고 완전하지 않은	부분역량 I:			

지식의 조건들을 갖고 지속가능발전의 요구들을 충족시키는 근거 있는 결정들을 할 수 있다.	앞을 내다보며 사고하기			
학생들은 어디에서 어느 정도 그들이 스스로 직접 적 혹은 간접적으로 발전에 영향을 미칠 수 있는지를 평가하고 표현할 수 있다.	부분역량 V: 계획하고 실행하기			
학생들은 지속가능발전의 영역에서 목표지향적으로 다양한 지식영역들로부터 정보를 얻고 정보들을 지속가능발전의 의미에서 결정을 하는 데 효과적으로 사용할 수 있다.	부분역량 Ⅲ: 간 학문적으로 작업하기			
학생들은 타인과 함께 지속가능발전과 관련하여 비전을 만들고 실행에 옮기기 위한 과정을 구상할 수 있다.	부분역량 Ⅳ: 이해하고 협력하기 부분역량 V: 계획하고 실행하기 부분역량 Ⅶ: 생활스타일과 청사진 반성하기			
학생들은 지속가능발전을 고려하여 결정들을 타인과 함께 합의할 수 있다.	부분역량 Ⅳ: 이해하고 협력하기			

3. 수업은 다음 교수법의 원리를 따르고 있는가?		의견		
		매우	중간	약간
비전지향	학생들의 자신들의 미래상상을 발전시키고 표현하는가? 학생들의 미래상상이 비판적으로 조명될 수 있도록 판단기준들이 제공되어 있나?			
관련짓는 학습	주제를 갖고 학생들에게 다양한 관점을 가능하게 하는가? 부분 주제들 간에 연관성이 주제화되고 시각적으로 표현되는가?			
참여지향	학생들이 수업에서 의미 있게 함께 (결정)할 수 있나?			
행위 및 반성지향	학생들이 행위 하면서 주제와 논쟁할 수 있고 이어서 자신이 한 경험을 숙고할 수 있나?			
발견학습	학생들이 지식을 스스로 발견하고 문제를 해결할 수 있나?			
접근성	학생의 경험과 지식들을 항상 참작하는가? 추상적이거나 복잡한 사태를 다룰 때 이것을 위한 구체적인 경험이 가능한가?			
사실과의 관련성이 사회적, 본인, 그리고 방법지향 학습과 결합	학생들이 내용과 논쟁하면서 자기역량과 사회역량을 동시에 습득하는가?			

8 학교 일상에서 지속가능발전교육 행위영역

다음은 학교 일상에서 어떤 것이 지속가능발전교육의 주제가 될 수 있고, 실천 가능한 지를 보여주는 사례이다. 이 사례는 독일 바덴-뷔르템베르크 주의 <문화청소년스포츠부>와 <환경기후에너지경제부>에서 지속가능성 학습 프로그램 시리즈로 발간한 안내서 모듈 7(지속가능발전과 학교기관)에서 발췌한 것이다(Handschuh, Jovanovic, Rajh, Schuldt, o.J.: 22 이하).

〈표 4-5〉 학교에서 4개의 행위영역

생태	경제	사회	참여
쓰레기 없는 학교	학교 일자리의 이상적인 조건들	조화로운 학교분위기	무보수 명예직으로 학교에 많이 참여하기
에너지를 절약하는 기후 친화적 학교	교사와 학생들에게 만족을 주는 작업조건들	학교에서 양질의 문화 프로그램	외국 학생들의 통합과 독일 밖 학교와 관계 맺기
학교일상에서 가능하면 천연자원 소중하게 다루기	계속적인 학교에의 투자	학교 급식상황 개선	가능한 한 교사 및 학생의 높은 촉진
학생들의 환경 및 사회 친화적 이동성	학교프로그램에서 환경 친화적이고 공정무역 생산품의 높은 비중	학생들의 높은 건강상태	가능한 한 수업형태의 다양한 변화가 풍부한 실천
학교 대지에서 종다양성과 생태계 유지	학교 환경보호의 개선	학생과 교사들에게 가능하면 적은 공격 및 폭력 잠재성	학교에서 지속가능성의 주제화

〈표 4-6〉 행위영역 '생태'

목표 관점	가능한 지속가능발전교육-활동
쓰레기 없는 학교	• 쓰레기 줄이기 • 쓰레기 분리 • 쓰레기 활용 • (예: 쓰레기로 장난감 만들기) • "예술적인" 리사이클링 (예술 프로젝트) • 구매 대신 교환하기
에너지 절약 및 기후 친화적 학교	• 에너지 절약의 날 • "전기 경찰" • 태양광 프로젝트

학교생활에서 가능한 한 천연자원을 소중하게 다루기	• 생태적 관점에 따른 환경 친화적 생산품 • 종이 사용 최소화하기 • "종이 절약의 날" • 종이 없는 날 • 새로운 구매 대신 수리
교사와 학생의 환경 및 사회친화적인 이동	• 걷는 버스 • 자전거 정비소 • 자전거 소풍 • 도보여행 • 대중교통수단
학교 대지에서 자연을 경험하기/학교 대지에 있는 종다양성 유지	• "녹색" 학교 정원 • 게릴라 조경/도시 조경 • 학교 정원/학교연못 • 곤충호텔 • 숲교육/숲체험의 날 • 녹색 교실 • 벌 기르기/작은 동물 기르기 • 봉인된 대지 개방 및 식물심기 ....

〈표 4-7〉 행위영역 '경제'

목표관점	가능한 지속가능발전교육-활동
학교 일자리에서의 이상적인 조건들	나무 책상 제작
교사와 학생들에게 만족을 제공하는 노동조건들	• 시설/개인 및 공동 일자리 형성을 위한 계획집단들(교사/학교재단/교장)
학교에 대한 지속적인 투자 준비	• 투자 체크리스트의 개발
학교에서 제공하는 것에 환경 친화적 생산품과 공정무역 생산품의 높은 비중	• 공정무역 커피(교사) • 청소 세제 분석 • 학교 식당에서 공정무역/유기농 생산물(양념, 과일, ...) • 학교 비품 추천 리스트
학교 환경보호의 개선	• 동수가 참여하는 자문위원회 내지는 노작공동체 설치 • 연간 지속가능성보고서 발간
경제 학습의 장	• 지속가능성을 지향하는 학교회사 설립

〈표 4-8〉 행위영역 '사회적'

목표관점	가능한 지속가능발전교육-활동
학교에서 양질의 문화 프로그램	• 활동/전시회 • 연극-노작공동체 • 학교 오케스트라 • 문화행사 공동 방문 • 경연/공동체 활동 • 일상 경험에서의 상호문화성 • …
학교 급식상황의 개선	• 건강한 아침식사 • 지속가능한 간식용 빵 • "지역에서 생산된 것" 활동 • 계절 요리책 • "완전한 분위기의 저녁식사" • 학교마당 가게-조사 • 학습장소로서 농장 • 공정무역 활동 • 고기 없는 날
학생과 교사의 높은 건강수준	• 움직임이 있는 휴식 • 전통 휴식놀이 • 전일제학교의 틀에서 제공되는 프로그램 • (유기농!) 학교과일 제공하기 • 회복 공간/휴식 공간 설치
교사와 학생에게 가능한 한 적은 폭력 가능성(잠재성)	• 갈등해결 전략 개발 • 갈등문화의 발전 • 중재자 교육 • 갈등조정 프로그램 • "비폭력" • 함께 사용하고 만들어가는 수업이 없는 자유시간의 높은 비중
다양성을 인정하고 생활하기	• 함께 만드는 축제

지금까지 소개한 다양한 지속가능발전교육 사례들은 보편적인 답안은 아니다. 단지 참고적인 사례일 뿐이다. 앞에서도 언급한 것처럼 지속가능발전교육은 처해있는 지역상황과 학습자의 수준과 관심에 적합한 주제를 선택하고 실천적으로 경험할 수 있도록 계획하는 것이 중요하다. 그때 중요한 것은 지속가능발전교육의 정체성을 특징짓는 지속가능발전교육의 기본원리가 고려되어야 한다는 것이다.

제5장

지속가능발전교육 진단과 과제

제5장

지속가능발전교육 진단과 과제

1 진단: 지속가능발전교육프로그램 연구와 실천사례 검토

지속가능발전교육의 고유성이 '영향관계에서 사고하는 능력'(연관적 사고)을 기르는 데 있다는 관점에서 보면, 국내의 관련 선행연구들은 동일한 용어로 표현하지 않더라도 그러한 의도를 가지고 있고, 그를 토대로 실천적 행위능력을 기르는 데 목표를 두고 있는 것으로 보인다. 이 때 '영향관계에서 사고'한다는 것은 환경적-사회적-경제적 관점의 연관과 주로 관계가 있는 것으로 보이고, 시간적 연관(과거-현재-미래), 공간적 연관(지역-국가-지구)에서는 잘 드러나지 않는다. 프로그램이 시간적 연관, 공간적 연관을 고려하고 있지 않다는 것이 아니라, 고려하고 있더라도 그러한 것이 잘 드러나지 않는다는 것이다. 내용의 선정에 있어서는 선행참고문헌들에서 제시하고 있는 영역과 내용을 근거로 (교과서의)관련 내용들을 영역별로 분류하고 있어, 영역별 내용 구분이라는 면에서는 제1장에서 다루었던 지속가능발전의 세 기둥 모형과 유사하게 보인다. 내용선정의 기준이 잘 드러나지 않고 영역별로 분류된 주제들만 보일 때, 교육현장에서는 지속가능발전교육을 영역별 주제를 다루는 교육으로 오해할 수 있고, 통합적 관점을 영역별로 주제를 균등하게 다루는 것으로 오해할 수 있다. 물론, 프로그램에 따라서는 '사회, 환경, 경제문제가 서로 관련된 것', '지역성을 반영한 것', '간학문적 접근이 가능한 것'등의 기준이 적용되고 있음을 밝히고 있다.

지속가능발전교육이 실제에서 어떻게 이해되고 있는지를 시범학교 운영보고서와 계획서를 통해 확인하면 다음과 같다(정기섭, 2017: 768). 2014년부터 2016년까지 운영되었던 4개 지속가능발전교육 (연구)시범학교(초등학교: 대전 1, 경기 2, 경남 1)의 운영보고서, 2016년부터 운영 중인 3개 (연구)시범학교의 운영계획서(초등학교: 경북 1, 인천 1, 경남 1)를 토대로 학교현장에서 실행되고 있는 지속가능발전교육 프로그램을 살펴보았다. 보고서와 계획서의 선정은 자료 접근이 가능한 범위에서 이루어졌다. 자료가 제한적이긴 하지만 이미 지속가능발전교육 프로그램을 운영한 경험이 있는 전국의 초등학교 사례들을 수립하고 분석하여 계획서를 작성하고 운영하였기 때문에 선정된 자료들이 어느 정도는 학교현장을 대변한다고 할 수 있다. 보고서와 계획서는 주로 필요성과 목적, 이론적 배경과 선행연구 분석, 실태분석과 요구조사, 과제설정과 운영설계, 실행, 평가, 제언 또는 기대효과로 구성되어 있었다. 이론적 배경에서는 지속가능발전과 지속가능발전교육에 대한 이해가 서술되어 있었다. 보고서와 계획서를 살펴본 결과는 다음과 같다.

첫째, 지역적으로 차이가 있긴 하지만 학교현장에서는 교사, 학부모, 학생의 지속가능발전교육에 대한 인식과 관심이 낮은 것으로 평가하고 있었다. 그 이유로는 지속가능발전교육이 다루는 내용이 방대하고 환경교육과의 관계가 모호하다는 점, 학자들 간에 합의되지 않은 개념이라는 점, 전통적인 교육방법이 그대로 지속가능발전교육에도 적용되고 있다는 점, 지속가능발전교육이 이루어지고 있기는 하나 몇몇 교과에서 주제별로 이루어지고 있어서 체계적이지 않다는 점 등을 들었다.

둘째, 지속가능발전교육은 생태적, 사회적, 경제적 관점이 통합된 교육으로 이해되고 있었다. 이러한 이해로부터 프로그램의 개발 방향을 ‘통합적 관점’, ‘통합적 접근’, ‘통합을 지향’, ‘세 측면을 고려’, ‘총체적, 종합적 접근’으로 제시하고 있었다.

셋째, 지속가능발전교육 프로그램은 교과활동과 창의적 체험활동에서 실행되고 있었고, 프로그램의 목표는 지속가능발전 역량을 기르는 것으로 설정하고 있었다. 교과활동을 위한 프로그램은 주로 학년별 교육과정을 분석하고 재구성하여 융합수업 프로그램으로 개발되고 적용되고 있었다. 먼저 교과서 내용을 분석하여 유네스코 문헌 혹은 선행연구를 참고하여 지속가능발전 영역별 핵심내용과 관련된 내용을 찾아내고 재구성하는 과정을 통하여 이루어 졌다. 재구성된 내용은 환경적, 사회적, 경제적 영역(관점, 학교에 따라서는 문화적 영역 추가)에 맞게 배치되었고, 그 내용과 관련되는 교과들의 단원을 제시하고, 그 내용을 다룸으로서 도달하려는 지속가능발전역량을 제시하였다.

넷째, 창의적 체험활동을 위한 프로그램은 학생들에게 지속가능한 발전을 위한 올바른 생활습관 형성과 실천능력 함양을 목표로 주로 관찰, 견학, 체험, 캠페인, 봉사, 지역사회와의 공동프로젝트 수행 등 다양한 활동으로 구성되어 있었다.

위의 결과로부터 학교현장에서 프로그램을 통해서 구체화되는 '통합적 관점'은 지속가능발전 영역들에 해당되는 주제를 균형 있게 다루고, 그 주제로 인하여 다양한 역량을 습득하도록 하는 것으로 이해되었다. 프로그램을 역량중심으로 구성하다보니 통합적으로 보이지 않고 영역별로 구성된 내용이 특정한 역량을 위해 필요한 것으로 인식되었다. 뒤집어 생각하면 역량에 맞는 주제들이 선정된 것으로 보일 수도 있었다. 이 때문에 역량별 구획나누기가 오히려 지속가능발전교육의 통합적인 성격을 잘 드러내지 못하는 것으로 보이기도 했다. 창의적 체험활동에서 이루어지는 활동에서는 특별히 '통합적 관점'과 관련된 전략을 찾아보기가 쉽지 않았다. '통합적 관점'은 지속가능발전 영역(차원)별로 주제와 그에 맞는 역량들을 균형 있게 배분하는 것이 아니라, 하나의 주제(문제)를 미래의 비전에 비추어 분석하고 평가할 때 적용되는 다차원적 관점(환경적, 사회적, 경제적)이라고 보아야 할 것이다. 그러므로 지속가능발전교육의 주제는 선정 단계부터 다차원과 관련되는지가 검토되어야 한다. 영역별로 주제를 균형 있게 선정하는 것도 필요하지만, 그 주제들을 다차원적으로 다루는 것이 지속가능발전교육의 '통합적' 특성에 더 적합하다고 여겨진다. 이 책 2장 제시한 것처럼 지속가능발전교육이 '영향관계에서 사고하는 능력'을 형성하는 교육이라는 이해에서 통합적 관점은 하나의 주제가 다양한 차원과 연관되어 있음을 파악하고 성찰하는 능력이라고 할 수 있다. 지속가능발전교육을 통해 기르고자 하는 다양한 역량들은 '영향관계에서 사고하는 능력'을 형성해 가는 과정이나 이러한 사고를 바탕으로 문제를 해결하는 과정에 참여하고 몸소 실천으로 옮길 때 습득될 수 있는 것으로 이해되어야 한다. 위와 같은 분석결과는 20-40쪽 분량의 보고서에 나타난 한정된 내용을 검토한 것이기 때문에 실제와 차이가 있을 수 있음을 배제할 수는 없을 것이다.

지속가능발전교육이 국내에서 논의되고 실행된 지도 꽤 오랜 시간이 지났음에도 불구하고, 학교현장에서는 여전히 지속가능발전교육에 대한 인식이 낮고, 지속가능발전교육을 이해하는 데 어려움이 있는 것으로 확인되었다. 지속가능발전교육이 다루는 내용 범위가 너무 넓고, 추구하는 방향과 학생들에게 습득케 하고자 하는 실천적 능력들도 다른 교육과 크게 다르지 않은 모호함으로 인해 그 특성을 파악하기가 쉽지 않은 것으로 보였다. 지속가능발전교육의 특성을 '통합적 관점'으로 이해하고 있었지만, 프로그램에서 통합은 주제 중심의 교과 간 융합과 지속가능발전 영역별 주제의 균형 있는 배분으로 구체화되는 것으로 보였다. 지속가능발전 관련 주제를 다양한 차원에서 접근하여 그 연관성을 파악하는 의미의 통합적 관점은 보고서상으로 확인하기 어려웠다. 프로그램으로 확인하긴 어려웠지만 실제 수업활동에서 지속가능발전교육의 특성을 이해하고 있는 교사에 의해 이루어졌을 거란 상상도 가능했다. 학교현장에서의 지속가능발전교육 프로그램 개발은 관련된 학술논문을 근거로 하고 있었다. 그렇다면 참고한 학술논문이 보고서상으로 확인되는 통합적 관점을 그런 식으로 이해하는 데 기여했을 것이라는 추측을 가능하게 한다. 지속가능발전교육 프로그램 개발 관련 학술논문을 검토해본 결과, 통합적 관점을 환경, 사회, 경제적 관점(혹은 다른 관점 추가)의 통합으로 서술하고 있었으며, 세 관점의 연관성을 보여주는 통합적 프로그램 및 사례를 구체적으로 제시하고 있는 논문들도 있었다. 학술적인 논문과 학교의 보고서/계획서에서 공통적으로 발견할 수 있는 것은 통합적 관점에 대하여 간략하게 서술하고 참고문헌에서 제시된 기준에 의거하여 지속가능발전 영역별로 관련된 내용을 교과서나 지도서에서 추출하고 배분하는 전개 방식이었다. 그리고 그 배분은 기존의 프로그램들이 환경영역에 치중했기 때문에 균형 잡힌 시각을 위해서 영역 간 균형을 이루도록 해야 한다는 것이었다. 학교 프로그램에서 두드러진 것은 영역별로 내용을 통해 성취하고자 하는 역량들이 제시되어 있는 것이었다. 환경영역, 사회영역, 경제영역에서 습득해야 하는 적합한 역량들이 구분되어 제시되어 있는 경우가 대부분이었다. 이러한 구분은 환경영역에서는 환경과 관계된 역량을, 사회영역에서는 사회와 관계된 역량을, 경제영역에서는 경제와 관계된 역량을 기르는 것이 목표인 것으로 보였다. 이러한 구분이 영역 간의 긴밀한 연관관계를 인식해야할 필요에서 출발한 지속가능발전교육의 통합적 특성을 오히려 잘 드러내지 못하는 것으로 오해할 수 있었다.

지속가능발전이란 개념이 환경적, 사회적, 경제적 문제들이 서로 분리되어 다루어질 수 없다는 인식에서 등장하였고, 환경적, 사회적, 경제적으로 처한 상황이 다른 국가 위원들 간의 합의에 의해 탄생되었기 때문에 처음부터 규범적 특성을 갖는 개념이었다. 그러므로 지속가능발전 프로그램 개발은 지역사회의 여건을 고려하여 구체화될 수밖에 없다. 지속가능발전교육 프로그램도 마찬가지이다. 지속가능발전교육 프로그램이 학교와 지역적 특성을 고려한다고 하더라도, 다른 교육프로그램과 구별되는 점은 지속가능발전이 지향하는 규범적 전제들을 고려하면서 문제를 영향관계에서 사고하는 능력을 기르는 데 있다는 것을 상기할 필요가 있다. 지속가능발전교육 프로그램은 지속가능발전교육의 규범적 차원이 구체화되는 것이므로 먼저 이 규범적 차원이 분명해질 필요가 있다. '통합적 관점'이 지속가능발전교육의 고유한 특성이라고 볼 때, 이 관점이 프로그램으로 구체화되기 위해서는 지속가능발전교육 개념의 규범적 차원과 실천적 차원의 관계를 명료하게 하는 작업이 선행되어야 할 것이다. 지금까지의 논의를 토대로 지속가능발전교육의 규범적 차원을 다음과 같이 도식화 할 수 있을 것이다. 지속가능발전교육의 규범적 차원이 교육활동을 계획하고 실행하는 준거로 작용할 때, 지속가능발전교육은 다른 교육과 구분되는 상대적인 고유성을 획득할 수 있을 것이다.

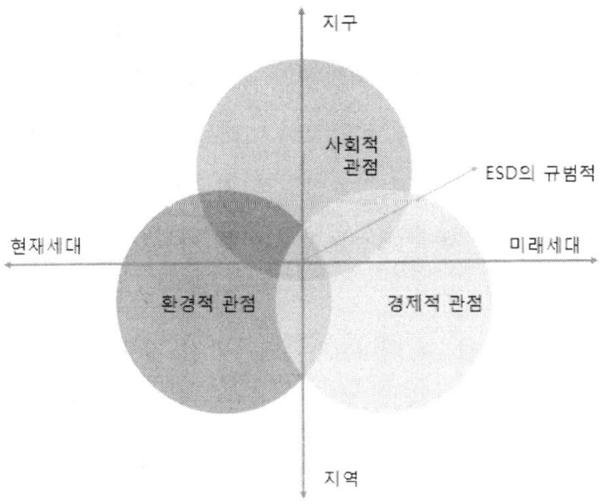

2 과제

가. 규제적 이념(regulative Idea)으로서의 지속가능성과 관계된 교육으로

칸트에 의하면 "이념은 경험에서 아직 존재하지 않는 완전성의 개념이다."(Kant, 1803: 30) 그러므로 이념은 경험 속에서 감성(오감)을 통하여서는 인식될 수 없고, 그를 초월하여 사고될 수만 있는 것이다. 이념은 초 감성적인 것이고 경험 이전에 이미 주어져있는 이상이므로 현시점에서 보면 성취해야할 어느 시점의 상태이고 궁극적인 지향점이다. 경험 앞에 주어져 있는 이상으로서의 이념은 경험에 의한 인식의 결과들을 통일적으로 정리하는 준거가 된다는 점에서 규제적이다. 지속가능성은 지역과 국가를 초월해서 인류가 지향하고 유지해야할 미래의 상태로서 이상적인 세계상을 상정(想定)하고 있고, 그 미래의 관점에서 현재의 실천과정을 성찰하도록 하는 준거가 된다는 점에서 규제적 이념이라고 할 수 있다. 즉, 이념으로서의 지속가능성은 직접적인 경험의 대상이 아니라 시간적으로 먼 미래에 도달되어야 할 세계상으로 그를 향한 발전과정에서 그 세계상에 위배가 되거나 위협이 되는 행위들(조건들)을 배제하는 준거가 됨으로 규제적이다. 이러한 관점에서 지속가능발전은 항상 규제적 이념으로서의 지속가능성을 내포하고 있는 개념으로 이해될 수 있다.

지속가능발전은 '발전' 앞에 '지속가능(한)'이란 용어를 의식적으로 붙임으로서 지금까지의 발전이 가져온 부정적인 문제들을 해결하고 희망적인 미래를 형성해 나가고자 하는 발전의 긍정적인 관점을 내포하고 있는 것이다. 이 때 희망적인 미래는 칸트적 의미에서 완전한 이상으로서의 이념이라고 할 수 있다. 그러므로 지속가능발전은 지구적 차원에서 인류가 추구해야하는 공동의 이념을 국가와 지역의 차원에서 구체적으로 실현해 가는 과정이다. 이념을 실현해 나가는 발전과정에서 극복해야할 문제가 국가마다 지역마다 다르므로 각 국가와 지역은 서로 다른 실천적 차원의 구체적인 목표를 가질 수 있다. 지속가능발전 지표가 국가마다 지역마다 다를 수밖에 없는 것은 이 때문이다. 그럼에도 불구하고 지속가능발전은 규범적 차원의 이상(理想)을 이미 전제하고 있기 때문에, 그 목표들은 궁극적으로 이념으로서의 지속가능성과 관계될 수밖에 없다.

규제적 이념으로서의 지속가능성은 실천적 행위의 방향 혹은 틀로서 규제적인 준거가 될 뿐 구체적인 방식을 제시하지는 않는다. 지속가능발전은 지구적으로 사고하는 보편적인 차원과 지역적으로 실천하는 상대적인 차원을 동시에 고려하는 개념이기 때문에 일반화할 수 있는 구체적인 행위의 지침을 제시하기는 어렵다. 구체적으로 어떤 문제를 어떻게 실천할 것인지는 지역과 국가가 처해있는 생태적, 사회적, 경제적, 정치적 상황에 따라 달라져야한다. 그러한 문제 또한 확정되어 있는 것이 아니라, 시대적·사회적 변화에 따라 계속해서 새롭게 생겨나는 것이므로 지속가능발전은 항상 새로운 과제에 열려있다. 지속가능발전은 국가와 지역이 처해있는 실천적 차원의 문제들과 결합해서 진행될 수밖에 없지만, 인류가 지향해야할 이념을 공유하고 그것이 실천과정에서 결정과 대책을 수립의 준거가 된다는 점에서 지구적이다. 지구의 곳곳에서 진행되고 있는 발전들이 지속가능발전이기 위해서는 그들이 공동으로 지향하는 이념을 소유하고 있어야 한다. 교육은 지속가능발전을 위한 핵심적 구성요소이므로 지속가능발전교육은 공유할 수 있는 희망적인 미래 이념과의 관계에서 이루어져야 한다.

나. 지속가능발전의 세 차원을 영향관계에서 이해하는 교육으로

세 차원이라는 용어를 직접적으로 사용하면서 지속가능발전을 통합적 혹은 다차원적으로 접근한 대표적인 모형은 제1장에서 살펴본 것처럼 1994년부터 1998년까지 독일 국회에 설치된 '인간과 환경 보존'(Schutz des Menschen und der Umwelt) 조사위원회라는 명칭의 지속가능발전연구위원회에서 발전시킨 '세 기둥' 혹은 '세 차원' 모형이다. 이 모형에 따르면 미래세대가 물려받기를 희망하는 것은 생태적 관점에서의 자원들 이외에 사회적 관점, 경제적 관점에서의 자원들을 포함한다. 즉, 미래세대의 욕구들은 세 차원 중 어느 하나의 차원에 국한되는 것이 아니라, 세 차원의 총체로 파악되어야 한다는 것이다. 이러한 관점에서는 미래세대가 세 차원에서 자신의 고유한 욕구들을 충족시킬 수 있는 행위와 선택의 가능성이 제한된다면 발전은 공정하지 않으므로 지속가능하지 않게 된다. 마찬가지로 세 차원에서 욕구를 충족시킬 수 있는 공정한 기회는 현세대에게도 제한되어서는 안된다.

세 차원 모형의 기본전제는 인류의 미래에 대한 위협이 생태적 위기뿐만 아니라, 경제적, 사회적 위기로부터 기인하므로 세 차원의 조화로운 발전이 요청되어야 한다는 것이다. 오늘날 급격하게 진행되고 있는 기술적, 경제적 변화가 사회-정치적, 사회-문화적, 그리고 생태-자연적 진행과정들과 조화를 이룰 때 지속가능한 발전이 가능하다고 보고 있는 것이다. 여기에서 주목해야하는 것은 사회-정치적, 사회-문화적, 생태-자연적, 기술 및 경제적 진행과정이 "고유한 법칙과 속도"를 갖고 있다는 시각이다(Enquete Kommission, 1998: 17). 미래에 대한 위협은 발전과정에서 각 영역의 고유한 법칙과 속도를 넘어설 때 발생하는 것이므로, 지속가능한 발전을 위해서는 각 영역에 주어져 있는 한계를 넘어서지 말아야 한다. 달리 말하면, 생태, 경제, 사회 영역의 감당한계 능력이 주어져 있어서 그것을 넘어서지 않는 범위에서 발전을 위한 조치들이 취해져야하고, 그 영역들 간의 조화가 깨어져서도 안된다는 것이다. 발전을 위한 결정들과 대책들은 이 한계범위 내에서 일어나야만 한다. 그런데 문제는 생태계의 한계설정이 어려운 것처럼 어디까지가 영역들이 감당할 수 있는 한계인지를 알 수 없다는 데 있다.

결국, 한계란 경계에 다다르거나 경계를 넘어설 때 지각될 수밖에 없는 것이다(Jörissen, Brandl, Kopfmüller & Paetau, 2000). 그러므로 이 모형은 지속가능발전의 필요성을 현재 나타나고 있는 문제현상을 토대로 하여 주장한다. 현재 생태적 차원, 사회적 차원, 경제적 차원에서 나타나고 있는 문제들을 확인하고 이러한 문제들이 심화되는 것을 저지하거나 유사한 문제들이 나타나는 것을 예방하기 위해서는 "위기현상에 대한 학문적인 연구와 정치적인 합의"를 토대로 각 차원에서의 대책을 수립하고 그 범위에서 발전이 진행되어야 한다는 것이다(Jörissen, Brandl, Kopfmüller & Paetau, 2000: 쪽 매김 없음). 이와 관련하여 세 차원 모형을 개발한 독일 국회 지속가능발전연구위원회는 “목표들의 개발과 결합은 추상적인 차원이 아니라, 구체적인 사례를 근거로 관찰된 분야의 현재 상태와 조건들을 수용하는 토대에서 그리고 중요한 시간 관점을 고려하여 실행되어야 한다는 데 합의하였다”(Enquete Kommission, 1998: 18)고 밝히고 있다.

이 모형은 세 차원이 서로 결합 되어 있고 영향관계에 있다는 관점을 갖고 있는 것으로 보인다. 이러한 인식에서 지속가능발전은 각 차원들이 한계를 넘어서지 않는 혹은 넘어선 것을 회복할 수 있는 목표를 설정하고 그러한 목표들이 달성될 때 가능한 것으로 이해된다. 이 모형이 세 차원의 통합을 강조하고 있음에도 비판받는 점은 각 차원이 단일적인 구조처럼 암시되어 있어서 각 차원에서 설정한 목표가 그 차원의 현상에 토대를 둔 요구만을 반영하게 되어 각 차원이 서로 결합된 세계상이 잘 드러나지 않는다는 것이다(정기섭, 2017: 756; Jörissen, Brandl, Kopfmüller & Paetau, 2000). 당면한 문제에서 접근하는 지속가능발전 모형은 국가적, 지역적 단위에 제한될 수밖에 없는 한계를 갖는다. 목표가 국가 또는 지역이 처한 문제현상으로부터 도출되었기 때문에 -칸트적 의미에서 보면 규제적 이념과의 관련이 드러나지 않기 때문에- 인류가 지향하는 지구적 차원의 공동 이념 유지가 느슨해진 그 때 그 때의 일시적인 처방이 될 수 있다는 문제가 지적될 수 있다. 이 모형이 초기에 제안된 것이기 때문에 의도와는 다르게 세 차원의 통합적 관점을 잘 드러내지 못하고 있다는 비판을 받기도 하지만, 오늘날 지속가능발전 논의에서 동의하고 있는 지속가능한 발전이 다양한 차원의 통합에서 가능하다는 관점을 구체적으로 보여주는데 기여를 했다는 데에는 이의를 제기할 수 없을 것이다.

이 세 차원모형에서 지속가능성은 모든 인간들의 기본적인 욕구들이 충족된 어떤 상태를 윤리적 책임에서 상정하고 있는 것이 아니라, 각 차원의 위기현상으로부터 귀납적으로 도출된 목표들을 관통하고 있는 규범적 차원이라고 이해될 수 있다. 이 모형에 토대를 둔 지속가능발전교육은 세 개의 각 차원에서 지속가능발전을 저해하는 주제들을 선정하여 현재의 문제를 의식하고 해결방안을 모색하는 방식으로 이루어지거나 문제해결에 필요한 역량을 기르는 방식으로 이루어질 것이다. 이 때 제기될 수 있는 문제는 지속가능발전교육이 세 차원을 포괄하는 공통의 가치를 실현하는 교육으로 이해되는 것이 아니라, 협소하게 각 차원의 목표를 실현하는 교육으로 이해될 수 있다는 점이다. 지속가능발전이란 개념이 이미 규제적 이념으로서의 지속가능성을 포함하고 있으므로 지속가능발전교육은 모든 인간이 희망하는 미래의 사회에서 요구되는 규범적 가치를 내면화하고 실천하는 인간을 기르는 교육으로 이해되어야 한다. 그러므로 지속가능발전교육은 이념으로서의 지속가능성을 염두에 두고 각 차원에서 다루는 주제(문제)를 세 차원의 영향관계에서 이해할 수 있는 기회를 제공하여야 한다.

다. 환경교육이 아닌 통합교육으로

지속가능발전에 관한 논의에서 개념의 근거로 통용되고 있는 『우리 공동의 미래』(1987)는 환경문제를 경제적 문제, 사회적 문제와 밀접한 연관관계에서 파악하였다. 그 이후 지속가능발전은 생태적, 경제적, 사회적 차원의 통합에서 가능하다고 강조되어 왔다. 그럼에도 불구하고 사회적 차원과 경제적 차원은 생태적 차원에 비하여 지속가능발전 논의에서 상대적으로 적게 혹은 소홀하게 다루어져왔다.

지속가능발전 연구와 논의에서 생태적 차원이 중심이 되어왔다는 지적은 유엔경제사회이사회(Economic and Social Council, ECOSOC)[9]의 사회발전위원회(Commission for Social Development)가 2014년 2월(11-12일) '현안: 지속가능발전의 사회적 동인들'이란 주제로 논의한 문건에서도 확인된다. 이 문건은 지속가능발전에 대한 해석이 환경적 지속가능성에 초점을 두는 경향이 있어왔기 때문에 "지속가능발전의 세 기둥을 지금까지보다 더 동등하게 다루는" 통합적 접근의 필요하다고 강조한다. (http://repository.un.org/bitstream/handle/11176/305511/E_CN.5_2014_8-EN.pdf?sequence=3&isAllowed=y).

국내에서도 지속가능발전교육 프로그램 주제가 환경분야에 치우쳐 있고, 학교현장에서 지속가능발전교육과 환경교육의 관계가 모호한 것으로 인식하는 경향이 있는 것으로 나타났다. 이것은 학교현장에서 실행되고 있는 지속가능발전교육 프로그램이 의도하였던 의도하지 않았던 간에 환경분야에 집중되어 있거나 환경문제와 밀접한 관련이 있다는 인상에서 기인한 것으로 보인다(정기섭, 정세국, 2009; 정기섭, 2017). 또한 유아교육분야에 제한된 분석이긴 하지만 현장과 학계에서 지속가능발전교육에 관한 연구 대다수가 환경문제를 중심으로 이루어지고 있다는 지적이 있어왔다(곽노의, 박원순, 이상원, 2013). 이러한 현상은 지속가능발전교육이 "환경교육으로 오도되어 이해되어" 왔기 때문이라고 비판되기도 한다(이병준, 2016: 702). 이러한 문제의식에서 지속가능발전교육은 환경적 차원뿐만 아니라, 지금까지 상대적으로 소홀히 다루어

9) ECOSOC는 지속가능발전에 대한 반성, 토론, 혁신적 사고를 위한 유엔의 중심 플랫폼이다 (http://www.un.org/en/ecosoc/about/index.shtml)

진 사회적 차원의 주제를 발굴하는 노력을 지속하고, 지속가능발전교육의 고유성을 고려하여 하나의 주제(문제)를 -환경문제라고 하더라도- 지속가능발전의 세차원에서 통합적으로 다루는 시도가 이루어져야 할 것이다.

라. 대학에서의 지속가능발전교육 프로그램 활성화

지속가능발전교육을 초·중·고등학교 현장에 정착시키려는 교육부의 꾸준한 노력으로 2015 개정교육과정 범교과학습주제에 지속가능발전교육이 포함될 정도로 지속가능발전교육에 대한 인식이 이전과 비교해 높아졌다. 그럼에도 불구하고 교사양성과정과 교사연수과정에서 지속가능발전교육은 여전히 정착되지 못하고 있는 것으로 보인다. 교사들은 지속가능발전교육이 필요한 교육이고, 참여할 의사가 있음에도 스스로 전문성이 부족하다고 느끼고 있다. 따라서 지속가능발전교육 자료를 개발·보급하고, 연수기회를 확대하는 등 교사의 전문성 신장을 위한 노력을 기울여야 할 것으로 보인다. 또한 지속가능발전교육 활동의 경험사례를 공유하고 발전적 의견과 아이디어를 상호 교환할 수 있는 장을 마련하고 협력적인 네트워크 구축을 장려할 필요가 있다.

대학에서는 초·중·고등학교와 비교하여 상대적으로 지속가능발전교육이 거의 실시되지 않고 있다(이선경 외, 2005). 대학은 지속가능발전에 참여할 수 있는 인재를 기르기 위해 다음과 같은 노력을 할 필요가 있다. 첫째, 대학은 연구와 교수를 통하여 미래의 직업인인 대학생들이 직업현장에서도 지속가능발전에 참여할 수 있도록 지속가능발전의 문제를 인식할 수 있는 지식을 습득하고 역량을 계발할 수 있는 기회를 제공하는 것뿐만 아니라, 시설적인 측면과 경영의 측면, 그리고 지역사회와의 연계를 포함한 모든 활동영역에서 인식제고를 위한 노력을 하여야 할 것이다. 둘째, 대학은 수업을 위한 지속가능발전교육 내용을 발굴하고 방법적인 노하우를 축적하는 노력을 하여야 할 것이다. 지속가능발전교육의 내용은 고정된 것이 아니라, 지속가능발전을 위하여 사회가 해결해야하는 새로운 문제들과 관계함으로 대학은 그러한 문제들을 연구하고 수업내용으로 연계시킴으로써 다른 교육영역으로 확산시키는 선도적 역할을 담당해야 할 것이다. 지속가능발전교육의 내용이 생태적인 차원, 사회적 차원, 경제적 차원에서 통합적으로 다루어져야 함으로 새로운 문제에 대하여 대학의 다양한 학문분야 간 협동적인 연구가 뒷받침 되어야 할 것이다. 셋째, 대학의 교원양성과정과 교원연수과정에 지속가능발전교육을 이해하고 적용할 수 있는 프로그램들이 도입되고 계발되어야 할 것이다. 예비교사들에게는 21세기 교육에서 지구적 관점의 중요성을 일깨우는 기회를 제공되어야 할 것이며, 현직 교사들에게는 지속가능발전교육의 이해를 위한 연수기회가 제공되어야 할 것이다. 왜냐하면 학교현장에서는 아직까지 지속가능발전교육에 대한 인식이 높지 않고, 지속가능발전교육을 환경교육과 혼동하고 있는 경우가 많기 때문이다. 교원연수과정에서는 지속가능발전교육에 대한 전반적인 내용과 함께 지역사회의 문제를 연수의 내용으로 포함시키는 것이 바람직할 것이다. 교사교육과 연수에는 초·중등학교뿐만 아니라, 취학전 교육기관도 포함하여야 할 것이다. 넷째, 국내 대학 간 네트워크를 구축하여 지속가능발전교육과 관련이 있는 강의와 연구프로젝트의 목록을 만들고 정보를 공유할 필요가 있다. 강의와 연구프로젝트에 대한 목록과 간단한 소개를 대학 홈페이지에 공지함으로써 지속가능발전교육에 대한 인식 확산에도 기여할 수 있고, 다양한 지역적 주제를 공유함으로써 강의 개발과 후속 연구에 기여할 수 있을 것이다. 대학 간 교류는 여건이 된다면 외국대학들로 확대시켜 나가야 할 것이다. 다섯째, 지속가능발전교육은 특별한 대상을 위한 교육이 아니라, 모두를 위한 교육이기 때문에 대학구성원과 지역주민을 대상으로 하는 지속가능발전교육 프로그램을 개설하고 운영할 필요가 있다. 특히, 의제2030의 과제 수행이라는 관점에서 외국인 유학생들을 대상으로 하는 지속가능발전교육 프로그램을 구상하고 운영하는 것을 고려할 수 있을 것이다.

마. 입시위주의 교육에서 책임지는 인간을 기르는 교육으로

인간 스스로 미래와 현재에 대한 책임의식을 갖고 실천하는 것은 지속가능발전의 조건이다. 인간의 생활조건을 개선하기 위하여 진행되어온 지금까지의 발전방식은 기술권력을 행사하여 자연의 위협을 제거하는 것이었다. 권력이란 "결정과 행동을 통해 결과에 도달하거나 그것을 불가능하게 만들어버리는 가능성으로서의 실제적이거나 잠재적인 영향력이다."(Grimm/박규호 역, 2002: 75). 자연에 대한 인간의 권력행사는 "아는 것이 힘이다!"라는 베이컨의 격언이 잘 대변하고 있다. 이때 지식은 "기술적 인식관심"(Habermas)에 의하여 탐구되고, 자연을 통제하는데 유용하고 효율적인 경험과학적 지식으로, 자연을 대상으로 하여 영향력을 행사할 수 있기 때문에 소유자에게는 힘(권력)이 된다. 자연에 대한 권력의 행사는 기술을 통하여 이루어짐으로 권력은 기술권력이다. 자연에 대한 권력 행사가 인간에게 행복한 삶을 보증할 것이라 믿고, 자연을 소비해 오던 인간은 오늘날 스스로의 행위가 가져온 결과로서 의도하지 않았던 자기파멸의 위험에 직면해 있다. 지배와 정복의 대상이었던 자연환경은 인간의 생존을 위하여 보호해야

할 대상이 되었고, 기술의 발전은 잘못 사용될 경우 인류의 미래를 위협할 수 있는 수준에까지 이르렀다. "인간은 만물의 척도이다"라는 프로타고라스의 명제는 인간을 오늘날 자연의 지배자로 군림하도록 하는데 성공했을지는 모르지만, 인간중심주의적인 자연관을 갖게 함으로써 인간을 위험에 빠뜨리고 있는 것이다.

독일의 사회학자 벡(Ulrich Beck, 1944-2015)은 현대사회를 "위험사회"라고 규정한 바 있다. 이 위험은 근대화 과정에서 나타난 부작용으로 과거의 위험과는 다른 성격을 갖는다. 과거의 위험이 개인의 영역에 한정된 건강 위험, 빈곤 위험처럼 가시적이고 직접적이었다면, 위험사회에서의 위험은 집단의 영역으로 확대(지구의 모든 생명체)되며 인식되지 않고, 시간적·공간적 제약을 초월하며 잠재적·비가시적이다. 이러한 위험이 모습을 드러냈을 때 이미 모든 것은 더 이상 존재하지 않는다. 대표적인 예가 원자력 에너지이다.

벡은 과학적 합리성에 기초한 발전(근대화)이 생산한 위험을 과학적 합리성으로 해결하려는 기술주의적 태도를 경계한다. 과학적 합리성은 잠재적 위험을 다루는데 있어서 개인이 처해있는 맥락에 따른 상대적인 위험수위를 계량화된 평균치로 "문제없음"으로 다루기 때문이다. 그에 의하면 과학은 바로 그 위험의 기원과 성장에 주도적으로 개입해 있기 때문에 결코 위험에 적절하게 대응할 수 없다. 이러한 관점에서 벡은 과학기술에 대한 사회적 제어력(사회적 합리성)이 동반된 "성찰적 근대화"를 요청한다. 위험사회에서의 위험은 아직 일어나지 않은 사건이다. 위험은 다가오고 있는 것으로 위험 자체는 경험할 수 없다. 예측되는 가능성으로서의 위험 개념은 지속가능발전이 추구하는 세계상과는 상반되는 부정적인 세계상을 내포하고 있다. 분명하게 인식되어야 하는 것은 미래의 부정적인 세계상에 인간이 무엇인가를 계획하고 실행하기 위한 현재의 결정이 영향을 미친다는 점이다. "세계사회"를 표방하면서 자연환경 문제에 공동 대처하려는 국제적인 차원의 노력도 이러한 결과를 원하지 않기 때문이다. 벡의 표현을 빌리자면 미래에 닥치게 될 위험에 대한 '두려움'과 '불안'으로 인해 형성된 공동체가 세계사회인 것이다(Beck/홍성태 역, 2006). 미래의 원치 않은 불행한 결과를 예방하기 위해서는 인간 스스로 기술 권력을 제어할 수 있어야 한다. 권력을 제어한다는 것은 권력 행사의 결과가 그 대상에게 위험이 될 수 있음을 고려하여 결정하는 행위임으로 책임윤리의 문제와 직결된다.

인류가 직면하고 있는 위험 상황과 관련하여 요나스(Hans Jonas, 1903-1993)는 그의 유명한 저서 『책임의 원리 Das Prinzip Verantwortung. Versuch einer Ethik für die technologische Zivilisation』(1979)에서 시간적·공간적 경계를 뛰어 넘는 생태학적 윤리로서 책임의 윤리를 제안하고 있다. 그에 의하면 전통적인 윤리의 특징은 현재적이고 인간중심적이다. 즉, 동시대인들이 참여하는 인간과 인간의 직접적인 교제영역에 한정되어 있고, 비인간적인 대상에 대한 인간 인간행위의 영향을 고려하지 않았다. 그러나 기술적 실천의 결과들이 점증적으로 축적되어 현재와 동일하지 않은 상황을 계속해서 만들어 내고, 그 결과가 모든 것을 없애 버릴지도 모르는 위험 상황의 도래라면 현재 인간의 행위는 현재뿐만 아니라 미래에서도 인간적인 활동이 지속될 수 있는지를 고려해야 한다고 요나스는 강조한다. 그러므로 위험시대에 요구되는 새로운 윤리는 대상이 인간에만 한정되는 것이 아니라 인간의 생존 공간인 자연환경으로 확대되고, 시간적·공간적으로 '현재', '여기'의 경계를 넘어서는 책임의 윤리이다. 인류가 직면해 있는 위험이 실제로 드러나지 않도록 예방적 차원에서 요청되는 것은 무엇보다도 책임 있는 행위인 것이다. 요나스에 의하면 책임 있는 행위를 결정하는 준거는 전통적인 윤리에서처럼 최고의 선이 아니라, "미리 사유된 위험 자체"이어야 한다. 이와 같은 맥락에서 요나스는 자신의 저서 여러 곳에서 다음과 같이 언급하고 있다. "우리가 무엇을 ...해야하는가를 알아내기 위해서(는) ... 우리의 희망보다는 공포를 논의의 대상으로 삼아야 한다." 결정은 "오로지 공포스러운 미래의 위협 아래에서만 실행되어야 한다. 즉, 결정은 최고의 선을 획득하기 위해서가 아니라, 최고의 악을 회피하기 위하여 이루어져야 한다." "결정의 순간에 구원의 예측보다는 불행의 예측을 더 중시해야 한다." (Jonas/이진우 역, 1994: 66, 79, 81) 이러한 언급으로부터 책임은 과거의 결과에 대한 책임이라기보다는 앞으로 예측되는 결과에 대한 책임이라고 할 수 있다.

지속가능발전이 미래의 세계상인 지속가능성을 추구해 나가는 과정이고, 추구하는 세계상이 우리가 마땅히 추구해야할 상태로서 생존의 위협이 없는 평화로운 세계라고 한다면, 현재 행위의 주체인 인간에게 요구되는 것은 미래에 대한 책임윤리라고 할 수 있다. 윤리적 책임의 다른 표현이 공정성이라고 한다면, 지속가능발전 개념에서 강조되고 있는 공정성은 결국 책임윤리에 대한 요청으로 해석될 수 있다. 이 개념에는 지금 자신의 행위가 공간적으로는 현세대의 먼 곳에 까지 영향을 미치고, 시간적으로는 비가시적인 인류의 미래를 위태롭게 할 수 있다는 위험의식이 반영되어 있는 것이다. 따라서 지속가능성은 현재의 행위를 지시하고 평가하는 미래의 상태로서 미래세대의 입장을 대변하고 있다고 이해될 수 있을 것이다.

책임은 관계 속에서 이해되는 개념이다. 책임의 주체와 대상이 존재한다. 이때 책임의 대상은 자연으로까지 확대되는 것을 위에서 살펴보았다. 책임은 행사하는 권력이 대상에게 미치는 영향의 결과를 고려하는 것이고, 그렇지 않은 권력행사라면 무책임한 것이다. 자연에 대한 권력행사의 결과가 자연의 질서를 파괴하고, 그로 인해 인간의 생존이 위협받는다면 무책임한 것이다. 가정을 팽개치고 알코올과 노름에 빠진 가장을 무책임하다고 말하는 것은 그의 행위의 결과가 그와 관계된 가족에게는 바람직하지 못한 것이기 때문일 것이다. 이렇게 "책임의 개념 안에는 미리 서로에게 요구하는 상호관계가 내포되어 있다고 할 수 있다"(Grimm/박규호 역, 2002: 91). 이러한 책임 개념 이해로부터 미래를 위한 교육은 모든 것을 관계 속에서 파악하는 능력을 기르는 교육이 되어야 할 것이다. 지속가능발전교육의 관점에서 보면, 시간적 차원과 공간적 차원에서 적용가능하다. 현세대의 행위는 미래세대와 관계를 맺고 있고, 지역적 차원에서의 행위는 지구적 차원과 관계를 맺고, 생태적·경제적·사회적 차원이 서로 관계되어 있음을 인식하고 책임 있게 행위 하는 인간을 기르는 교육이 되어야 한다. 이러한 관점은 지속가능발전을 위한 교육이 미래의 이상사회를 실현해 가는 과정에서 방해가 되는 생태적, 사회적, 경제적 문제를 상호의존적인 관점에서 분석·평가할 수 있고, 이러한 문제해결에 적극적으로 참여할 수 있는 역량을 기르는 교육이라는 이해와 일맥상통한다. 이 때 요구되는 다양한 역량을 독일 교육학계에서는 "형성역량"이라는 개념으로 포괄하여 사용하고 있는 것이다.

책임을 지는 인간 교육은 개인적 차원에서의 책임, 사회적 차원에서의 책임, 인간적 차원에서의 책임을 포괄해야 한다. 책임을 지는 교육의 모델은 독일의 개혁교육자였던 하안(Kurt Hahn, 1886-1974)에게서 찾을 수 있다. 그에 의하면 교육받은 사람은 자신의 삶을 책임질 수 있는 주체적인 인간, 공동체의 일원으로서 공동적 삶에 기여하는 책임 있는 인간, 그리고 곤경에 처한 이웃에 대한 인간적 책임을 다할 수 있는 인간이다(정기섭, 2007). 여기에서 "곤경에 처한 이웃"을 "위험에 처한 이웃"으로 대체하고 시간과 공간의 제약 너머에 존재하는 인간으로까지 확대하여 이해한다면, 그의 교육사상은 지금 논의하고 있는 지속가능발전교육의 맥락에서 여전히 유효하다고 할 수 있다. 하안에 의하면 책임을 지는 교육의 성공과 실패는 학생 개인의 "역동적인 참여"와 "체험"에 달려있다. 그러므로 교육실천에서 가장 먼저 고려되어야 하는 것은 학생들이 열정을 갖고 참여할 수 있고, 체험할 수 있는 환경을 제공하는 것이다. 이러한 이해로부터 학교는 생활공동체로 조직되고, 구성원들이 자신에게 맞는 역할을 수행함으로써 책임을 지는 태도가 생활 속에서 내면화 되는 교육장소가 되어야 한다.

한국 학교교육의 모습은 지속가능한 미래를 위한 교육으로 적합한가? 학력으로 오해하고 있는 점수를 획득하도록 학생들을 무한 경쟁으로 몰아가는 학교는 교육공간으로 적합한 곳인가? 일관성 없는 교육정책은 학생들을 만화에서나 나올법한 슈퍼맨이 되기를 요구하고 있다. 학생들을 위한다는 학교정책들은 오히려 학생들을 더 힘들게 만들고 내면적 성숙보다는 위장된 사회화로 내몰고 있다. 학생 청소년 문제가 사회적 이슈가 될 때마다 학교는 새로운 정책들로 누더기가 되고 매뉴얼이 도입된다. 학생 청소년 문제와 학교교육 문제가 우리 사회문화가 만들어낸 결과물임에도 모든 책임은 학교로 축소된다. 그 결과 교사와 학생은 인간적인 상호작용보다는 기능적 역할에 익숙해져 가고 있다. 이러한 상황에서 학생들은 인간들이 함께 살아가는데 필요한 덕목들을 학교교육을 통해 체험하고 습득할 수 있는가? 이러한 물음은 학교에서 건전한 경쟁이 필요하지 않다는 것이 아니라, 소위 명문 대학입학이라는 한 방향으로 달리는 경쟁이 지나치다는 것을 지적하려는 것이다. 우리 사회를 지배하고 있는 경쟁적 교육관은 아이들의 삶을 어려서부터 어른들에 의해 계획된 대학입시 일정/시간표에 따라 수동적으로 사는데 익숙해지도록 하고 있다. 지속가능한 미래를 위해서는 요구되는 가치를 내면화하고 자신의 삶을 스스로 설계하고 실천하는 인간이 요구된다. 현재 그러한 삶을 경험하지 못한 아이가 시간이 지난다고 해서 미래에 우리가 희망하는 이상적인 모습이 되는 것은 아니다. 자신의 삶을 주체적으로 성찰하면서 관리할 수 있는 기회를 갖지 못하고 성장한 인간이 사회에 대한 책임과 인간에 대한 책임을 질 수 있는 삶을 살아갈 수 있을지 의문이다.

지속가능한 미래사회를 위해서는 먼저 학부모, 교사, 교육행정가, 정치인이 비트겐슈타인의 의미에서 게임의 규칙을 분명하게 인식해야 한다. 즉, 미래역량을 기르는 교육의 개념을 공유해야 한다. 오늘날 우리교육의 문제는 게임의 규칙(교육의 개념)을 공유하지 않은채, 학부모, 교사, 교육행정가, 정치인이 각각 자신들만의 규칙에 의존해 게임을 하는 데 있다. 지속가능한 미래를 위해서는 모든 교육영역에서의 정책들이 지속가능발전에 토대를 둔 미래교육비전의 틀에서 일관성 있게 수립되고, 시험점수로 이해되는 학력위주의 학교교육정책에서 탈피해야 한다. 학력은 함께 살아가는 데 필요한 미래지향적 역량개념으로 이해되어야 한다.

〈참 고 문 헌〉

강호남 외(2013). 초등교원을 위한 지속가능발전교육 연수프로그램 개발 및 적용. 학습자중심교육연구, 13(4), 495-522.

곽노의, 박원순, 이상원(2013). 유아를 위한 지속가능발전교육프로그램 개발연구. 열린유아교육연구, 18(4), 419-436.

국가지속가능발전위원회(2008). 시·도 공무원을 위한 지방지속가능발전 업무매뉴얼.

김영순 외(2015). 지속가능발전교육(ESD) 프로그램에 참여한 초등교사의 경험에 대한 연구. 열린교육연구, 23(2), 129-152.

김은정, 유영의, 박은혜(2016). 지속가능발전교육의 실천적 역량 증진 프로그램 개발에 대한 유치원교사의 인식 및 요구조사. 미래유아교육학회지, 23(2), 409-432.

김정은, 이상원(2010), 지속가능발전교육에 기반을 둔 초등학생 대상 생물다양성 교육프로그램의 개발 및 효과. 실과교육연구, 16(3), 161-182.

대전동화초등학교(2014). 행복·동행 ESD학교 운영을 통한 지속가능발전 역량 기르기. 대전광역시 교육청 지정 환경교육 시범학교 운영보고서(1/1).

대통령자문 지속가능발전위원회(2005). 지속가능발전교육 활성화 방안. 지속위 자료집 2005-27.

대통령자문 지속가능발전위원회(2006). 국가 지속가능발전 이행 계획.

대통령자문 지속가능발전위원회(2008). 국가 지속가능발전지표 평가보고서. 지속위 자료집 2008-5.

동산초등학교(2016). SAVE프로그램 활동을 통한 생활 속 ESD실천 습관형성. 교육부요청 지속가능발전교육(ESD) 정책연구학교 계획서(1/2).

류영주, 최지연(2010). 주제 중심 통합적 접근을 통한 실과의 지속가능발전교육프로그램 개발 및 효과. 한국교육실과교육학회지, 23(4), 95-121.

신배은, 이상원(2016). 지속가능발전교육에 기반을 둔 경제교육 프로그램 개발 및 적용. 한국실과교육학회지, 29(1), 15-95.

안영희(2007). 지속가능발전교육을 위한 중학교 국어 교과서 분석 및 개선방안 연구. 한국교원대학교 대학원 석사학위 논문.

영천중앙초등학교(2016). '4e전문역량 통합프로그램'운영으로 지속가능발전 실천역량을 함양한 'ESD리더'키우기. 지속가능발전교육 연구학교 운영계획서.

유네스코 21세기 세계교육위원회(편)(1997). 21세기 교육을 위한 새로운 관점과 전망. 김용주 외 역. 서울: 오름.

유네스코(2005). 지속가능발전교육 10년 국제 이행 계획. In: 유네스코 한국위원회(2008). 지속가능한 미래를 위한 교육. 유엔 지속가능발전교육 10년을 향하여, 16-45.

유선영, 박은혜(2015). 지속가능발전교육프로그램 개발. 한국교원교육연구, 32(1), 59-87.

이병준(2016). 역량기반 지속가능발전교육프로그램 개발 연구. 학습자중심교육연구, 16(6), 701-715.

이삼열(2008). 지속가능발전교육의 개념과 원칙. In: 유네스코 한국위원회(2008). 지속가능한 미래를 위한 교육. 유엔 지속가능발전교육 10년을 향하여, 7-13.

이선경 외(2014). '지속가능발전교육 10년(DESD)' 최종 보고서 작성을 통해본 한국에서의 지속가능발전교육의 성과와 제언. 한국환경교육학회 2014하반기 학술발표대회 논문집, 129-134.

이선경(2014). 지속가능발전교육 10년의 성과와 과제. 한국환경교육학회 2014하반기 학술발표대회 논문집, 3-12.

이선경 · 이재영 · 이순철 · 민경석 · 심숙경(2005a). 유엔 지속가능발전교육 10년을 위한 국가 추진전략 개발 연구. 대통령자문 지속가능발전위원회.

이선경 · 이재영 · 이순철 · 이유진 · 민경석 · 심숙경 · 김남주 · 하경란(2005b). 우리나라 지속가능발전교육의 현황과 활성화 방안. 한국환경교육학회 학술대회 발표논문집, 11-23.

이선정(2014). 지속가능발전교육의 성과와 과제 -유네스코 지속가능발전교육 세계대회 최종보고서를 중심으로- (사)한국환경교육학회 발표노눈집. 12월, 3-12.

이순옥, 이상원(2015). 초등 실과 '가정생활'영역의 지속가능발전교육프로그램 개발 및 효과. 실과교육연구, 21(4), 99-121.

인천당하초등학교(2016). ESD역량강화『共-Zone』프로젝트를 통한 지속가능발전교육의 확산. 2016지속가능발전교육 정책연구학교 운영계획서.

자유초등학교(2015). 지속가능발전교육(ESD) 운영을 통한 푸른 파주 그린 리드(GL) 역량 키우기. 2015 한국 과학창의재단 요청 경기도 교육청 지정 지속가능발전교육 연구시범학교 운영보고서(1/1).

정기섭, 정세국(2009). 인천광역시 지속가능발전교육 실태조사. 지속가능발전교육인천센터.

정기섭(2007). 전원기숙사학교. 독일의 대안학교. 서울: 문음사.

정기섭(2010a). '지속가능발전교육(ESD)'에 대한 유아교사의 인식조사. 발도르프교육연구, 2(1), 65-96.

정기섭(2010b). 독일에서 지속가능발전교육의 생성 및 전개. 교육의 이론과 실천, 15(3), 153-173.

정기섭(2010c). 지속가능발전교육 해외 사례: 독일. 유엔지속가능발전교육인천센터.

정기섭(2011). 지속가능발전교육의 관점에서 본 상호문화역량. 교육의 이론과 실천, 16(3), 133-149.

정기섭(2012). 독일 대학에서의 지속가능발전교육. 교육문화연구, 18(4), 5-28.

정기섭, 정세국, 박종혁, 오영훈(2015). 인천광역시 지속가능발전지표 및 지속가능성보고서 가이드라인 개발. 인환 15-연구-002. 인천녹색환경지원센터.

정기섭(2017). 지속가능발전교육프로그램에 대한 비판적 고찰. 학습자중심교과교육연구, 17(18), 749-775.

정남용(2012), 실과교과 농업생명과학 영역에서의 지속가능발전교육 실현을 위한 프로그램 개발. 실과교육연구, 18(1), 69-100.

조혜연, 이상원(2013). 초등학교 지속가능발전교육의 현황과 장애요인 분석. 한국초등교육, 24(3), 177-193.

지속가능발전법: http://www.law.go.kr/lsInfoP.do?lsiSeq=176705&efYd=20151201#0000

채보미(2015). 초등사회과에서의 지속가능발전교육프로그램이 시민의식에 미치는 영향. 글로벌연구, 7(3), 111-132.

최지연 외(2013). 초등학생을 위한 지속가능발전교육프로그램 개발. 실과교육연구, 19(2), 169-194.

포천송우초등학교(2015). ESD핵심내용을 반영한 교육과정운영으로 지속가능발전교육(ESD) 효과 증진. 교육부 요청 경기도교육청 지정 지속가능발전교육 시범학교 운영보고서.

한려초등학교(2015). 『ESD 나눔프로그램』운영을 통한 실천형 지속가능발전교육의 확산. 2015학년도 교육부요청 연구학교 운영보고서.

허양원·윤문섭(2008). 통영 RCE와 지속가능발전교육 연구학교 평가. 한국 환경교육학회 발표논문집. 65-71.

Agenda21: http://www.un.org/depts/german/conf/agenda21/rio.pdf

Amt für Statistik Berlin-Brandenburg(2012). *Kernindikatoren zur nachhaltigen Entwicklung Berlins. Datenbericht 2012:*
https://www.statistik-berlin-brandenburg.de/produkte/pdf/Nachhaltigkeit_barrierefrei_31_10.pdf

Beck, U./홍성태 역(2006). 위험사회. 서울: 새물결.

Bertschy, F., Gingins, F., Künzli David Ch., Di Giulio, A., & Kaufmann-Hazoz, R.(2007). Bildung für nachhaltige Entwicklung in der obligatorischen Schule. Schlussbericht zum Expertenmandat der EDK: “Nachhaltige Entwicklung in der Grundschulausbildung-Begriffsklärung und Adation ”: https://edudoc.ch/record/24373/files/BNE_Schlussbericht_2007_d.pdf

BLK: Bund-Länder-Kommission für Bildungsplanung und Forschungsförderung(1998). Bildung für eine nachhaltige Entwicklung -Orientierungsrahmen. Heft. 69. Bonn: www.blk-bonn.de

BLK(1999). Bildung für nachhaltige Entwicklung. Gutachten zum Programm von Gerhard de Haan und Dorothee Harenberg. Expertise “Förderprogramm Bildung für nachhaltige Entwicklung”. Heft 72. Bonn: www.blk-bonn.de

BLK(2001). Zukunft lernen und gestaltune -Bildung für eine nachhaltige Entwicklung. Bonn: www.blk-bonn.de.

BLK-Programm "21" Koordinierungsstelle Freie Uni. Berlin(Hrsg.). Baumwolle-ein Produkt der dritten Welt. http://www.transfer-21.de/indexfbd5.html?p=42

BMBF: Bundesministerium für Bildung und Forschung(Hrsg.)(2002). Bericht der Bundesregierung zur Bildung für eine nachhaltige Entwicklung.:

https://www.globaleslernen.de/sites/default/files/files/link-elements/bundesregierung_20zur_20bildung_20f_c3_bcr_20eine_20nachhaltige_20entwicklung_2c_202002.pdf

BMBF(Hrsg.)(2004). UNI21. Hochschulbildung für eine nachhaltige Entwicklung: http://www.gesundheitsfoerdernde-hochschulen.de/Inhalte/B_Basiswissen_GF/B9_Materialien/B9_Dokumente/Dokumente_national/Studie_UNI21_Hochschulbildung_nachhaltige_Entw.pdf

BMBF(Hrsg)(2005). Nationaler Aktionsplan für Deutschland. UN-Dekade "Bildung für nachhaltige Entwicklung"2005-2014: https://www.umweltbildung.de/uploads/media/NAP.pdf

BMBF(Hrsg.)(2009). Bericht der Bundesregierung zur Bildung für nachhaltige Entwicklung: https://www.oekostation.de/docs/bericht_bundesregierung_bildung_fuer_nachhaltige_entwicklung_2009.pdf

BMBW: Bundesministerium für Bildung und Wissenschaft(Hrsg.)(1991). Zukunftsaufgabe Umweltbildung. Rheie Bildung-Wissenschaft-Aktuell 3/1991. Bonn.

BMLFUW: Bundesministerium für Land- und Fortwirtschaft, Umwelt und Wasserschaft(Hrsg.)(2002). Die österreichische Strategie zur Nachhaltige Entwicklung: https://www.nachhaltigkeit.at/assets/customer/Downloads/Strategie/strategie020709_de.pdf

BMLFUW(Hrsg.)(2006). Indikatoren-Bericht für das Monitoring Nachhaltige Entwicklung(MONE) 2013: https://www.bmnt.gv.at/umwelt/nachhaltigkeit/monitoring_bewertung/monitoring.html

BMU: Bundesministerium für Umwelt, Naturschultz und Reaktorsicherheit(Hrsg.)(1993). Agenda 21: https://www.bmu.de/fileadmin/bmu-import/files/pdfs/allgemein/application/pdf/agenda21.pdf

BMZ: Bundesministerium für wirtschaftliche Zusammenarbeit und Entwicklung(Hrsg.)(2007). Orientierungsrahmen für den Lernbereich Globale Entwicklung. Bonn.

Brand, K.-W., & Jochum, G.(2000). *Der deutsche Diskurs zu nachhaltiger Entwicklung. Abschlussbericht eines DFG-Projekts zum Thema "Sustainable Development/Nachhaltige Entwicklung – Zur sozialen Konstruktion globaler Handlungskonzepte im umweltdiskurs"*: http://www.sozialforschung.org/wordpress/wp-content/uploads/2009/09/kw_brand_deutscher_nachh_diskurs.pdf

Bundesregierung(Hrsg.)(2002). *Perspektiven für Deutschland. Unsere Strategie für eine nachhaltige Entwicklung.* Bonn: www.bundesregierung.de/Content/DE/_Anlagen/2007-2007/

Bundesregierung(Hrsg.)(2004). *Perspektiven für Deutschland. Unsere Strategie für eine nachhaltige Entwicklung. Fortschrittsbericht 2004.* Berlin: www.bundesregierung.de/Anlage740735/pdf_datei.pdf

Bundesregierung(Hrsg.)(2005). *Wegweiser Nachhaltigkeit 2005. Bilanz und Perspektiven.* Berlin: www.dialog.nachhaltigkeit.de

Bundesregierung(Hrsg.)(2008). *Fortschrittsbericht 2008 zur nationalen Nachhaltigkeitsstrategie. Für eine nachhaltiges Deutschland.* Berlin: www.nationale-nachhaltigkeitsstrategie.de/

Bundesregierung(Hrsg.)(2011). *Nationale Nachhaltigkeitsstrategie. Fortschrittsbericht 2012:* https://suche.web.de/web/result?q=Fortschrittsbericht%202012%20zur%20nationalen%20Nachhaltigkeitsstrategie&page=1&origin=HP&btabid=8a6a371e-adc4-4306-8ea1-a8c68af4d630&comp=web_backtab

Bundesregierung(Hrsg.)(2012). Nationale Nachhaltigkeitsstrategie-Fortschrittsbericht 2012: https://www.bundesregierung.de/resource/blob/975292/775728/7cbe5cb5892ee710f2f4653e704cb846/2012-05-08-fortschrittsbericht-2012-data.pdf?download=1

Bundesregierung(Hrsg.)(2016). *Deutsche Nachhaltigkeitsstrategie. Neuauflage 2016:* https://www.bundesregierung.de/resource/blob/975292/730844/3d30c6c2875a9a08d364620ab7916af6/deutsche-nachhaltigkeitsstrategie-neuauflage-2016-download-data.pdf

Bundestagsdrucksache 12/8451(1994.06.09). Umwelt 1994-Politik für eine nachhaltige umweltgerechte Entwicklung. Bonn.

Bundestagsdrucksache 13/11200(1998.06.26). Abschlußbericht der Enquete-Kommission "Schutz des Menschen und der Umwelt -Ziele und Rahmenbedingungen einer nachhaltigen zukunftsverträglichen Entwicklung. Komzept Nachhaltigkeit. Vom Leitbild zur Umsetzung: www.dipt.bundestag.de/doc/btd/13/112/1311200.pdf

Bundestagsdrucksache 13/8878(1997. 10.30). Unterrichtung durch die Bundesregierung: Erster Bericht zur Umweltbildung: www.dip21.bundestag.de/dip21/btd/13/088/1308878.asc

Bundestagsdrucksache 14/3319(2000.05.10). Beschlußempfehlung und Bericht des Ausschusses für Bildung, Forschung, und Techtnikabschätzung. "Bildung für nachhaltige Entwicklung": www.dgross-sustainable.de/bds3319.htm

Bundestagsdrucksache 15/3472(2004. 06.30). Beschlussempfehlung und Bericht: Aktionsplan zur UN-Weltdekade "Bildung für nachhaltige Entwicklung": http://dipbt.bundestag.de/doc/btd/15/034/1503472.pdf

Calder, W., & Clugston, R.M.(2003). International efforts to promote higher education for sustainable development(pp. 34-48): https://www.researchgate.net/profile/Wynn_Calder/publication/265108977_International_Efforts_to_Promote_Higher_Education_for_Sustainable_Development/links/5707ad7b08aed09e916d169d.pdf

Carson, R./김은령 역(2002). 침묵의 봄. 서울: 에코리브르.

Chung, K.S.(2013). 'Idee der Nachhaltigkeit' und Aufgabe der Erziehung für die Zukunft. *Theory and Practice of Education, 18*(3), 183-190.

COPERNICUS. Die Hochschul-Charta für nachhaltige Entwicklung: https://astaup.de/wp-content/uploads/archiv/dokumente/downloads/copernikus_dt.pdf

Declaration of the United Nations Conference on the Human Environment: http://un-documents.net/unchedec.htm

Deutsche UNESCO-Kommission e.V./Österreichische UNESCO-Kommission/ Schweihzerische UNESCO-Kommission(Hrsg.)(2016). *Bildung 2030. Inhceon-Erklärung und Aktionsrahmen. inklusive und chancengerechte hochwertige Bildung sowie lebenslanges Lernen für alle:* https://www.bne-portal.de/sites/default/files/downloads/2016_04_19_Framework_for_Action_U%CC%88bersetzung_DUK_ohne_Indikatoren_Stand_April_2016%20(1)_0.pdf

Deutscher Bundestag(2017). Bericht der Bundesregierung zur Bildung für nachhaltige Entwicklung. Drucksache 18/13665: http://dipbt.bundestag.de/dip21/btd/18/136/1813665.pdf

Di Giulio, A.(2002). *Wie dauerhaft ist die Idee der Nachhaltigkeit?* Als Dissertationsschrift eingereicht bei der philosophisch historischen Fakultät der Universität Bern.

Drucksache 18/13665(2017.09.22.). Bericht der Bundesregierung zur Bildung für eine nachhaltige Entwicklung: http://dipbt.bundestag.de/dip21/btd/18/136/1813665.pdf

DUK: Deutsche UNESCO Kommission e.V.(Hrsg.)(2005). *Nationaler Aktionsplan. UN-Dekade "Bildung für nachhaltige Entwicklung" 2005-2014:* https://www.umweltbildung.de/uploads/media/NAP.pdf

DUK(Hrsg.)(2009). UN-Dekade mit Wirkung-10Jahre "Bildung für nachhaltige Entwicklung"in Deutschland: https://www.bne-portal.de/sites/default/files/UN_Dekade_BNE_2015.pdf

DUK(Hrsg.)(2011). *UN-Dekade "Bildung für nachhaltige Entwicklung" 2005-2014. Nationaler Aktionsplan für Deutschland.* https://www.bibb.de/dokumente/pdf/a33_nationaler_aktionsplan_2011.pdf

DUK(Hrsg.)(2013). Das deutsche Nationalkomitee für die UN-Dekade "Bildung für nachhaltige Entwicklung": Positionspapier "Zukunftsstrategie BNE 2015+": https://www.bne-portal.de/sites/default/files/BNE-Positionspapier-2015plus_deutsch.pdf

DUK(Hrsg.)(2016). UN-DeKade Mit Wirkung - 10Jahre "Bildung für nachhaltige Entwicklung" in Deutschland: https://www.bne-portal.de/sites/default/files/UN_Dekade_BNE_2015.pdf

DUK/NK: Deutsche UNESCO Kommission/Nationalkomitee UN-Dekade(2008). *Nationaler Aktionsplan für Deutschland. UN-Dekade "Bildung für nachhaltige Entwicklung" 2005-2014:* www.bne-portal.de/UN-dekade

Enquete Kommission(1994). Bericht 'Die Industriegesellschaft gestalten - Perspektiven für einen nachhaltigen Umgang mit Stoff- und Materialströmen". Deutscher Bundestag. 12. Wahlperiode. *Drucksache 12/8260:* http://dip21.bundestag.de/dip21/btd/12/082/1208260.pdf

Enquete Kommission(1998). Abschlußbericht der Enquete-Kommission „'Schutz des Menschen und der Umwelt - Ziele und Rahmenbedingungen einer nachhaltig zukunftsverträglichen Entwicklung. Deutscher Bundestag 13. Wahlperiode. *Drucksache 13/11200:* http://dipbt.bundestag.de/doc/btd/13/112/1311200.pdf

ESDN: European Sustainable Development Network: https://www.sd-network.eu/

Eulefeld, G., & Kapune, T.(Hrsg.)(1979). Empfehlungen und Arbeitdokuments zur Umweltbildung-München 1978. IPN Arbeitsberichte. Bd.36. Kiel.

European commission(2013). *Sustainable development in the European Union. 2013 monitoring report of the EU sustainable development strategy.* Luxembourg: Publications Office of the European Unions: https://ec.europa.eu/eurostat/documents/3217494/5787473/KS-03-13-331-EN.PDF/6515c50d-3ba7-4d10-b2cf-f8da2cf97d3d

Fingerle, K.(1981). Umwelterziehung: Empfehlung und Unterrichtsmodelle. In: Z.f.Päd. 27(1), 145-158.

Gesetz über Hochschulen im Land Berlin(Berliner Hochschulgesetz-BerlHG) in der Fassung vom 26. Juli 2011: http://gesetze.berlin.de/jportal/portal/t/mgg/page/bsbeprod.psml/js_pane/Inhaltsverzeichnis

Goethe, J. W./안삼환 역(2003). 빌헬름 마이스터의 수업시대2. 서울: 민음사.

Grimm, B. A./박규호 역(2002). 권력과 책임. 서울: 도서출판 정년정신.

Grundwald, A., & Kopfmüller, J.(2006). *Nachhaltigkeit.* Frankfurt, New York: Campus Verlag.

Haan, G. de(2002). Die Kernthemen der Bildung für eine nachhaltige Entwicklung. In: *Zeitschrift für internationale Bildungforschung und Entwicklungspädagogik. 25. Jg.* Heft.1, 1-20: https://www.pedocs.de/volltexte/2013/6177/pdf/ZEP_2002_1_deHaan_Kernthemen_der_Bildung.pdf

Haan, G. de(2008). Gestaltungskompetenzen als Kompetenz der Bildung für nachhaltige Entwicklng. In: Bormann, I., de Hann, G.(Hrsg.)(2008). Kompetenzen der Bildung für nachhaltige Entwicklung: Operationalisierung, Messung, Rahmenbedingungen. Wiesbaden, 23-43.

Handschuh, K., Jovanovic, T., Rajh, Th., & Schuldt, Ch.-M.(o.J.). Modul 7. Nachhaltige Entwicklung und Institution Schule. Baden-Württemberg Ministerium für Kultus, Jugend und Sport. Baden-Württemberg Ministerium für Umwelt, Klima und Energienwirtschaft.

Hauff, M., & Klein, A.(2005). *Methodischer Ansatz zur Systematisierung von Handlungsfeldern und Indikatoren einer Nachhaltigkeitsstrategie:* https://suche.web.de/web/result?q=Hauf%20Klein%20Nachhaltigkeitsdreieck&page=1&origin=HP&btabid=c07dde56-20a9-4c7a-a79b-71c15a06c017&comp=web_backtab

Häusler, R.(1997). Das Ende der Umweltbildung. Im Zeitalter der Agenda 21 greifen alte Konzepte nicht mehr. In: Politische Ökologie. 15. Jg. H.51, 51-54.

Hehenberger-Risse, D.(2013). Nachhaltigkeitsanalyse. Entwicklung verschiedenen Nachhaltigekeitsindikatoren zur umwelttechnischen Analyse und Bewertung von Nahwärmeversorgungsnetzen auf Basis regenerativer Energien im Vergleich zu fossilen Energieträgern. Dissertation. Leuphana Universität Lüneburg: http://opus.uni-lueneburg.de/opus/volltexte/2013/14275/pdf/Dissertation_Hehenberger_Risse.pdf

HRK/DUK: Hochschulrektorenkonferenz/Deutsche UNESCO-Kommission(2010). Hochschulen für nachhaltige Entwicklung. Erklärung der Hochschulrektorenkonferenz(HRK) und der Deutschen UNESCO- Kommission(DUK) zur Hochschulbildung für nachhaltige Entwicklung: https://www.hrk.de/positionen/beschluss/detail/hochschulen-fuer-nachhaltige-entwicklung/

IUCN/UNEP/WWF(1980). *World Conservation Strategy:* https://portals.iucn.org/library/efiles/documents/wcs-004.pdf

Jonas, H.(1979). Das Prinzip Verantwortung. Versuch einer Ethik für die technologische Zivilisation. Frankfurt a.M.: Suhrkamp.

Jonas, H./이진우 역(1994). 책임의 원칙: 기술시대의 생태학적 윤리. 서울: 서광사.

Jörissen, J., Kopfmüller, J., Brandl, V., & Paetau, M.(1999). *Ein integratives Konzept nachhaltiger Entwicklung. Wisschaftliche Berichte.* Forschungszentrum Karlsruhe. Technik und Umwelt: http://digbib.ubka.uni-karlsruhe.de/volltexte/fzk/6393/6393.pdf

KMK: Kultusministerkonferenz(Hrsg.)(1980). Umwelt und Unterricht. Beschulss der Kultusminsterkonferenz vom 17.10.1980: www.kmk.org/fileadmin/veroeffentlichungen_beschluesse/1980/1980_10_17_Umwelt_Unterricht.pdf

KMK(Hrsg.)(1992). Schulische Umwelterziehung in Deutschland. Bericht der Kultusministerkonferenz vom 08.09.10.1992. Bonn.

KMK/DUK(2007). Empfehlung zur „Bildung für nachhaltige Entwicklung in der Schule“: https://www.kmk.org/fileadmin/Dateien/veroeffentlichungen_beschluesse/2007/2007_06_15_Bildung_f_nachh_Entwicklung.pdf

Künzli David, Ch.(2007). *Zukunft mitgestalten. Bildung für eine nachhaltige Entwicklung-Didaktisches Konzept und Umsetzung in der Grundschule.* Bern, Stuttgart, Wien: Haupt.

Künzli David, Ch., & Bertschy, F.(2008). *Didaktisches Konzept. Bildung für nachhaltige Entwicklung.* 3. überarbeitete Fassung. http://www.ikaoe.unibe.ch/forschung/bineu/BNE_Didaktisches_Konzept_Feb08.pdf

Künzli David, Ch., Bertschy, F., & Di Giulio, A.(2010). Bildung für eine nachhaltige Entwicklung im Vergleich mit Globalem Lernen und Umweltbildung. In: *Schweizerische Zeitschrift für Bildungswissenschaften, 32*(2), 213-231. https://www.pedocs.de/volltexte/2014/8598/pdf/SZBW_2010_2_KuenzliDavid_ua_Bildung_fuer_eine_Nachhaltige.pdf

Künzli David Ch., & Bertschey, F.(2012). Education for Sustainable Development: Conceptual Foundations, Pedagogical Structure and Practical Implementation, in: Stoltenberg, U., Holz, V.(2012). *Education for Sustainable Development-European Approaches.* Bad Homburg: VAS, 33-53.

Künzli David, Ch., Bertschy, F., Haan, G. de, & Plesse, M.(o.J.). *Zukunft gestalten lernen durch Bildung für nachhaltige Entwicklung. Didaktisches Leitfaden für Veränderung des Unterrichts in der Primarschule.*

Kurrat, A.(2009). *Bildung für eine nachhaltige Entwicklung in der Grundschule.* Berlin: Berliner Wissenschafts-Verlag

Leuphana Universität(2017). *Amtliches Mitteilungsblatt der Körperschaft und der Stiftung(GAZETTE):* ttps://www.leuphana.de/fileadmin/user_upload/Aktuell/files/Gazetten/Gazette_58_2017.pdf

Lob, R.E.(1987). Zum Stand der Bemühungen um Umwelterziehung in der Bundesrepublik Deutschland. In: Galließ, J./Lob, R.E.(1987). *Praxis der Umwelt- und Friedenserziehung.* Düsseldorf, 285-299.

Meyer, W.(2004). *Indikatorenentwicklung: Eine praxisorientierte Einführung.* 2.Aufl. Saarbrücken: Centrum für Evaluation: www.ceval.de

Michelsen, G.(o. J.) *Grundlangen einer nachhaltigen Entwicklung:* https://www.dbu.de/OPAC/ab/DBU-Abschlussbericht-AZ-30564-Studienbrief1.pdf

Nationale Plattform Bildung für nachhaltige Entwicklung c/o Bundesministerium für Bildung und Forschung(Hrsg.)(2017). *Nationaler Aktionsplan. Bildung für Nachhaltige Entwicklung:* https://www.bne-portal.de/sites/default/files/downloads/publikationen/Nationaler_Aktionsplan_Bildung_f%C3%BCr_nachhaltige_Entwicklung_neu.pdf

NBBW: Nachhaltigkeitsbeirat der Landesregierung Baden-Württemberg(2008). *'Zukunft gestalten-Nachhaltigkeit lernen'Bildung für Nachhaltige Entwicklung als Aufgabe für das Land Baden-Württemberg:* https://www.nachhaltigkeitsstrategie.de/fileadmin/Downloads/informieren/projekte_2007-2011/nbbw_gutachten/BNE_Gutachten_Dezember_2008.pdf

OECD(2000). *Toward Sustainable Development. Indicators to Measure Progress. Rom Conference:* http://www.oecd.org/site/worldforum/33703694.pdf (105쪽)

PASTILLE Konsoritum(2002). *Indikatoren in Aktion. Ein Paxisleitfaden zur besseren Anwendung von Nachhaltigkeits-Indikatoren auf lokaler Ebene.* Dr. lnge R. Strüder übersetzt ins Deutsche. Language Center, London School of Economics.

Pröbstle, Y.(2011). Über den kulturbetrieblichen Tellerrand hinaus. In: Föhl, Patrick S. u.a.(2011). *Nachhaltige Entwicklung in Kulturmanagement und Kulturpolitik.* Wiesbaden: VS Verlag, 68-96.

Programm Transfer-21 Koordinierungsstelle FU Berlin(Hrsg.)(2007). *Orientierungshilfe Bildung für nachhaltige Entwicklung in der Sekundarstufe Ⅰ. Begründungen, Kompotenzen, Lernangebote.* Gefördert vom Bundesministerium für Bildung und Forschung: http://www.transfer-21.de/daten/materialien/Orientierungshilfe/Orientierungshilfe_Kompetenzen.pdf

Programm Transfer-21 Koordinierungsstelle FU Berlin(Hrsg.)(2009): *Programm Transfer-21. Bildung für nachhaltige Entwicklung. Abschlussbericht des Programmträgers.* 1. August 2004 bis 31. Juli 2008. Gefördert vom Bundesministerium für Bildung und Forschung: http://www.transfer-21.de/daten/T21_Abschluss.pdf

Programm Transfer-21(Hrsg.)(o.J.). *Transfer-21. Inhalte, Ergebnisse, Herausforderungen:* http://www.transfer-21.de/daten/materialien/Handreichung.pdf.

Prüfungsordnung für den Masterstudiengang Geographie: Bildung für nachhaltige Entwicklung als Vollzeit- und als Teilzeitstudiengang an der Katholischen Universität Eichstätt-Ingolstadt. Vom 25.Januar 2015 geändert durch Satzung vom 19. Dezember 2017: http://www.ku.de/fileadmin/1903/Rechtsabteilung/Studium_und_Lehre/Pr%C3%BCfungsordnungen/Master/Aenderung_PO_MA_Geographie__BNE_Senatsbeschluss_26.07.17_angenommene_Aenderungen.pdf

Rieckamnn, M.(2010). *Die globale Perspektive der Bildung für eine nachhaltige Entwicklung.* Dissertation. Berlin: Berliner Wissenschafts-Verlag.

Rieß, W.(2010). *Bildung für nachhaltige Entwicklung. Theoretische Analysen und empirische Studien.* Münster, New York, München, Berlin: Waxmann.

Schneider, P.(1993). Ein Blick zurück: Vorgeschichte und Gründung der Zentralstelle für Umwelterziehung an der Universität Dessen. *Informationen 39.* Hrsg. von der Zentralstelle für Umwelterziehung Universität-GH Essen. Essen, 6-14.

Seybold, H.(o. J.). *Nachhaltige Entwicklung als Leitbild.* Baden-Württemberg Ministerium für Kulur, Jugend und Sport, Baden-Württemberg Ministerium für Umwelt, Klima und Energiewirtschaft: http://www.bne-bw.de/fileadmin/downloads/Lehrer/Modul_2_Nachhaltigkeit_lernen.pdf

Spindler, E.A.(o.J.). *Geschichte der Nachhaltigkeit. Vom Werden und Wirken eines beliebten Begriffs:* https://www.nachhaltigkeit.info/media/1326279587phpe JPyvC.pdf

Stadtentwicklung Zürich, Präsidialdepartment(Hrsg.)(2013). *Nachhaltigkeitsmonitoring der Stadt Zürich.* Kurzfassung. www.stadt-zuerich.ch/stadtentwicklung

Statistisches Bundesamt(Hrsg.)(2007). *Nachhaltige Entwicklung in Deutchland. Indikatorenbericht 2006:* https://www.destatis.de/DE/Publikationen/Thematisch/UmweltoekonomischeGesamtrechnungen/Umweltindikatoren/NationaleNachhaltigkeitsstrategie.html

Statistisches Bundesamt(Hrsg.)(2008). *Nachhaltige Entwicklung in Deutchland. Indikatorenbericht 2008:* https://www.destatis.de/DE/Publikationen/Thematisch/UmweltoekonomischeGesamtrechnungen/Umweltindikatoren/NationaleNachhaltigkeitsstrategie.html

Statistisches Bundesamt(Hrsg.)(2010). *Nachhaltige Entwicklung in Deutchland. Indikatorenbericht 2010:* https://www.destatis.de/DE/Publikationen/Thematisch/UmweltoekonomischeGesamtrechnungen/Umweltindikatoren/NationaleNachhaltigkeitsstrategie.html

Statistisches Bundesamt(Hrsg.)(2012). *Nachhaltige Entwicklung in Deutchland. Indikatorenbericht 2012:* https://www.destatis.de/DE/Publikationen/Thematisch/UmweltoekonomischeGesamtrechnungen/Umweltindikatoren/NationaleNachhaltigkeitsstrategie.html

Statistisches Bundesamt(Hrsg.)(2014). *Nachhaltige Entwicklung in Deutchland. Indikatorenbericht 2014:* https://www.destatis.de/DE/Publikationen/Thematisch/UmweltoekonomischeGesamtrechnungen/Umweltindikatoren/Indikatoren0230001149004.pdf?__blob=publicationFile

Statistisches Bundesamt(Hrsg.)(2017). *Nachhaltige Entwicklung in Deutchland. Indikatorenbericht 2016:* https://www.destatis.de/DE/Publikationen/Thematisch/UmweltoekonomischeGesamtrechnungen/Umweltindikatoren/NationaleNachhaltigkeitsstrategie.html

Stoltenberg, U.(2009). Mensch und Wald. Theorie und Praxis einer Bildung für eine nachhaltige Entwicklung am Beispiel des Themenfeldes Wald. München: oekom.

Stoltenberg, U., & Holz, V.(2012). *Education for Sustainable Development-European Approaches.* Bad Homburg: Verlag für Akademische Schriften.

Sustainable Cities International(2012). *Indicators for Sustainability - How cities are monitoring and evaluating their success.* Canadian International Development Agency: https://sustainablecities.net/wp-content/uploads/2015/10/indicators-for-sustainability-intl-case-studies-final.pdf

The World Commission on Environment and Development(1987). Report of the World Commission on Environment and Development. "Our Common Future": www.worldinbalance.net/pdf/1987-brundland.pdf

Ucsnik, H.(2011). *Die Implementierung der Bildung für nachhaltige Entwicklung an Schulen in Österreich.* Bochum/Freiburg: Projekt Verlag.

UN(2002). *Bericht des Weltgipfels für nachhaltige Entwicklung.* http://www.un.org/depts/german/conf/jhnnsbrg/a.conf.199-20.pdf

UN(2012). The Future We want: https://sustainabledevelopment.un.org/content/documents/733FutureWeWant.pdf

UN(2015). *Resolution adopted by the general assembly on 25 september 2015. 70/1. Transforming our world: the 2030 agenda for sustainable development*: http://www.un.org/ga/search/view_doc.asp?symbol=A/RES/70/1&Lang=E

UNDP(2009). *Handbook on planning. Monitoring and evaluating for development results:* http://web.undp.org/evaluation/handbook/documents/english/pme-handbook.pdf

UNDP-Office of Evaluation and Strategic Planning(1997). *Result-oriented Monitoring and Evaluation. A Handbook For Programme Managers.* New York(online): http://web.undp.org/evaluation/documents/mae-toc.htm.

UNESCO World declaration on higher education for the twenty-first century: vision and action: http://www.unesco.org/education/educprog/wche/declaration_eng.htm

UNESCO-Kommission der Bundesrepublik Deutschland, Österreichs und der Schweiz(Hrsg.)(1979). *Zwischenstaatliche Konferenz über Umwelterziehung.* Schlußbericht und Arbeitsdokumente der von der UNESCO in Zusammenarbeit mit dem Umweltprogramm der Vereinten Nationen(UNEP) vom 14. bis 26. Oktober 1977 in Tiflis(UdSSR) veranstalteten Konferenz(UNESCO Konferenz-bericht. Nr.4). München, New York, London, Paris.

UNESCO(1979). *Intergovernmental Conference on Environmental Education.* Organized by Unesco in co-operation with UNEP Tbilisi(USSR). 14-26 October 1977. Final report: https://www.gdrc.org/uem/ee/EE-Tbilisi_1977.pdf

UNESCO(1997). *Educating for Sustainable Future. A Transdisciplinary Vision for Concreted Action* (EPD-97/CONF.401/CLD.1): www.unesco.org/education/tlsf/TLSF/theme_a/mod01/ uncom01t05s1.htm

UNESCO(2005a). *United Nations Decade of Education for Sustainable Development 2005-2014. Draft International Implementation Scheme.*

UNESCO(2005b): Hundred and seventy-second session. Report by the director-general on the United Nations decade of education for sustainable development: www.unesdoc.unesco.org/images/0014/001403/140372e.pdf

UNESCO(2013). Education beyond 2015. General conference 37th session: http://www.prithvimedia.com/japan-event.pdf

UNESCO(2014a). *Shaping Future We want. UN Decade of Education for Sustainable Development (2005-2014). Final Report:* http://www.un.org/ga/search/view_doc.asp?symbol=A/RES/66/288&Lang=E

UNESCO(2014b). *2014 GEM Final Statement. The Muscat Agreement:* http://unesdoc.unesco.org/images/0022/002281/228122E.pdf

UNESCO(2014c). *Roadmap for Implementing the global Action Programme on Education for Sustainable Development* : http://unesdoc.unesco.org/images/0023/002305/230514e.pdf

UNESCO(2015). *EFA Global Monotoring Report 2015. Education for all: 2000-2015. Achievement and Challenges.* https://en.unesco.org/gem-report/report/2015/education-all-2000-2015-achievements-and-challenges

UNESCO(2016a). *Education 2030. Incheon declaration and framework for action for the implementation of sustainable development goal4:* http://uis.unesco.org/sites/default/files/documents/education-2030-incheon-framework-for-action-implementation-of-sdg4-2016-en_2.pdf

UNESCO(2016b). *Global Action Programm on Education for sustainable Development: Preliminary Monitoring Report focus on GAP Key Partners:* https://unesdoc.unesco.org/ark:/48223/pf0000245212

UNESCO(2016c). *Planet: Education for Environmental Sustainability and Green Growth. Global Education Monitoring Report Summary 2016:* http://unesdoc.unesco.org/images/0024/002464/246429E.pdf

UNESCO(2017). *Education for Sustainable Development: Partners in Action:* https://www.bne-portal.de/sites/default/files/downloads/publikationen/unesco_2017_partners%20in%20action.pdf

United Nations(2007). *Indicators of Sustainable Development: Guidelines and Methodologies.* Third Edition: https://sustainabledevelopment.un.org/content/documents/guidelines.pdf

Vogt, M.(2009). *Prinzip Nachhaltigkeit. Ein Entwurf aus theologischer-ethischer Perspektive.* München: oekom.

WCED: World Commission on Environment and Development(1987). *Report of the World Commission on Environment and Development: Our Common Future:* http://www.un-documents.net/our-common-future.pdf

WCED: World Commission on Environment and Development/조형준, 홍성태 역(2005). 우리 공동의 미래. 서울: 새물결.

www.bne-portal.de/bonner-erklaerung-2009

https://www.forstwirtschaft-in-deutschland.de/nachhaltigkeit/kampagne-300-jahre-nachhaltigkeit/

https://www.leuphana.de/

http://en.unesco.org/greencitizens/

http://en.unesco.org/themes/educationsustainable-development

http://repository.un.org/bitstream/handle/11176/305511/E_CN.5_2014_8-EN.pdf?sequence=3&isAllowed=y

http://unesdoc.unesco.org/images/0025/002597/259719e.pdf

http://www.education21.ch/de/education21

http://www.education21.ch/sites/default/files/uploads/pdf-d/BNE-Artikel_Umweltbildung-ch_2012-2.pdf

http://www.education21.ch/sites/default/files/uploads/pdf-d/praxisbeispiele/telephone_portable_DE.pdf

http://www.education21.ch/sites/default/files/uploads/pdf-d/schule/Philoskids_DE_V2.pdf

http://www.esd-world-conference-2009.org/

http://www.hochschulplattform-uni21.de/uni21_new/)

http://www.ikaoe.unibe.ch/forschung/bineu/

http://www.ku.de/mgf/geographie/didaktik/unsere-lehre/studiengaenge/master-bne/

http://www.ku.de/unsere-ku/nachhaltigehochschule/

http://www.lueneburg-declaration.de/

http://www.ou.nl/evs

http://www.un.org/depts/german/conf/agenda21/agenda_21.pdf

http://www.un.org/Depts/german/conf/jhnnsbrg/a.conf.199-20.pdf

http://www.un.org/disabilities/documents/rio20_outcome_document_complete.pdf

http://www.un.org/en/ecosoc/about/index.shtml

http://www.un.org/en/ga/search/view_doc.asp?symbol=A/RES/69/211

http://www.un-documents.net/uncsd-docs.pdf

http://www.unesco.org/education/tlsf/

https://en.unesco.org/esd-newsletter

https://en.unesco.org/gap

http://www.un.org/millenniumgoals/

https://ulsf.org/global-higher-education-for-sustainability-partnership-ghesp-is-launched-in-december-2000/

https://www.bne-portal.de/de/nationaler-aktionsplan/die-bildungsbereiche-des-nationalen-aktionsplans/hochschule

https://www.facebook.com/Educationfor-Sustainable-Development-Education-au-Développement-Durable-115988995086547/

https://www.leuphana.de/fileadmin/user_upload/Aktuell/files/Gazetten/34-15_-_Fak_N.pdf#page=35

https://www.leuphana.de/fileadmin/user_upload/Aktuell/files/Gazetten/Gazette_22_15_final.pdf

https://www.nachhaltigkeitsstrategie.de/informieren/projekte-2007-2011/nbbw-nachhaltigkeitsbeirat-baden-wuerttemberg.html

https://www.swissinfo.ch/ger/bildungssystem/28982132

https://www.unesco.de/4566.html

http://www.ehea.info/media.ehea.info/file/COPERNICUS_Olderburg_2006/92/6/COPERNICUSGuidelines_587926.pdf

https://en.unesco.org/education2030-sdg4/targets

https://astaup.de/wp-content/uploads/archiv/dokumente/downloads/copernikus_dt.pdf

http://www.ku.de/fileadmin/1903/Rechtsabteilung/Studium_und_Lehre/Pr%C3%BCfungsordnungen/Master/Aenderung_PO_MA_Geographie__BNE_Senatsbeschluss_26.07.17_angenommene_Aenderungen.pdf

〈찾 아 보 기〉

(인명색인)

(내용색인)

저자소개

정기섭은 인하대학교 교육학과를 졸업하고 독일 하이델베르크 대학교 교육학과에서 교육철학을 공부하고 박사학위를 취득하였다. 현재 인하대학교 교육학과 교수로 재직하고 있다. 한독교육학회 회장, 한국교육철학학회 회장을 역임했으며, 주요 저서로는 『교육현실과 교육학』, 『아동존중의 교육학: 코르착의 교육사상과 실천』, 『전원기숙사학교: 독일의 대안학교』, 『위대한 교육사상가들Ⅶ』(공저) 등이 있다.

지속가능한 미래를 위한 교육

2019년 3월 25일 초판 인쇄
2019년 3월 30일 초판 발행

저 자 정기섭
발행자 오동석

발행처 강현출판사
서울 중랑구 숙선옹주로 3길 40 제1호
전 화 02) 965-4955, 010-5712-9630
등 록 2007년 5월 21일(제307-2007-29호)
E-mail oods1205@hanmail.net

♧ 잘못된 책은 교환해 드립니다.

정가 15,000원

ISBN : 978-89-94320-90-8(93370)